孔子之道

论熊十力“内圣外王”哲学体系

任新民 著

上海人民出版社

作者简介：

任新民

1988年生，安徽宣城人，2017年获中山大学哲学博士学位。2022年起在同济大学人文学院哲学博士后流动站工作。主要从事现代新儒家、经学研究。

目录

晚年熊十力的革命儒学

曾 亦

对于熊十力思想的研究，素来不乏其人，不过大多局限于对其内圣学的研究，而于其外王学，则少有措意。尤其当新中国成立之时，颇有学者奔赴港台，或远走海外，而熊十力却选择留寓大陆，然其得意弟子牟宗三、唐君毅、徐复观亦不与乃师同归。学者的出处去留之别，常与自身利害无关，而与思想上的认同有莫大关系。研究者多惑于熊氏与其弟子之殊途，其实熊氏之选择，同样与其思想倾向有关，即自认为社会主义的同道者。

熊氏幼承庭训，夙有革命思想。熊氏在《原儒》中曾自言其十岁时闻其父说史事，“少时革命思想由此而动”。辛亥前，遂为革命多方奔走。此种对革命的态度，殆终其一生而未变。1949年前后，熊氏先后撰写了《韩非子评论》《与友人论张江陵》《与友人论六经》三书，考其本意，殆以向新政权进言。

不过，到了1956年，随着新政权的巩固和社会主义改造运动的完成，熊氏的态度发生了根本变化。这种态度充分体现在其《原儒》一书中。

无论古今中外，知识分子素来追求言论与思想的自由，熊氏初时亦莫能外。晚年熊十力颇致力于《周官》与社会主义的会通，时有学者批评《周官》之制，其弊在“设防而用察”，而熊氏则不以此说为然，以为“拨乱初期权宜之制”，实有必要，并对历史上诸葛亮、张之洞之“尚察”，皆以“无间然”许之。显然，熊氏这种态度不同于一般知识分子，足以表明其对于新政权改造知识分子运动的认可。熊氏既有此转变，宜无怪乎其对新政权的种种思想和运动，诸如阶级斗争、庶民专政、计划经济等诸项政策，都能在思想深处表示赞同，且更站在“原儒”的立场，从孔子思想的角度来论证社会主义道路的合理性。

在熊氏看来，孔子的思想实有早年与晚年的不同。这种看法本非怪异之论，只不过传统儒家出于对圣人的信仰，多讳言此种不同。熊氏尝撰有《六经是孔子晚年定论》一篇，认为孔子四十岁以前“祖述尧舜，宪章文武”，可谓谨守“小康礼教”，而崇尚“尊君大义”也。孔门中有一派弟子即恪守此早年之教，是为小康学派，其后孟子、荀子、《公羊传》、董仲舒、司马迁等，皆不过奉持孔子早年思想，自然不合乎“《春秋》本旨”。然至四十岁以后，孔子渐有革命思想，从而“根本改变了从前欲依靠统治阶层以求行道的想法”，于是寄厚望于庶民阶层，“决定消灭统治阶层，废私有制而倡天下为公之大道”，熊氏称此为孔子的“晚年定论”。此时又有一派弟子宗其说者，是为大道学派。《论语》中记载孔子晚年自言“久矣不复梦见周公”，熊氏的解释颇有新意，以为“从周”乃孔子早年之志，至晚年思想巨变，“志大道而黜小康，自然不复梦见之矣”。可见，“五四”以后对孔子礼教的批判，不过针对其早年的尊君思想而已，然若论其晚年革命思想，实颇有契于20世纪的中国新思潮。

可见，熊氏所谓“革命”，迥不同于历史上的汤武革命。因为汤武革命不过出于统治者吊民伐罪的意图，其结果依然是统治者之间的更代易姓而已；至于熊氏所理解的外王学，则以“拨去乱制，消灭统治”为革命，即庶民领导下的消灭一切剥削阶级的革命。

然而，对于孔子晚年思想的阐发，汉初以来传《春秋》者已失其本旨。按照熊氏的说法，秦、汉间的儒家，或畏焚坑之祸，或欲苟媚人主，故公羊寿、胡毋生师弟将孔子的《春秋》学说著于竹帛时，唯发明“为汉制法”之义，至于孔子革命思想的本旨，则讳莫如深。就此而言，今日所见的《公羊传》已不符合孔子作《春秋》的精神，而沦为小康尊君之学，诚“奴儒”也。不过，熊氏又认为，孔子“为万世开太平”之旨，公羊氏门人犹有不忍失其传者，故假口义而私授门人，故至何休《解诂》，始能见其阙遗，然百不得一二焉。素来治《公羊》的学者，认为其中多“非常异义可怪之论”，徐彦疏试图强为之解，而熊氏则别出新说，以为孔子所传口义中，亦即所谓“真《孔传》”，而非公羊寿所传的“伪传”，保留了关于消灭统治阶级的革命思想，时人不解，遂目此等说为“非常异义可怪之论”，至于现存《公羊传》，实不足与于此焉。

案，清代今文学的发展，实有由何休而回归董仲舒的脉络，盖以何休尊君，而董仲舒则或有革命思想也。然而，按照熊氏的看法，“毁《春秋》而造伪，则自公羊寿与其弟子胡毋生、董仲舒始”，其伪窜的目的，则在于尊君，此董氏所以见尊于后世也。因此，熊氏直斥董氏背叛孔子，其罪远在公羊寿与胡毋生之上，故何休作《解诂》，不取董氏之说。至于何休，则能发明“为万世开太平”之旨，实能保存孔门秘传的口义。可见，熊氏虽以发明《春秋》之义为旨归，却毕竟不同于清代学者。不过，其说亦有与清代今文学同调之处，如谓《左氏》不传《春秋》，其意则以《左氏》尊君也，就此而言，《左氏》与《公羊》并无根本不同。并且，熊氏又声称刘歆所以攻击《公羊》，用意则在“排斥《公羊》家有口义流行”，换言之，孔子的革命微言只是通过口义才得以流行，至于公羊寿、胡毋生共著于竹帛的《公羊传》，则唯宣扬尊君之大义而已。

熊氏既攻驳《公羊传》、董氏如此，而于受学于董氏的司马迁及其《史记》，更是不假辞色，以为《史记》乃“宣扬伪学最有力之宝笈”。此种态度亦不同于清儒。其先，刘逢禄犹为司马迁辩，而攻班固《汉书》之伪；其后，康有为则认为刘歆遍伪群经，亦未集矢于司马迁本人。至熊氏，则谓司马迁“以其小康尊君大义而说《春秋》，实非孔子《春秋经》之本旨也”，“厚诬《春秋》而媚刘帝”，“孔子真相晦而不明，迁不得无过也”，可以说，熊氏对司马迁的不满和批评，历来罕有其匹者。

至于清儒中，熊氏攻讦尤力者，莫过于康有为。然考康、熊二人之思想大旨，实无有二致。康氏极重视《公羊》三世之说，以为孔子所注目者，实在于大同太平，而痛诋君主专制之祸；熊氏亦然，其所揭示的革命之旨，亦以倾覆帝制为念。康氏借助《易》所说的“群龙无首”，以为民主共和之归趣，而熊氏则以“首出庶物，消灭统治”为《春秋》微言，甚至为“大同社会之极则”。然两人毕竟有别，就经学而言，虽然俱以“六经”乃孔子所作，不过，康氏信《春秋》而疑《周官》，而熊氏以为，“《周官》《礼运》皆于《春秋》为一贯，有为不信《周官》，则《春秋》拨乱而致太平之经纬万端，与其裁成天地之功用，皆不可得而见”。然熊氏似未深读康氏者，屡讥其书以抄胥为事，“虚揭三世名目而不求其义，其所为诸书皆抄胥之业，非真有得于《春秋》也”，又谓“《春秋》废除君主制度，即推翻最少数人统治天下最大多数人之乱制，其义蕴广大宏深，却被康氏胡乱说去”，故康氏终蹈复辟之败，而以尊君自蔽也。

历来治《公羊》者，皆主张《春秋》有“微言”与“大义”的不同。清末皮锡瑞更明以诛讨乱臣贼子为大义，对此，熊氏极不谓然，认为自孟子以下，无论董、马，“其言《春秋》皆以尊君大义为主，而于经文每一条必曲为之解，以为圣人褒善贬恶，书法谨严，将使天下乱臣贼子惧焉”。在熊氏看来，以为“大义者，扼要言之，即维护统治”，“微言者，扼要言之，即首出庶物，消灭统治”。

诸如此说，可见熊氏的外王学，颇不同于港台新儒家，又不尽同于清代今文学，而是借《春秋》《礼运》《周官》诸经来阐发其政治思想，尤其赞同《周官》，以为“太平大同之基”，这与清人视《周官》为伪经的态度又不同。熊氏认为，《周官》之义有二，即“均”与“联”。所谓均者，体现为新中国实施的公有制；而联者，体现为新中国的社会组织模式，即将整个民众皆动员起来、组织起来，即“作动民众自主力量，与严密地方制度”。如果说“均”尚属人类的共同理想，然就“联”来说，则纯属于现代国家的管理模式，先是康有为鼓吹国家应该做到“如身使臂，如臂使指”，今则熊氏上托于《周官》，而为此种模式论证，以为《周官》中的种种施设，“都是化私为公，易散为群，如何不是社会主义的造端”。熊氏又认为，《周官》并非如传统儒家所说的周公所作，实孔子所自作，乃孔子于《春秋》外，“更发明升平世之治道，以为太平开基”。当时友人攻击熊氏“以社会主义说《周官》，为太附会，年高之旧尤不谓然”，而熊氏视《周官》乃孔子“发挥其革命改制之理想”，又抉出“均”“联”二义，以为“参赞化育、造起万事之最高原则，此实为社会主义社会立定两大柱石”，“今人必欲横说《周官》制度不是社会主义之造端，盍若读经而后议哉？”诸如此类，足见熊氏对其解经的自信，实非附势而为之也。

因此，熊氏断言孔子外王学之真相，绝非效法三代之英的贤明君主制，而是“同情天下劳苦小民，独持天下为公之大道，荡平阶级，实行民主，以臻天下一家、中国一人之盛”。其解《论语》中孔子应公山弗扰、佛肸之召两段，颇不与旧说相同。传统儒家素来认为孔子所以不应召，盖以公山弗扰、佛肸为叛臣乱贼，然熊氏以为，孔子毕竟有欲往之志，因为此二人作为邑宰，“与农民最亲近，孔子盖欲往说二子领导民众以讨大夫，即消灭第一层统治阶级，实现民主政治之理想”，故孔子欲“兴周道”者，“必非兴文、武、周公之道于东方，必将废统治，除阶级，而为首出庶物之制”。其后孔子终不往者，则“知二子不足与谋，而民智未开，亦未可骤图”，故图革命之事而未果，以群情未喻也。

熊氏重视《春秋》，尤其是其中的“三世”义，更与清儒相类，不过，具体的解释则颇不同。譬如，何休《解诂》解隐元年“公子益师卒”一条时，所发明“三世”义有二，即讳尊隆恩与治有详略。熊氏以为，《公羊传》所重者在第一义，以为“为君文饰其待臣子之恩厚，为人臣者不可不怀君之恩”，其大要则在“劝诫君臣以情义相结合，其属意臣道尤深也”，显然，此种解释有维护帝制的意图，而“背叛《春秋》真义”之罪亦可见矣。至于何休所述的第二义，乃“公羊氏门人散布之口说”，可证以《大易》之穷、变、通、久，与《礼运》的“天下为公”诸义，皆为一贯，故至“太平之世，统治阶级已消灭，本无天子、诸侯等爵”。熊氏甚至借此发明了阶级斗争的思想，声称“三世之说，明示革命成功与社会发展，实由斗争而归和同”，“要之世进太平，则斗争之事，惟当存于吾人以义正我时；而太平之得以恒久弗坠者，亦在乎人类皆有此以义正我之争而已”。案，民国时，国人多能赞同俄人的思想与实践，唯于阶级斗争之说，犹颇存疑焉，今观熊氏有此说，足见其思想已接近马克思主义，且能溯源于孔子，而论证我党主张与孔子道统之一贯。就此而言，若熊氏所解《春秋》“三世”义如此，则其讥康氏、皮锡瑞“名为张三世，而实于三世义全不通晓”，则诚有以也。因此，熊氏批评《公羊传》，以为其“根柢在拥挤统治阶级”，而自言“余于本篇之首核定孔子外王学，实以倾覆统治阶级为根底”。

此外，我党对于群众的动员，通常采取开会的办法，而熊氏也在《周官》中找到了源头，以为“《周官》为革命拨乱而创制，承据乱世之后骤行民主之治，若非多方开导鼓励，以作动民众，则人民力量恐未易发展也。是故乡、遂大夫及其属邑群吏，遇事皆有会议以作动民众”。时人多有讥我党会议多者，熊氏亦欲原儒以证成此举的合理性。

任新民君治熊氏之学有年，且将熊氏之内圣外王学作整体性的研究，足见其卓识，可补前人所未及。近年来，任君来同济大学从余进行博士后研究，乃嘱余为其书作序。余欣然允焉，虽见解或有不同，然聊备一说，以飨读者焉。

癸卯年末序于上海四漏斋

导　论

一、题解

本书书名之所以为《孔子之道：论熊十力“内圣外王”哲学体系》，原因有四：一是熊十力常说：“孔子之道，内圣外王。”“内圣外王”是熊先生对于孔子的学问及其精神的集中概括，同时也是熊十力哲学所期望达到的高度。二是古典政治哲学与形而上学分不开，中西皆然，熊十力的政治哲学与形而上学的关系也是如此。三是笔者认为“内圣外王”可以代表熊十力的哲学体系，这一体系可以被称为“内圣外王”体系。熊十力哲学存在形而上学与政治哲学两条线索。分析地看，起初，这两条线索独立发展，当熊十力将其形而上学与政治哲学融为一体后，其形而上学与政治哲学就不再互相独立。四是“内圣外王”表明了内圣学和外王学的体用不二的关系，同时又可以包含内圣学和外王学，而以现代哲学学科看，这两个方面其实可以看作形而上学和政治哲学。

（一）“内圣外王”

孟子和荀子说“圣王”，庄子说“内圣外王”，柏拉图说“哲人王”，是对“仁且智”的理想人格的称谓。在近现代儒学史上，孟子的“圣王”概念没有庄子的“内圣外王”使用频繁。其实，从言说上看，“圣王”比“内圣外王”表达得更纯熟。“圣”是就道德哲学、形而上学而言，“王”是就政治哲学而言，而且不分内外，这尤其显示了孔子内圣学与外王学不二之纯熟状态，这即：本体与现象不二，心性与政治不二。但“内圣外王”的说法，有一个方便处，就是顺俗而分内外，分形而上学和政治哲学。熊十力明确强调，“内”“外”是顺俗而说。在那清晰的理念之中，是无内外之隔、无方所之分的。

“内圣外王”一词最早出现在《庄子·天下》篇。对于是否能用“内圣外王”来概括儒家学问，存在赞同与否定两派观点[1]，熊十力属于赞同一派。熊十力认为庄子与六经关系密切，进而判断庄子是孔门支流。就内圣方面，熊十力认为：“庄子尊孔而

[1] 梁启超、蒋庆、白立超、陈立胜赞同，梅广不赞同。梁启超说：“儒家哲学范围广博，概括说起来，其用功所在，可以《论语》‘修己安人’一语括之；其学问最高目的，可以《庄子》‘内圣外王’一语括之。做‘修己’的功夫做到极处就是‘内圣’，做‘安人’的功夫做到极处就是‘外王’。”见氏著《饮冰室合集·专集》（合集第12册，专集第7册，第103卷），中华书局1936年版，第2—3页。蒋庆先生说：“从《天下篇》的文意看来，庄子是用内圣外王之道来概括六经的精神。”“庄子言内圣外王，决是儒家本意，定有渊源所自。”分别见氏著《公羊学引论》（修订本），福建教育出版社2014年版，第29、30页。白立超从文字学、考古学和人类学的多重角度论证了“自颛顼以至西周，圣、王思想没有出现裂痕，圣、王天然地结合在最高统治者的身上，不存在一个生发或者内外的问题，两者互为统治合理性的基础。西周后期理性高涨，这种秩序已经难以维持，以孔子为代表的儒士，通过对早期圣、王内涵的重新阐释，提出一种儒士的理想政治模式——‘内圣外王’。”见白立超：《先秦“内圣外王”政治思想的渊源与形成》，《政治思想史》2016年第1期。陈立胜认为：熊十力确实喜用“内圣外王”标举儒学义理系统，在现代新儒家的语境中，“内圣”与“外王”之间的分际意识成为“显题”。参见《儒家思想中的“内”与“外”——“内圣外王”何以成为儒学之道的一个“关键词？”》，《现代哲学》2023年第2期。梅广认为：“‘内圣外王’一词修辞魅力无穷，然而绝对不宜据以论述儒家思想文化。”见梅广：《“内圣外王”考略》，《清华学报》2011年第4期。

述老，其学渊源于《易》，又不待言。”[1]又说：“庄生曰‘《易》以道阴阳’，可谓得《易》之枢要。”[2]就外王方面，熊十力认为：“庄子、荀卿，皆《春秋》之支流，亦须并观。”[3]又说：“庄子曰：‘《春秋》经世，先王之志。’可谓知圣心矣。”[4]

实际上，学术史上也存在诸多庄子与六经密切关系的论证。我们分以下三类来看：第一，庄子学术渊源的考证；第二，哲学史的论证；第三，哲学义理的论证。

在庄子学术渊源的考证方面主要有唐代韩愈、宋代陈师道[5]、明代方以智等。韩愈说：“盖子夏之学，其后有田子方，子方之后，流而为庄周。”[6]陈师道说：“庄子之学出于田子方，子方出于子贡。”[7]方以智也认同韩愈的说法，他说：“子夏出田子方，子方出庄子，庄子乃孔颜滴髓。”[8]

哲学史的论证，主要表现为举证哲学史上业已存在的论证。如程潮先生即举证宋、明、清、近代学者以及现代新儒家使用

---

[1] 熊十力：《十力论学语辑略》，萧萐父主编：《熊十力全集》第2卷，湖北教育出版社 2001 年版，第 227 页。下文引用熊十力著作，皆出自此全集，不再另标编者、出版信息。

[2] 熊十力：《论六经》，《熊十力全集》第 5 卷，第 666 页。

[3] 熊十力：《十力语要》，《熊十力全集》第 4 卷，第 116 页。

[4] 熊十力：《十力语要》，《熊十力全集》第 4 卷，第 251 页。

[5] 陈师道（1053—1102），字履常，号后山居士，北宋官员、诗人，元祐初苏轼等荐其文行，起为徐州教授，有《后山先生集》《后山词》。

[6]（唐）韩愈：《送王秀才序》，屈守元、常思春主编：《韩愈全集校注》，四川大学出版社 1996 年版，第 2776 页。

[7] 转引自谢耀亭：《从出土简帛看思孟学派的内圣外王思想》，科学出版社 2011 年版，第 29 页。

[8]《一贯问答》，张昭炜编：《方以智著作选集》，九州出版社 2015 年版，第 701 页。

“内圣外王”来概括儒家精神。[1]

哲学义理的论证则常建基于论者对于《庄子》与儒家精神融通性的体悟，然而《庄子》一书“充实不可以已，上与造物者游，而下与外生死、无终始者为友。其于本也，宏大而辟，深闳而肆，其于宗也，可谓调适而上遂矣”(《庄子·天下》篇语)。正因为如此，必待哲学义理的论证方使人信服。正如牟宗三先生所说：“然若透过其恣纵芒忽之辞，拨开其‘抟扶摇而上’之姿，直握其所烘托暗示之玄理，而以义理之文表而出之，则非有玄解者不能。”[2]向秀、郭象之《庄子》注、宋元经师之表彰庄子、苏轼对于《庄子》之理解，特别是明代三教一致的思想潮流下，觉浪道盛的托孤说[3]、方以智的《药地炮

[1] 苏轼认为庄子对待孔子是“实予而文不予，阳挤而阴助之”。林希逸认同苏轼，他指出，《庄子》一书“皆矫激一偏之言，未尝不知圣门为正也。读其序，便见他学问本来甚正。东坡云‘庄子未尝讥孔子’亦看得出”(《庄子口义原序》)。王雱认为庄子非不达仁义礼乐之意，而只是认为仁义礼乐是“道之末”，庄子与伯夷、柳下惠一样，也是“圣人之徒”(《南华真经新传·天下篇》)。明代孙应鳌认为庄子思想“本尧舜周孔之宗续”(《南华真经原序》，载王雱：《南华真经新传》)。清代张芳菊视庄子为孔孟精神的嫡传。他说庄子“独与天地精神往来，而不敖睨于万物，有以见儒者一宗。萧邈希微，常行于人伦物则之际，而孔孟之嫡传宛然未亡”(《南华经解序》，载宣颖：《南华经解》)。除此之外，还举证了宣颖、吴坤以及清代康有为、梁启超、李绂平以及现代新儒家熊十力、牟宗三等来论证。详见程潮：《儒家内圣外王之道通论》，湖南人民出版社2005年版，第10—15页。

[2] 牟宗三：《才性与玄理》，《牟宗三先生全集》(第2册)，联经出版事业公司2003年版，第200页。

[3] 觉浪道盛(1592—1659)，字觉浪，号浪杖人，俗姓张，福建柘浦人，明末高僧，著有《庄子提正》等。所谓“托孤说”即道盛在《正庄为尧孔真孤》一文中用“赵氏孤儿”的故事由程婴立孤引出庄子为尧孔立孤的说法。“予读《庄子》，乃深知为儒宗别传。夫既为儒宗矣，何又欲别传之乎？盖庄子有若深痛此内圣外王之道，至战国，儒者不知有尧孔之宗，惟名相功利是求，不至杀夺不餍。”见《天界觉浪盛禅师全录》，北京图书馆出版社2004年版。

庄》[1]，以及廖平[2]、现代新儒家熊十力[3]、蒋庆等，都在哲学义理层面论证了庄子与儒家精神在根本上具有一致性。

六经之学是孔子所传，而《庄子》与六经的关系密切。如果《庄子》是一种在哲学深度上消化了六经后的一种文学性的表达，那么我们不得不说庄子与儒家精神在根本上有关联性。关于《庄子》和六经的关系的论述，学术史上主要可以分为两类：一类是认为《庄子》通于《易》，另一类是认为《庄子》通于《春秋》。先看第一类。

1.《庄子》为《易》之变

方以智说：

> 善寓莫如《易》，而《庄》更寓言之以化执，至此更不可执。[4]

> 无内外而有内外，故先以内摄外。《内篇》凡七，而统于游。愚者曰：游即息也，息即无息也。太极游于六十四，乾游于六龙。《庄子》之御六气，正抄此耳。姑以表法言之，以一游六者也。《齐》、《主》、《世》如内三爻，《符》、《宗》、

[1] 方以智《药地炮庄》一书就成书原因说，是其师觉浪道盛的会通儒释道三家的托付；就义理说，是方以智运用哲学义理集学术史上庄学观点而炮制之。方以智认为庄子旨在谴责放逸，"寓宅而致心斋，无所逃于大戒，此庄子新发《系辞》斋戒之硎，以利用《春秋》之狱也"。其分明以为庄子深得儒家精神主旨。

[2] 廖平认为："后世诸学，发源四科。儒祖文学，道原德行。"李耀仙主编：《廖平学术论著选集》第1册，巴蜀书社1989年版，第227页。

[3] 熊十力说："庄子深于《易》者也，实孔学之支流。"《熊十力全集》第4卷，第462页。

[4]（明）方以智著，张永义、刑益海校点：《药地炮庄》（修订版），华夏出版社2016年版，第100页。

《应》如外三爻，各具三谛。《逍遥》如见群龙无首之用。[1]

方以智认为《易》善寓，而《庄子》更善于寓言，同时认为《庄子》中“御六气”的提法继承了《易》。

方以智所引薛更生[2]评《逍遥游》首段说：

冥非海。上天之载，无声无臭。《易》之冥豫、冥升，《太玄》拈出冥字，知之乎？庄生亦怕人错认，急忙指注一天字来。夫既已化矣，又何以徙？分明印出后天坎离，岂非剖心沥胆之言？[3]

这也是认为《庄子》同《易》有着内在义理的关联。

廖平说：

《庄子》云：“凡之亡非亡，楚之存非存，”即《易》之“无得无丧”。《老》、《庄》之说可疑者，证以《诗》、《易》而皆通。言不一端，各有本旨。如必攻《庄》，则亦必攻《易》矣。[4]

“如必攻《庄》，则亦必攻《易》矣”是廖平认为《庄子》紧密关联

---

[1]（明）方以智著，张永义、刑益海校点：《药地炮庄》（修订版），华夏出版社2016年版，第100页。

[2] 蔡振丰等注为“（明）薛正平”，见蔡振丰等校注：《药地炮庄校注》，台大出版中心2017年版，第252页。按，《皇明遗民传》有录。

[3]（明）方以智著，张永义、刑益海校点：《药地炮庄》（修订版），华夏出版社2016年版，第103页。

[4]（清）廖平：《知圣篇续》，刘梦溪主编：《中国现代学术经典·廖平蒙文通卷》，河北教育出版社1996年版，第178页。

于《易》的明证。

可见，熊十力认为庄子之学渊于《易》，这不仅是他根据自己对于《易》的义理的理解而得出的判断，而且在易学史上也不是孤例。

今人杨儒宾同样认为庄子与儒家的关系密切，《儒门内的庄子》一书集中代表了他的观点。[1]

2. 庄子继《春秋》之志

胡安国说："学《春秋》者必知纲领，然后众目有条而不紊。自孟轲氏而下，发明纲领者，凡七家。今载七家精要之词于卷首，智者即词以观义，则思过半矣。"[2]引完孟子的话后，他紧接着就提及庄子：

> 庄周曰：《春秋》经世，先王之志也。圣人议而不辨。又曰：《春秋》以道名分。[3]

继而列董仲舒、王通、邵雍、张载、程颐。可见，在胡安国这里，庄子是《春秋》学史上发明《春秋》纲领的第二位重要人物。

无独有偶，黄泽也说：

> 自有《春秋》以来，惟孟子独见大意，其次则庄周，亦说得较平，所谓"《春秋》经世，先王之志，圣人议而不辨"，此最说得好。[4]

---

[1] 杨儒宾：《儒门内的庄子》，联经出版事业公司2016年版。

[2][3] （宋）胡安国：《春秋传》，《文渊阁四库全书》第151册，台湾商务印书馆2008年版，第6页。

[4] （元）赵汸：《春秋师说》，《文渊阁四库全书》第164册，台湾商务印书馆2008年版，第273页。

黄泽是元代春秋学大家，他著有《春秋指要》，赵汸《春秋师说》中有其观点。吴澄观其书，“以为生平所见明经士，未有能及之者”。

可见，在《春秋》经师那里，庄子是一个重要人物。

方以智所引心易[1]曰：

> 邵云《春秋》圣人尽性之书，石斋曰忠恕之书。庄子以一怀字，写出《春秋》因是非、转是非、藏是非，即谓之无是非。故曰天均，是谓大定。看他特地表章《春秋》，以明《齐物论》之无是非。[2]

邵康节明天道、通象数，说《春秋》是圣人尽性之书；黄石斋体《孝经》、通神明，说《春秋》是忠恕之书。而庄子称“圣人怀之”，写出了《春秋》经之因是非、转是非、藏是非，此乃《齐物论》之所谓“无是非”，所以说是“天均”，是所谓“大定”。称“圣人怀之”，即在表彰《春秋》，而《齐物论》之“无是非”亦宗此。

刘逢禄说：

> 《春秋》不待褒讥贬绝，以日月相示，而学之者湛思省悟。故曰：“经世先王之志，圣人议而勿辨。”其言弥微，其

---

[1] 蔡振丰等注为“明代曹参芳”，见蔡振丰等校注：《药地炮庄校注》，台大出版社中心 2017 年版，第 326 页。按：曹撰《逊国正气记》二卷。

[2] （明）方以智著，张永义、刑益海校点：《药地炮庄》（修订版），华夏出版社 2016 年版，第 139 页。

> 旨弥显，使人属辞比事而辨惑崇德，斯善学矣；不善学者，或欲屠其赘而悉置之，或不得其说而胶执之。[1]

《春秋》以不同的日月记时法展示其褒讥贬绝，学《春秋》者需通过《春秋》“时月日例”等来思索《春秋》之志，所以庄子才说，“经世先王之志，圣人议而勿辨”。善学者会发现其言愈微，其旨愈显，使人能属辞比事而辨惑崇德；不善学者或者想删其赘却全部予以不管，或者胶执而不得其说。可见，在刘逢禄这里，庄子和《春秋》的关系也是直接而密切的。

廖平说：

> 《庄子》云：“六合之外，圣人存而不论；六合之内，圣人论而不议。”《春秋》先王之志，则圣人日切磋而不舍也。[2]

廖平亦联属《庄子》解释《春秋》。六合之外，圣人存而不论；六合之内，圣人论而不议；《春秋》先王之志，圣人议而不辨。议即“日切磋而不舍也”。

由上可见，在春秋学史上，庄子也是一个重要的人物，而被历代经师多所称引，熊十力认为庄子知圣心，不是突兀的、脱离了学术史的判断。

固然庄子哲学与“为仁之学”不同，但关于庄子（或《庄子》）与儒家的关系，在哲学义理层面看，联系紧密，二者精神主

[1]（清）刘逢禄：《春秋公羊经何氏释例》，《续修四库全书》第129册，上海古籍出版社2002年版，第481页。

[2] 廖平：《知圣篇续》，刘梦溪主编：《中国现代学术经典·廖平蒙文通卷》，河北教育出版社1996年版，第178页。

旨并非必然不能沟通。冯达文先生指出，孔子“吾与点”一说，可以融摄道家的价值追求。[1]方以智引虚周子的话说：“古人无执见，所谓儒，指汉初之儒；所谓道，正指神明之圣。”[2]可见，在古今不同的思想背景下的学者那里，“儒”或者“儒家”所指称的意义事实上不同，庄子批评和戏谑的儒或是他所谓不见道之儒。我们也可以说，庄子是以不同于一般儒者面目出现的推尊孔子之人。廖平说庄子出于孔学之德行科，并非没有一点哲学义理层面根据的妄言。后世思想史上也屡屡以“内圣外王”来概括儒家精神主旨。然而一甚为奇怪的事实却是：“内圣外王”这一词来源于我们认为与儒家精神主旨决然不同的所谓道家著作的《庄子》[3]。这一事实本身，即可引起我们的重视，也确实需要引起我们的重视，重视之，以利于我们对于《庄子》的理解，以及对于儒家的理解，进而重新理解《庄子》，理解儒家。

（二）“内圣学”

熊十力在使用“内圣学”概念时，一般即指“形而上学”。本书为更加突出题目和章节之间联系，以及章节与章节之间的过渡，而使用“内圣学”来表述熊十力的形而上学。就“形而上学”这一名词的来源说，是后人整理亚里士多德著作时，给放在物理学之后的本体论和认识论的部分所起的名称；就该名词所指称的实质内容来说，它是本体论和认识论的代名词。本体论、宇宙

---

[1] 冯达文：《“曾点气象”异说》，《中国哲学史》2005年第4期。

[2] （明）方以智著，张永义、邢益海点校：《药地炮庄》（修订版），华夏出版社2016年版，第17页。蔡振丰等注“神明之圣”为孔子。见蔡振丰等校注：《药地炮庄校注》，台大出版中心2017年版，第43页。

[3] 如果说《天下》篇因属于杂篇而不属于庄子本人的思想，那么我们可以说无论是《齐物论》“《春秋》经世先王之志”，还是方以智、熊十力认为庄子深得《易》学思想而尊孔子，都足以说明庄子思想与孔子思想具有继承性的一面。

论、理性心灵学和理性神学曾经都属于形而上学，随着科学逐渐从哲学当中独立出来成为一门独立的学科，后来只剩下本体论还属于形而上学，因此，有时候也将形而上学等同于本体论[1]。正如熊十力说，只有本体论是科学所夺不去的学问领域。

学者抽出《周易·系辞传》“形而上者谓之道，形而下者谓之器”中的“形而上”来称呼这门学问。尽管有学者认为将西方“形而上学”格义为“形而上”有不当处[2]，也有学者指出中西哲学有各自的总体特征，并以“一体和两离”来概括这种差异[3]，但我们认为用“形而上学”来指称中西乃至世界范围内人类关于世界存在的终极样态和特征的学问是没有问题的。那蕴藏于人类各个文化圈中，以及蕴藏于各个哲学分支诸如宗教哲学、政治哲学、科技哲学中之核心与根本的奥义，尽管可能被附带的地域因素、民族因素、国家因素以及其他诸多因素所掩盖或排斥，尽管可能被专门领域的学者忽视或排斥，那被宗教哲学家、政治哲学家等以他们附带着专门领域的质料因素所说出来的部分的真理性终究是隶属于形而上学的。康德说人类精神企图一劳永逸地放弃形而上学是因噎废食，世界上无论何时都需要形而上学。[4]

当一个中国人说形而上学时，他不仅仅是对中国面对西方、世界时等时代因素的反应——无论这反应是被动的，还是主动的；是被决定于他者的，还是自己就是决定者，他仍旧是说中国学术中最具本根性和最具完备性的东西。然而，试图只是以“在

[1] 俞宣孟：《本体论研究》，上海人民出版社 1999 年版，第 104 页。

[2] 聂民玉：《体用不二——熊十力经学思想研究》，人民出版社 2015 年版，第 2 页。

[3] 俞宣孟：《本体论研究》，上海人民出版社 1999 年版，第 89 页。

[4] [德]康德：《未来形而上学导论》，商务印书馆 2011 年版，第 162 页。

质料上是中国的”学术内容或学术形态来排斥在中国哲学中讲形而上学者，都是对于可能跟他们具有一致学术目的的学者的不认识、不理解。就中国哲学说，“以传解经”有其必要，而“以经解经”的义理层面的诠释，则更是对于那非时间性的、具有永恒价值的形而上学的探求。景海峰先生指出，所谓的“以经解经”，并不是语文学意义上的，更不是在词语、文句的考释方面原地打转，而是透过对经典意义的体悟和理解，从总体上来把握经文的含义，进入到“经”所呈现的理境当中。[1]诚然，“以传解经”者有其具体和最根本的学术关切——无论是纯粹知识的考据关切，外王的关切，抑或内圣的关切，但总不离于“内圣外王”，不离于形而上学。

历史地看，自孔子集大成以建立一“体道、明德、立法”的博大体系以来，后世的学术则可以看作是这一体系的扩大与衍生的发展。而在这一衍生发展的过程中实际就是两股力量在波动。一是应用的精神。一是回复的精神。所谓应用的精神，就是将孔子儒学体系所蕴含的精神扩展到现实的政治和生活中，所谓回复的精神，就是从应用的精神返回来，试图重新站在孔子思维的高度上，来面对那种应用的精神，而这种返回的尝试，正是由于它看到应用的精神不能再很好地面对世界本身而生起的忧患心理。有儒分为八之应用，则有《庄子》之回复；有董江都《天人三策》之应用，则有扬雄《法言》之回复；有玄学清谈之应用，则有以佛学精神形式之回复；有佛学精神之应用，则有宋明理学之回复；有心性之学之应用，则有藏悟于学之回复；有清代朴学之应用，

[1] 景海峰：《论“以传解经”与“以经解经”——现代诠释学视域下的儒家解经方法》，《学术月刊》2016年第6期。

则有现代新儒学之回复。每一次回复，就是内圣学的再现，就是“体道”之成立。

（三）“外王学”

本书使用“外王学”即相当于“政治哲学”。就西方哲学来说，以学术渊源来看，政治哲学主要是苏格拉底亲身实践、柏拉图形成思想理论，传授并以著作形式保存下来的内容。以著作看，《理想国》无疑奠定了整个西方政治哲学的基础。以定义看，施特劳斯将之定义为：“政治哲学是一种尝试，旨在真正了解政治事物的本性以及正当的或好的政治秩序。”[1]显而易见，这里有两个关键因素，一个是政治事物的本性，另一个则是政治秩序。关于政治事物本性的知识而不是意见，是施特劳斯所强调的能直达政治哲学之所以为政治哲学的基础。可见，施特劳斯除了继承了古典政治哲学对于德性的追求外，同时也熟知柏拉图关于知识和意见的划分。而关于政治秩序，则是政治哲学作为哲学分支看待的最重要的内容，有政治秩序，进而有一个好的政治秩序，是政治哲学的“政治的”部分。

就中国哲学看，孔子“立法”的那部分是中国政治哲学的根基。以著作看，以《春秋》为代表；发展地看，公羊家继承了孔子外王学的使命，而理学家更多关注政治之教化层面。清代公羊学复兴，而现代新儒家和政治哲学家则在西方哲学和政治哲学的思想背景下，重新思考如何回复和展现孔子的“立法”。

作为经学家的廖平，在更加完善表述自己外王学的立场上并不排斥“哲学”，他“四变”时期的《孔经哲学发微》（1913 年），虽说在目的上仍是尊孔尊经，在形式上亦是经学非史学，而特借

[1] [美]施特劳斯：《什么是政治哲学》，华夏出版社 2011 年版，第 3 页。

助“哲学”来表明经学的永恒性，但可以说这是经学家自觉地接受了用“哲学”、因而也包括“政治哲学”这些来源于西方哲学的概念来表述其思想，或至少可以说西方哲学、政治哲学的概念并不妨碍经学家表述他们核心的经学思想、政治思想。冯友兰先生就在其《中国哲学史》中将廖平当作中国经学的结束性人物，他说“廖平之学，实为经学最后之壁垒。就时间言，就其学之内容言，皆可以结经学时代之局者也”。[1]在这一点上，熊十力也是自觉而主动地用“哲学”这一名词、将“哲学”作为学科来重新整理和表述中国文化的核心思想。

总之，“政治哲学”作为概念的使用的合法性是毋庸置疑的。中国政治思想的精髓，并不会在使用这一概念的过程中必然丧失或者被掩盖。

二、问题关切

本书的研究将集中在三个问题上，即：第一，熊十力哲学体系的研究；第二，熊十力的内圣学，第三，熊十力的外王学。原因在于，一是由于研究精力有限，无法对熊十力哲学涉及的每一个问题在其领域里进行特别专门的研究，比如涉及因明学问题，这个问题现在可能被逻辑学学科下研究非形式逻辑的学者所关注。二是由于本书认为，这三个问题是熊十力哲学研究的基本问题，特别是熊十力哲学体系的问题。只有弄清了熊十力哲学的体系，才能形成对熊十力哲学的整体的、较全面的认识，进而为其他研究提供基础保障。而内圣学，即熊十力的形而上学，不仅是熊十力本人非常重视的，也是熊十力哲学的重中之重。可以说，

[1] 冯友兰：《中国哲学史》下，华东师范大学出版社 2000 年版，第 343 页。

离开形而上学，就没有熊十力哲学。而外王学，即熊十力的政治哲学，也是熊十力哲学研究中的重大问题和引起争论较大的领域，前辈学者在这一个领域不为无见，让我们看到了熊十力政治哲学的复杂性，因而，进一步深入探讨并不是没有益处的。

总之，熊十力哲学体系的研究是基础性的，而形而上学和政治哲学不仅是熊十力哲学，也是所有哲学研究一直以来重要和基本的研究领域。

（一）熊十力哲学体系方面的问题关切

熊十力的学术生涯的发展轨迹实际有两条线索，一是内圣学，一是外王学。“新唯识论”作为其哲学体系（更侧重内圣学）的名称，无法指称其外王学，而“体用不二”同样是侧重对其内圣学的性质刻画。只有弄清楚熊十力哲学体系，才能进一步去研究其内圣学，或者外王学，以及诸如熊十力哲学与直觉主义关系等问题。

熊十力在其诸多著作中频繁使用的“内圣外王”，这一概念可以概括熊十力的哲学体系，而诸如“新唯识论”“体用不二”等并不能起到这样的效果。[1]因为“新唯识论”体系只是其内圣学体系，而“体用不二”则侧重于刻画其形而上学体系。然而，熊十力的中晚期著作，除了不断修订的形而上学著作之外，其他很大一部分是政治哲学著作。如果深入研究这部分政治哲学著作，并认为这些著作并不真是所谓“负积累”的话，那么一个能够将熊十力的形而上学和政治哲学都概括于其中并准确地表现两者

[1]《壬辰删定记》曰：“《新论》谈体用，在《易》则为内圣学之方面，而于外王学不便涉及，此书立言有领域故。尝欲造《大易广传》一书，通论内圣外王而尤致详于太平大同之条理，未知暮年精力能遂此愿否？”见《熊十力全集》第6卷，第21页。

之关系，而且非常典雅，同时是渊源有自的概念，就只能是熊十力屡次使用的“内圣外王”。

有学者已经指出《心书》之于熊十力哲学的重要性，也有学者总结出熊十力一生中五次重要而特殊的生命体验对于他的哲学体系的形成所起到的特殊作用，但这只是主要集中于其内圣学体系发展的刻画，熊十力哲学发展的全貌仍没有被完全而准确地呈现出来。**熊十力哲学并不是只有形而上学一条线索，而是同时存在形而上学和政治哲学两条线索**。在刻画熊十力形而上学发展线索的同时，注意到熊十力政治哲学的发展线索，才能对熊十力哲学体系有准确的认识。如果只注意到形而上学这条线索，那么对于熊十力晚年侧重于政治哲学的著作就无法准确理解，而很可能就认为这些政治著作是没有价值的“负积累”。然而，熊十力的政治哲学并没有那么简单。[1]正是针对学界将研究重心放在熊十力早期著作，从而对《乾坤衍》等著作有所忽视的情形，林世荣才强调熊十力的最后定论不在《新唯识论》，而在《乾坤衍》。[2]如果注意到熊十力政治哲学的发展线索及其政治哲学的重要性，那么可以说，林世荣先生的强调不是没有道理的。

1939年，熊十力在《复性书院开讲示诸生》一文中说：“昔吾夫子之学，内圣外王。”[3]可以说，此时在熊十力的思想中，以庄

［1］ 这一点，刘小枫、林世荣、唐文明、涂汉培等都有所认识。刘小枫有专书评价熊氏的政治哲学，林世荣有《熊十力春秋外王学研究》，唐文明关于熊十力政治哲学的文章上文已经提及，涂汉培涉及的熊十力政治哲学，见：《三科九旨通议（修订版）》，载《第四届全国古典学年会暨“经学再出发”主题研讨会论文集》上册，四川大学2016年印，第498—508页。

［2］ 林世荣：《熊十力思想“最后定论”论》，《政大中文学报》2007年第7期。

［3］ 熊十力：《十力语要》，《熊十力全集》第4卷，第251页。

子“内圣外王”概括孔学的判断已经形成。到 1943 年，熊十力正式发表了《孔子内圣外王之学》一文。这虽然是一篇简短的演讲稿，但确实是熊十力深入研究儒家学问后的一篇概括性的研究心得。[1]《原儒》中说道：“六十岁左右，深有感于孔子内圣外王之道，誓以身心奉诸先圣。”[2]六十岁左右，即 1945 年左右，这与 1943 年仅仅两年之差。总之，在这一阶段，熊十力已经将代表着孔子之道的形而上学和政治哲学的两个方面打通，认识到可以用庄子之“内圣外王”概括。因此可以说，1943 年的这篇文章**代表着熊十力“内圣外王”思想体系的确立**。因为这是一篇面向大众广播演讲的文章，所以既不像在课堂上对于以“内圣外王”来代表孔子学问的判断而容易一句带过，也不会因为不是讨论重点，而在与友人的学术书信讨论中一笔带过。所以，这篇文章作为熊十力以“内圣外王”概括孔子学问、儒家学问体系的标志是合适的。因此，**本书认为，熊十力 1943 年发表的《孔子内圣外王之学》一文标志着熊十力内圣学体系的初步确立，也标志着其外王学体系的初步确立，同时，还标志着整个熊十力哲学体系的确立，而《乾坤衍》是这一体系的成熟标志**。

在此文之后，熊十力对于儒家学问才真正进入研究阶段。我们知道，熊十力的“新唯识论”体系主要是发挥《大易》的宇宙论体系，直到 1936 年左右，熊十力才在与马一浮、唐君毅和张东荪的学术讨论中和启发下，意识到儒家哲学的心性论层面，即道德

[1] 因为《读经示要》这部深入研究儒家学问的著作即在 1945 年出版，可以推想，除了出版《佛家名相通释》（1937 年），以及战争的影响（发表了《中国历史讲话》（1938 年）、《中国历史纲要》），1936 年到 1945 年是熊十力重点研究儒家学问的阶段。

[2] 熊十力：《原儒》，《熊十力全集》第 6 卷，第 773 页。

实践而上达天道这一学问路数的重要性。此后，他才将研究重心集中于此，并最终有《读经示要》（1945）之出版。可以说，只有包含了宇宙论和心性论两个层面的成熟发展，才能说其内圣学是完整的。因而，可以说熊十力的内圣学体系以《孔子内圣外王之学》一文为其内圣学的中间阶段，也可以说此文标志着其内圣学的初步确立。

《孔子内圣外王之学》一文也标志着熊十力外王学的初步确立。由于政治哲学具有实践品格，熊十力早年的政治哲学发展线索不是以著作形式进行的，而是以其早年教育和青年的政治实践为发展线索，当不仅确认了形而上学是孔子之学的重要一端，同时确认了政治哲学也是孔子之学的另一重要一端后，熊十力的政治实践在学问上就有了表述的话语和体系。这样一来，其不仅在《孔子内圣外王之学》之前所受的历史教育及其政治实践有了概括之语，随后的进言三书代表的政治行为以及表述其“为万世制法”的《原儒》，都可以被“内圣外王”概括。因此可以说，熊十力的外王学也是以此文为初步确立的标志。

而一旦意识到庄子“内圣外王”是对熊十力所归宗的孔子之学的准确概括，那么其哲学的体系也就确定了，这就是说，熊十力哲学也是一个“内圣外王”的体系，包含着内圣学以及与其不二的外王学。《乾坤衍》则是其内圣学、外王学，以及两者关系的体系性表达，充分标志着熊十力哲学体系的成熟。

（二）熊十力内圣学方面的问题关切

有观点认为熊十力在内圣学上侧重借鉴宋明理学，那么熊十力有没有自己体贴出来的作为其内圣学根基的思想呢？如果没有，而纯粹是借鉴，那么这种习得的“借鉴”真的可以作为其内圣学吗？是借鉴理学一系，还是借鉴心学一系？如果有其自己体贴的内圣学思想，那么这与所借鉴的宋明理学思想之间的关系又是什么？所有这些问题，都引发我们深入思考熊十力内圣学思想的发展进程及其实质。

将我们观察的目光聚焦于学派归属、学风相似程度这一层次上，可以说熊十力哲学属于儒家哲学，甚至再确切一些，可以说熊十力哲学更近于心学，特别是阳明学。这样精准的观察已足够带来一些学术判断上的帮助，例如，我们很容易区分熊十力与其师欧阳竟无的学派归属。可是，如果我们关注的问题是熊十力哲学与宋明理学的关系、熊十力哲学与阳明学的关系这类的问题，那么我们就必须把观察的精准度提高，必须聚焦到熊十力对于阳明学的研究过程以及熊十力对于儒家孝义的理解这些问题上来，当在这些问题上能得到清晰的认识，那么对于"熊十力哲学是新心学""熊十力继承了阳明学"等诸如此类的判断，便会有更好的审视，也会对熊十力的形而上学有更加稳妥的判断。

熊十力说：

> 平生探穷宇宙人生诸大问题，就现象方面言，一切犹如幻化，于此确信不疑；但有无真实根源，苦参深究，老夫挥了许多血汗。求之宋明，不满；求之六经四子，犹不深契；求之老庄，乍喜而卒舍之；求之佛家唯识，始好而终不谓然；求之《般若》，大喜，而嫌其未免耽空也。最后力反之自心，久而恍然有悟，始叹儒家《大易》、佛氏般若，皆于真实根源甚深处确有发明。儒者穷神，而不深体夫寂然处，将虑滞有之患；佛法归寂，而过喻幻化，反有耽空之累。于寂而识夫生生健动之神，于生生健动之神而见其湛然冲寂。反求诸

心，理实如是。[1]

汉学、宋学两途，余皆不契。[2]

可见，熊十力的关注点在宇宙论，熊十力哲学是生命体验的宇宙论哲学。他分明说自己早年求之宋明而不满，于汉宋两途皆不契，晚年又明确批评陆王有唯心之嫌[3]，可对于他深契的易学却始终没有批评。所以没有理由**粗泛地**对熊十力哲学进行整体性质上的判定：熊十力哲学是“新心学”，是陆王心学的精微化，是心性形而上学。其实，无论在熊十力哲学研究专家那里，还是在阳明学研究专家那里，都没有发出这样的论调。

熊十力固然重视阳明心学，但他是契合而莫逆于心地重视之呢，还是研究有得地重视之呢？这需要首先确认熊十力哲学的性质为具有生命体验的宇宙论哲学，再深入其哲学，并考察其哲学与阳明学的关系，进而考察熊十力的阳明学之后，才会得出结论。

由于熊十力归宗儒家并极力推重阳明，也由于学界前辈如冯友兰、贺麟等认为熊十力是陆王心学的继承者，遂导致当前学界把“熊十力哲学继承了阳明学”这一观念普遍当作一个无需关注的事实而予以接受，又进而认为熊十力哲学是吸收了阳明学而有了新的发展。这些事实，导致不在熊十力哲学与阳明学之间作区分。实则，如果将考察的精准度提高，我们会发现，**熊十力哲学**

[1] 熊十力：《十力语要初续》，《熊十力全集》第5卷，第142页。

[2] 熊十力：《体用论》，《熊十力全集》第7卷，第7页。

[3] 熊十力：《乾坤衍》，《熊十力全集》第7卷，第462页。按：熊十力批评陆王有唯心之嫌不是迫于形势的批评，而是从其自身的宇宙论哲学判定陆王忽视格物之学。

与阳明学不仅可以，而且需要作出区分。故而，对于熊十力哲学与阳明学关系、因而对于熊十力的形而上学的重新探讨是本书要重点进行的。

（三）熊十力外王学方面的问题关切

熊十力外王学的重要性，不亚于其建立的“新唯识论”的内圣学体系。[1]熊十力哲学中有一条外王学发展的持续线索：早年的熊十力受家庭史学教育而对政治问题关注密切，继而又受西方思潮影响，并参加革命实践活动。1945年对于国际局势的观察，使他心境复杂，但没有陷入悲观，1949年以后，他不仅对当时的形势有着敏锐观察，而且不离开大陆的抉择，有表示其政治行为的进言三书[2]，同时，最终完成了他的政治哲学体系的构建。

有学者认为熊十力晚年著作已经背离他当初的立场，也有学者站在历史的、文献的角度批评这种观点，认为熊十力哲学的立场是一贯的。其中，郭齐勇、丁为祥、刘小枫的关注，让熊十力政治哲学的价值渐渐凸显出来。然而，如果论证不从哲学的角度说明其必然性，一种理性的信服并不能实现。**这就是说，被动的辩诬和解读只是防御性的，而只有说明熊十力哲学何以必然呈现为如此“非常异义可怪之论”，一种理性的信服才可能呈现给读者**。

[1] 继郭齐勇、景海峰后，丁为祥对于熊十力的外王学予以同情的理解，见其《十年再读熊十力》，《人文杂志》2007年第6期。唐文明对于熊十力的外王学的重要性也能予以重视，参见其《去与留——从熊十力信札看民国新儒家的建国理念与政治选择》。见 http://www.rujiazg.com/article/id/9418/，检索日期：2016年10月18日。

[2] 这三本书分别是《韩非子评论》（1949年）、《与友人论张江陵》（1950年）以及《论六经》（1951年）。

熊十力说：“余造《原儒》，宗经申义，言所欲言，上酬先圣，他非所计。老子不云乎，‘道大，似不肖。夫唯大，故似不肖；若肖，久矣其细也夫！’”熊十力的政治哲学同柏拉图的政治哲学一样，他们都知道自己的哲学会被嘲笑。

从《读经示要》到《原儒》，熊十力的外王学是在不断发展进步的，而不是有转向。**将《原儒》在其外王学中的重要性提升到《新唯识论》在其内圣学中的同等程度上，才可能发现熊十力外王学的真实形态**。但是由于目前尚未将《春秋》学或者西方政治哲学同熊十力政治哲学联系起来研究（或者联系不够紧密），因而未能将熊十力政治哲学的深意充分揭示出来。实际上，熊十力政治哲学是紧密联系于中国政治哲学——即《春秋》经学的，甚至可以说是对《春秋》经学中某些方法的运用。可以说，离开了深厚的《春秋》经学背景的熊十力的政治哲学的解读，必然会出现理论背景不够宽广和义理不够深入的研究限制，因而无法精准地理解《原儒》。而在研究经学的学者这里，其研究重点或者是公羊学义理，或者是《春秋》经、《孝经》，或者是其他经学家，因而，对于吸收和运用经学的熊十力的关注还不多，因此，熊十力的政治哲学也不必然是他们的关注重点。因而，熊十力政治哲学的真实形态还有待进一步揭示。

第一章 “内圣外王”体系之发展历程

“内圣外王”可以完整概括熊十力整个的学术体系，“新唯识论”的体系只是熊十力内圣学的体系，无法概括熊十力的外王学；“体用不二”虽然可以用“体”指代其内圣学，以“用”指代其外王学，但仍主要是侧重其内圣学，因为主要阐发熊十力“体用不二”思想的《体用论》仍然是其内圣学体系的著作，只不过是其完全归宗儒家后，不仅在思想上，而且在概念上也用儒家本有的名词来表述其内圣学体系。[1]而且考察熊十力晚年著作，熊十力对于“内圣外王”思想极其重视[2]。先不说熊十力晚年思想有没有价值（无论是一般认为的内圣学著作之为重复之无价值，

---

［1］ 熊十力在《体用论》《赘语》中说“此书之作，专以解决宇宙论中之体用问题”，在《体用论》篇尾说“本论以体用不二立宗。本原、现象不许离而为二，真实、变异不许离而为二，绝对、相对不许离而为二，心物不许离而为二，质力不许离而为二，天人不许离而为二。种种原理皆禀《大易》之辩证法”。分别见《体用论》，《熊十力全集》第7卷，第5、143页。

［2］ 不仅《乾坤衍》（1961年）大讲“内圣外王”，而且晚年跟弟子唐君毅、牟宗三的两封通信中分明指出他当时极其注重“内圣外王”，甚至说《新唯识论》（按，指所有本子）、《十力语要》可毁弃，而《读经示要》“亦非传世之作”。认为《乾坤衍》“体系备矣”，“犹当至少写一二部发挥内圣外王之渊海”。见《致唐至中并转唐君毅、牟宗三》（1962年5月29日）、《致唐至中并转唐君毅、牟宗三》（1962年6月5日），见《熊十力全集》第8卷，第826—829页。

还是政治著作之为“自杀”之无价值），先弄清楚熊十力本人的写作动机和真实的著作意图，是十分必要的。

以熊十力的内圣学和外王学为两条线索，可以较为准确地刻画熊十力哲学的发展进程，进而增进对熊十力“内圣外王”思想的理解。熊十力“内圣外王”体系的形成是一个漫长的过程。第一阶段，内圣学和外王学独立发展，两条线索此时尚未相交。第二阶段，熊十力的内圣学和外王学相交于一点。我们在后文将指出，这一点体现于1943年《孔子内圣外王之学》一文。第三阶段，是在一内圣外王体系下，内圣学的发展以及外王学的发展。此时的内圣学，不再独立孤悬，而是与外王学圆融不二，说内圣，而外王备焉。且这种“备”不是一种未深入了解的言说上的“备”，而是细察和洞明外王学思想和知识的实然的“备”。此时的外王学，也不再是单纯的外王学了，而与内圣学不二，说外王，而内圣备焉。

中文“㐅”（古“五”）字，可以较好地在象和义理两个层面来刻画熊十力内圣外王学的发展进程。首先，在象的层面，可以以“㐅”字中从左上方往右下方走的一条线，代表熊十力内圣学发展的进程；可以以从左下方往右上方走的一条线，代表熊十力外王学发展的进程。而两条线相交的那一点，即代表熊十力内圣学和外王学贯通的时期，上文说过，这以《孔子内圣外王之学》一文为标志。在没有相交之前，内圣学是单纯的，如《新唯识论》（文言文本，1932），外王学也是单纯的，如熊十力转向学术之前的政治思想和革命活动。相交之后，内圣学不再是单纯的内圣学，而外王备焉；外王学不再是单纯的外王学，而内圣备焉。其次，在义理的层面，《说文・五部》：“㐅，古文五省。”段玉裁《说文解字注・五部》：“阴阳在天地间交午也。此谓㐅也，即释古文之意，水火木金土相克相生，阴阳交午也。”其本义为纵横交错。阴、阳为二，太极为一，一生二。内圣学、外王学为二，内圣外王为一，一生二。及其交错，内圣学不再是单纯的内圣学，而外王备；外王学不再是单纯的外王学，而内圣备。

以下首先探讨熊十力“内圣外王”思想的酝酿，再分别探讨熊十力内圣学和外王学的发展进程，最后探讨熊十力内圣学和外王学的一贯，即说内圣学即函外王学，说外王学即函内圣学之合而为一的状态，而这就是熊十力“内圣外王”的哲学体系。

第一节 “内圣外王”体系的开启

熊十力“内圣外王”的体系，以“内圣学”和“外王学”为两条线索。从继承儒家传统的角度说，熊十力经常用内圣学、外王学；从接纳、学习、吸收西方文化思想的角度说，熊十力则用形而上学、政治哲学。

熊十力“内圣外王”体系的产生，可以说开始时是内圣学和外王学的独立发展，彼此并不能关联到一块。比如，早年父亲所授四书，虽然其后熊十力因受启蒙思想而将孔子看成帝制思想的代表而反孔，但四书教育，终究为熊十力日后归宗儒家打下了基础。而十三岁悟空的体验，也为熊十力进入哲学，确切地说，为他进入形而上学，奠定了基础。再到后来，他触悟《易》之生生不息义，这些经历，如今从我们后人探究的立场看，可以归入熊十力的内圣学。而这样的内圣学思想，对熊十力的外王学也有决定性影响，如主张“变”的、生生不息的内圣学思想，就决定了他的外王学更倾向于“一往向前”“革命”的特征。

熊十力幼年接受了家庭的史学教育。史学的教育，使得历史以及诸多历史人物在熊十力的心灵留下深深的印记，培养了熊十力强烈的史学意识。他常常将自己带进历史情境中，比如他读岳飞，当岳飞因“莫须有”的罪名惨死风波亭后，大喊“杀死秦桧，还我岳飞”，惊醒了睡梦中的家人。后来受严复影响，遂参加革命活动。这些为熊十力外王学的生成，提供了养料。而这样的外王学思想，也影响了熊十力内圣学的走向，深厚的历史意识、民族意识，也是熊十力出佛入儒的因素之一。

可以分别归入内圣学和外王学的这些精神性的活动和实际行动，独自发生作用，又彼此产生影响。

第二节　内圣学发展历程

熊十力之内圣学进程可以分为五个阶段：第一，观空之体悟；第二，天道易体之体悟；第三，“内圣外王”体系下内圣学之初步确立；第四，儒家学问之研究；第五，内圣学体系之完善。以下分别论述。

一、观空之体悟

（一）十三观空

熊十力内圣学发展的第一阶段是他对空之体验，而他之观空体验实际上预示了熊十力对于存在的意义问题以及生死问题解答的开始。熊十力的哲学进路是宇宙论的，但其宇宙论却不同于康德所批评的从理论理性出发建立的宇宙论哲学体系。李祥俊先生指出，熊十力的哲学建构建立在生命体验的基础上，他所谓的“生命体验”是“一种人在特定的生存境遇下所达到的心理极限状态，是终极存在直接呈现于自身”，而熊十力一生有六次这样的生命体验。[1]有生命体验为基础而以宇宙论为进路的哲学，就不是理论理性的凭空构造。熊十力的第一次生命体验据其自述，发生在他十三岁时，他在《船山学自记》中说：

> 年十三岁，登高而伤秋毫，（原注：时喟然叹曰：此秋毫始为茂草，春夏时，吸收水土空气诸成分，而油然滋荣者也。未几，零落为秋毫，刹那刹那，将秋毫且不可得，求其原质，亦复无有。三界诸有为相，皆可作如是观。）顿悟万有皆幻。由是放荡形骸，妄骋淫佚，久之觉其烦恼，更进求安心立命之道。[2]

熊十力对于存在的意义这个终极问题很早就有了切实的体会。对存在的意义问题的关注，使得人思考自己将以怎样一种生存样式生活在世间。是决定勇敢面对这样的终极问题还是置之不顾，放弃思考？是像诗人那样敏感于世人和时代，还是因为判定了生存的无意义而选择结束自己的生命？是因感受到万有皆幻而放

[1] 见李祥俊：《生命体验与哲学建构——熊十力哲学体系基点探秘》，《北京师范大学学报》2008年第5期。以下所说生命体验皆指这种特殊的生命体验。

[2] 熊十力：《心书》，《熊十力全集》第1卷，第5页。按：此又见《十力语要初续》，《熊十力全集》第5卷，第141页。“熊先生尝自言：弱冠时，一日登高，睹秋草零落，忽生悲感，推想天地万物皆归无何有之乡。”黄克剑、丁为祥、郭美华、李祥俊诸先生皆注意到这段文字的重要性，郭美华更将此作为熊十力整个哲学体系的逻辑起点。参见郭美华：《熊十力本体论哲学研究》，巴蜀书社2004年版，第24—26页以及李祥俊：《熊十力思想体系建构历程研究》，北京师范大学出版社2013年版，第17页。

浪形骸，还是进求安心立命之道？是因幻化、畏怖而选择宗教信仰的人生，还是求真好学不已而刚健进取？

人面临终极问题而发生困惑、恐惧之时，哲学家却对这个问题不轻易放过，而是将这个问题留在心中，问题得不到解决，他们将不得安宁。人通常也对生命发生无限感怀，然而哲学家由此而引发哲学的思考。不是说哲学家一开始便同周遭的群体决定性地分开了，而是由于他们对所遭遇到的这些终极问题没有忽视，而是正视之。

“年十三岁，登高而伤秋毫，顿念万有皆幻。”观空之时间发生在十三岁，对此郭美华先生有很好的解释：这一年龄阶段本身的真伪并不十分重要，即使它是真实的，我们也不能真的将它看成是“十三岁”的东西。因为就《心书》本身的思考而言，“十三岁”的经历是由在后的追思而开启出来的，即熊氏三十四岁前后的反思揭示出来的，它只是表明熊氏年轻时，很早就有这样的经历——从惊疑世间万象而追问其实在。[1]

> 人生在社会上呼吸于贪染、残酷、愚痴、污秽、卑屑、悠忽、杂乱种种坏习气中，他的生命，纯为这些坏习气所缠绕，所盖覆。人若稍软弱一点，不能发展自家底生命，这些坏习气便把他底生命侵蚀了。浸假而这些坏习气检直成了他底生命，做他底主人翁。其人纵形偶存，而神已久死。[2]

这便是轻视存在问题所造成的结果。这是往重的一面说。即使

[1] 郭美华：《熊十力本体论哲学研究》，巴蜀书社2004年版，第26页。
[2] 熊十力：《尊闻录》，《熊十力全集》第1卷，第583页。

在一般的教育和涵养中，熊十力所说的贪染、残酷等习气没有表现出来而显得温文儒雅，也不可以说其精神性生命就一定活。关键在于，面对这样的问题不能软弱，敢于面对，保持敏锐而深入的思考。

> 凡人当自家生命被侵蚀之候，总有一个创痕。利根人特别感觉得。一经感觉，自然奋起而与侵蚀我之巨贼相困斗，必奏廓清摧陷之功。若是钝根人，他便麻木，虽有创痕，而感觉不分明，只有宛转就死于敌人之前而已。[1]

“自家生命被侵蚀”不是说他人他事威胁到了自己的生物性的生命，而是说自己的习气威胁到了自己的精神性生命，即熊十力所谓非形体之“神”。接触到存在意义问题而不轻忽，便是不麻木而感觉分明。不愿意以习气做主宰，勇敢面对存在的意义问题，是熊十力踏上哲学之路的个体性条件。

熊十力对于存在问题的重视，决定了他日后一生的走向，无论是个人的政治实践还是献身学术，都是他对存在问题作出的解答。而他对生死问题的关注，同样是用一生来解答和践行。

> 吾自儿时多病，尝起怕死之念。三十左右，此念又经一度炽然。大约此念起时，能转一新的方向，便可无虞，所谓死中得生也。若此念牵缠，而不能放于日新自得之场，其死必矣。[2]

---

[1] 熊十力：《尊闻录》，《熊十力全集》第1卷，第583页。

[2] 熊十力：《尊闻录》，《熊十力全集》第1卷，第650页。

人都有第一次意识到死亡的经历，而熊十力自述因儿时身体多病，尝起怕死的念头。这种“怕”不是软弱，而是面临死亡下意识的反应，软弱还是勇敢面对，是对此有反思之后的抉择。又或者说这种“怕”是一种“畏”，熊十力说：“凡人敬慎之畏不可无，怯弱之畏不可有。自审有一份怯畏，须将根拔去。”[1]熊十力说自己三十岁左右时，这种怕死之念又一度炽然，可能跟他的亲人相继过世有关。[2]

这种因自身疾病以及亲人离世而引发的对死亡问题的“敬慎之畏”，影响了熊十力以后的经历。无论是他对于佛教轮回观念的信仰，还是日后破除轮回之信仰，著《新唯识论》，都是他开辟的“日新自得之场”。

> 立民昨谈，现在从不知天高地厚傲然自足里，忽然起了一个空虚与恐慌，此中是生死关头，能向上求进便生，否则死。此段话大有意思。中外古今学者，殆无不经过从不知天高地厚傲然自足之中忽起空虚与恐慌，然后向上求进，以成就其人格与学问者。唯在空虚与恐慌之阶段，却甚危险，非有大力量即不能向上求进以生，只有陷于空虚恐慌以死。你既感觉到此，便须万分努力，生死之机，自操而已。[3]

---

[1] 熊十力：《尊闻录》，《熊十力全集》第1卷，第584页。

[2] “壬、癸以来，伯兄，六弟强，五弟刚，相继卒。”见《心书》，《熊十力全集》第1卷，第35页。壬子年，即1912年，癸丑年，即1913年。熊十力时二十七八岁，与其言“三十左右”合。

[3] 熊十力：《尊闻录》，《熊十力全集》第1卷，第651页。

张立民是熊十力的弟子。师徒二人这里所谈“生死”问题，显然不再是生命的延续或死亡的问题了，而是指精神的上进或停滞。这种精神生命的上进或停滞跟生命的延续或死亡的问题又不是决然不相干。可见，在熊十力这里，一旦对于生死问题有所觉察，从此以后的生活，特别是内心的精神生活总须念兹在兹，注重省察反思。不能说这不是一种修养功夫。但这种修养功夫，又同宋明儒所做的道德的修养功夫不同，熊十力是敬畏生命而求养生，宋明儒是人伦日用中做道德省察。

熊十力在一封信札中说道：“知其无可奈何而安之若命，庄先生获我心欤。为吾兄计，若拳拳手足而不忍远离，徒以忧郁厚自伤损，终无补于彼。何若珍重担当道义之身，屏绝家乡烦苦，出门因声气应求，而广善以延其生理。”[1]郭象注“指穷于为薪，火传也，不知其尽也”为：“明夫养生乃生之所以生也。”[2]不将注意力只放在个体生命上，而是要在生理上“广善以延”。“脂穷于为薪。火传也，不知其尽也。”[3]向上求进以生，生死之机，自操而已。将个体性的生命收摄到道义的大生命上来，“珍重担当道义”，就无所谓死。可以说这是一种典型的儒家生死观。后面我们将看到，晚年的熊十力仍持此种生死观，并亲身践行，知行合一。

（二）“幻化人”

熊十力观空体验并不止一次，熊十力第二次观空体验发生在他二十八岁之时：

[1] 熊十力：《尊闻录》，《熊十力全集》第1卷，第644—645页。

[2] 曹楚基、黄兰发点校：《南华真经注疏》，中华书局1998年版，第72页。

[3] 按朱桂曜、闻一多，“指”为“脂”。见陈鼓应注译：《庄子今注今译》上册，中华书局2009年版，第115页。

> 壬子，在武昌，一日正午，坐人力车过大街，天无片云，白日朗然，车中无思无念，忽尔眼见街道石板如幻如化，形象与原见之石亦不异，但石体不实，犹如幻化。拟之浮云尚不可，浮云犹实在极矣！见房屋如此，见一切人坐者立者皆如此，见人说话口动亦如此。仰视天、俯视地，一切如幻如化。平常视天，即所谓苍然大圆气界，并无不实在感，此时顿觉大圆气界如幻如化，毫不实在。视车及车夫，皆如幻如化。但视自身犹如故，无幻化感。吾视商店两人对话时，口动，面带笑容，皆幻化人也。忽起念云，哀哉！人乃如是耶？怆然欲泣，即视，觉一切复其旧。匀（日）后思此境，不可再得，迄今就衰，终不再现。[1]

这是熊十力的亲身体验，遂将此事告诉他的好友李四光。李四光说他知道这个意思，因为他曾有同样的经历，他曾在日本东京，见市民来往扰攘之状，也起了一种异感，觉得尘世可悲。可熊十力却怀疑地回答道：“你这种感受与我的感受，恐怕不一定相同。”虽然熊十力也有哀叹，但在熊十力那里，这种幻化之感，乃是主体精神状态的一种前所未有的变化，而不是一种见到外在对象的遭遇而有所反思后的情感性状态。所以熊十力又将此事告诉蔡元培，后者回答这是幻觉。对于这样的回答，熊十力自然也不满意，因为他能判断这是自己亲身经历的事实。再后来，他又将此事告诉一位老僧人，僧人说这是夙生定境的显现。[2]熊十

---

[1] 熊十力：《十力语要初续》，《熊十力全集》第 5 卷，第 141—142 页。

[2] 熊十力：《十力语要初续》，《熊十力全集》第 5 卷，第 142 页。

力虽然日后回忆此境，但是没有再出现过。而且，他也没有苦苦寻找、执持此境。

熊十力此次二十八岁的“幻化人”之见，实与僧肇般若理境所呈现的境界相同。《物不牵论》云：“欲言其有，有非真生。欲言其无，事象既形。象形不即无，非真非实有。然则不真空义，显于兹矣。故《放光》云：诸法假号不真。譬如幻化人，非无幻化人，幻化人非真人也。”[1]《放光》即《放光般若经》。晋无罗叉译《放光般若经》卷六《如幻品》第二十九云：“尔时，诸天子意念：我等当云何从须菩提听受其教？尊者须菩提知诸天子意所念，语诸天子言：‘今诸会者，观听我所说，当如幻化人。所听受亦无所受，亦无所见，亦不作证。’诸天子言：‘云何须菩提，众生为如幻化耶？来会者亦如幻化耶？’须菩提言：‘如是，如是，众生如幻，会者亦如幻，吾我亦复如幻、如梦。’”[2]“幻化人”之喻是佛教中观派常用的，而这种比喻实际上是须菩提、“圣人”于般若理境有实得而以比喻的口吻告诉求法者，凡哲学中之比喻并非没有实得、没有根据；正如瑜伽行派同外道、小乘之论辩，非徒逞口舌，必有所见也。而熊十力此次幻化人之见，乃同于僧肇般若之所见，也同于佛经中以“幻化人”之喻来开示求法众生的须菩提之“幻化”之实观。

故僧肇曰：“夫至虚无生者，盖是般若玄鉴之妙趣，有物之宗极者也。自非圣明特达，何能契神于有无之间哉？”[3]又云：“然则道远乎哉？触事而真；圣远乎哉？体之即神。”[4]按僧肇的观

[1] （晋）僧肇著，张春波校释：《肇论校释》，中华书局 2010 年版，第 56 页。
[2] （晋）无罗叉译：《放光般若经》第6卷，中华电子佛典协会2016年版，第40a页。
[3] （晋）僧肇著，张春波校释：《肇论校释》，中华书局 2010 年版，第 32 页。
[4] （晋）僧肇著，张春波校释：《肇论校释》，中华书局 2010 年版，第 60 页。

点，这种幻化人非无，幻化人非真人之至虚无生者，乃是般若智玄妙之眼之所鉴别者。“有物之宗极者”是说这是关于现象之最终的说明。

熊十力于僧肇同心相应，对于《般若》“大喜”[1]。熊十力常引用《肇论》亦是他有得于般若的明证。熊十力《心书》中《答张素武》一信中答“肉体不死”之论，即完全熟练地运用《肇论》般若中观思想。[2]

（三）悟般若

《尊闻录》记曰：“问：‘或言先生之学，乃融会贯穿于此土三玄及梵天般若之间，然欤？’先生曰：‘亦说的似。’又曰：‘唯识更张，是一大事。若精力不亏，得就此业，极于真理有所系也。’又问：‘般若之旨可得闻欤？’先生曰：‘此难为汝言也。般若只是破执，然徒在知解上做工夫亦不相干，须是自见本心。禅家实通般若，不了禅而学般若，不会有入处。但对汝说此，亦是闲言语。然汝且置之脑中，将来若能进而用力于禅家与般若，好自理会，或于吾今者之说有默契也。不然者，吾终是闲言语。’”[3]通过这段话，可见熊十力对于般若十分精熟。

---

[1] 熊十力：《十力语要初续》，《熊十力全集》第5卷，第142页。

[2] 熊十力答：今之所论，即此色蕴可灭与否？经云：“是法住法位，世间相常住。”《肇论》云：“事各性住于一世。”则色蕴不灭明矣。寻夫事相常住之旨，岂谓相灭，而有实体不灭哉？又岂灭已，还起他相，故不灭哉？夫惟全理成事，事事皆真，当体常住，非于事外求理，故即相以见不灭尔。试即色蕴为征，譬如一人，昔为朱颜，今成白首。以今望昔，可说朱颜为已灭不？不也。何以故？今对昔有故。如无昔者，则无有今。昔既不无，朱颜自住在昔，亦犹白首自住在今，同不灭故。以今望后，白首住今，亦复如是。故通三世为一际，一切物常住，无起亦无灭。仲尼曰：“回也见新，交臂非故。”见《心书》，《熊十力全集》第1卷，第27页。观此，则完全化肇公般若思想与文字而答之，然非不自有所见也。

[3] 熊十力：《尊闻录》，《熊十力全集》第1卷，第568页。

而此般若清净智不仅在《新唯识论》，而且在熊十力往后一生的学术生涯中都随时方便发用之，唯不停驻于此境而滞。“幻化人”之境虽不可思而再现，然而在思修交尽的学术生命中，般若智则操存不亡。

> 吾宗千言万语，不外方便显体。见到体时便无现界。即如凡情执有山河大地等相，智者了知此等相都无自性，即是皆空。如实义者，森罗万象，无非清净本然，实未曾有如世间情见所执山河大地等相可得故。故见体则知现界本空，非故作妙语。悟《般若》者，当印斯旨。[1]

悟般若，不一定见体；然见体，必函悟般若。哲学家体悟宇宙本体者，则知现象界本空，非有山河大地等相。然悟本体实相，则山河大地无自性之相，无非清净本然。熊十力说这不是故作玄言妙语，悟得《般若》经之玄义者，应当能相应于此立言宗旨。

> 般若空诸行相，正为执著行相而不了诸行实性者遮其执耳。故空者，空其所执也，所执既空，则悟即诸行相即真实相，更无可空。肇公云，触目皆真。[2]

> 文字般若是从清净心中流出。终古不见自心，终古翻弄文字，文字则文字矣，般若则未也。[3]

---

[1] 熊十力:《新唯识论》(文言文本),《熊十力全集》第2卷，第55页。
[2] 熊十力:《十力语要》,《熊十力全集》第4卷，第34页。
[3] 熊十力:《十力语要》,《熊十力全集》第4卷，第35页。

熊十力更是以见体之般若智来应答诸友之问。有只许云般若而不许云真实本体云者，熊十力谓般若亦是遮诠“不了诸行实性”者以破其执耳。不能见本心，则不能说知道般若，进而也就不知道何所谓文字般若，结果“文字则文字，般若则未也”。

熊十力在评述中、西、印三方哲学时，直接以般若之“荡相遣执”代表印度哲学，可见他对于般若智之看重。弟子记其言曰：

> 夫思辨精密，莫善乎西洋；极论空有，荡除知见，莫妙于印度佛法；尽人合天，体神化不测之妙于人伦日用之中，莫美于中国。游乎西洋，慎思明辨；游乎印度佛法，荡一切执；归乎吾儒，默与道契。三方者备，而学乃大成。[1]

般若之荡除知见之妙用，而熊十力直以之为印度佛学之指代。

熊十力“十三观空”与二十八岁之“幻化人”之特殊事件，是熊十力观空而能体悟般若的前期准备，这两次观空之生命体验也是熊十力成为哲学家的基础。有观空之生命体验因而具有般若智，因而可以深入佛学，但并不表示熊十力必然停留在佛智慧之原有解说内；有观空之生命体验因而具有般若智，也并不表示熊十力一定往佛教内部走。因为在熊十力看来，来自天道易体的启发并不在佛法之域。而要讨论天道易体，便要进入熊十力内圣学发展进程之第二阶段了。

二、天道易体之体悟

熊十力内圣学发展的第二阶段是他对儒家天道生生不息义

---

[1] 熊十力：《十力语要》，《熊十力全集》第4卷，第3—4页。

之体悟。在熊十力丰富的生命体验中，不仅有使他倾向于往佛教方向皈依的观空的体验经历，还有使他倾向于归宗儒家的生命体验。李祥俊称前者为“观空”之体验，后者是“悟有”之体验。[1]在这里，我们可以将“观空”的体验直接关联于熊十力对于佛教空宗的契合，即对于般若智之相应，但不能将“悟有”之体验仅仅关联于熊十力对于佛教有宗的探究。因为，有宗之“有”，不是指天道，乃是指“识”之有。在熊十力看来，空、有两宗，都“以出世与寂灭为归趣”[2]，而不能让以真理为归宿的熊十力得到最终的认可。熊十力之接触有宗，乃是他要寻求“真宰”；熊十力第二本《唯识论》(1926年)开始批评护法，[3]也是对“有”之为真体保持独立思考与探求之结果，而撰写《新唯识论》同样也是出于对真体的探求。[4]熊十力之“悟有”体验是关联着天道性体的。熊十力说：“凡人对于实体之探寻，其动机则有二：一曰求真之欲，主乎知也；二曰人生之感，发乎情也。情之至而真知出，

---

[1] 李祥俊：《熊十力思想体系建构历程研究》，北京师范大学出版社2013年版，第113页。

[2] “佛家人生思想，自其元始以及后来大乘，皆主超脱生死海。《阿含》迄于大乘空有经论，都有此一贯精神。大乘虽有无住涅槃之说，较元始佛家思想为进步，然只反对元始之独善主义，故不许入无余涅槃、作自了计。必求无上菩提，发大悲心，行菩萨道。虽不住生死，而亦不住涅槃，必度尽一切众生。有一众生不作佛，则我亦不成佛，此为大乘特异之点。然要以度脱一切众生，令出离生死海，为最后蕲向。无论事实作得到否，而毕竟以度脱众生令出生死为归趣，即以出世与寂灭为归趣。”见《十力语要》，《熊十力全集》第4卷，第57页。

[3] “余从《成唯识论》观护法持议，可谓周密。然审其理趣，终多未惬。有宗善巧，即用显体，施设用义，方便遣执。如说缘生，遮执实物，义止于此。若不了施设是方便者，将计缘合，犹如机件辐辏，其惑已甚，慈尊不救。护法谈用，往往近机械观。剖焉而配合，离焉而互倚。其何以明不测之神，而显如如之体？”见《唯识学概论》，《熊十力全集》第1卷，第418—419页。

[4] “吾旧宗护法唯识，则以实体为交遍，而非是一体。由今思之，此不应理。只是一体，哪得多元？”见《尊闻录》，《熊十力全集》第1卷，第569页。

则足以究极真理而践之不二。至其失也，则易以接近于宗教，（原注：如佛家大乘学，实哲学上最高之旨，而不能脱宗教思想。）否则亦流于偏重伦理观念。（原注：如中国哲学，若三玄可谓致广大、尽精微矣，然其言无不约之于人事，即程、朱、陆、王诸大师，其思理亦莫不广渊深邃，盖亦博涉物理事变而后超然神解，未可忽视。然而彼等绝不发抒理论，只有极少数深心人，可由其零散语录，理会其系统脉络及其精微之蕴而已。盖彼等不惟不作理论文字，即其语录，亦只肯说伦理上底实践功夫。此等精神固甚好，然未免过轻知识，则有流于偏枯之弊。）”[1]

（一）悟有之体验

我们在讲述熊十力“观空”之体悟的时候，提到了他“十三观空”的经历，在《心书》的《船山学自记》后文，他紧接着这样写道：

> 因悟幻不自有，必依于真。如无真者，觉幻是谁？泯此觉相，幻复何有？以有能觉，幻相斯起。此能觉者，是名真我。时则以情器为泡影，索真宰于寂灭，一念不生，虚空粉碎，以此为至道之归矣。既而猛然有醒曰，果幻相为多事者，云何依真起幻？既依真起幻，云何断幻求真？幻如可断者，即不应起，起已可断者，断必复起。又舍幻有真者，是真幻不相干，云何求真？种种疑虑，莫获正解，以是身心无主，不得安稳。乃忽读《王船山遗书》，得悟道器一元，幽明一物。全道全器，原一诚而无幻；即幽即明，本一贯而何

[1] 熊十力：《尊闻录》，《熊十力全集》第1卷，第615—616页。

断？天在人，不遗人以同天；道在我，赖有我以凝道。[1]

“幻不自有，必依于真”表明熊十力对于“真”“有”探求之思维。如果没有一个真实的存有，那么能觉察到此幻者是谁呢？索之于熊十力自身之经历，即十三岁那能“顿悟万有皆幻”者是什么呢？因而是有这样一个“真宰”存在的，此能觉者之为真宰即“真我”。“真我”能觉，幻相斯起。而泯除之能觉之“真我”，便没有幻相可言了。当时的熊十力认为，只要自己一念不生，虚空即碎，至此，便是至道之归，无所可疑了。

然而进一步思考后，熊十力的疑问是：自己所认定为幻相者，果真是无意义的“多事者”，为什么它会凭依真宰而起？既然是凭依真宰而起，又何以可能断幻求真？而且，设若自己划定为幻有、真有之两界分离而不相关，又如何能求真呢？

熊十力这一回忆性的关于“真我”与幻相关系的思考，固然很可能不是十三岁左右发生，而是在思想成熟度方面接着此“十三观空”后之发展阶段，即在形成“真我”之概念以后，而这时的年纪可能是十七八岁。熊十力“真我”观念的形成，是由于十六七岁时阅读陈白沙《禽兽说》一文。可以说这是他第一次悟有之体验：

余乍读此文，忽起无限兴奋，恍如身跃虚空，神游八极，其惊喜若狂，无可言拟。当时顿悟血气之躯非我也，只此心此理方是真我。血气一团宛然成藐小之物，而此心此理则周遍乎一切物之中，无定在而不所不在，是敻然绝待也。人生

[1] 熊十力：《心书》，《熊十力全集》第1卷，第5页。

> 任血气用事，即执藐小之物为真我，其饥食渴饮乃至穷滥乐淫，一切与禽兽不异，此其人虽名之曰人，实乃禽兽也。[1]

熊十力于此形成“真我”之概念。他“乍读此文，忽起无限兴奋”，“惊喜若狂”，乃是自己有“十三观空”之真实经历，当他读到《禽兽说》对人之顺生物性需求一往执著下去甚无价值和意义可言时，回忆起自己“顿悟万有皆幻”之经历是何其相似？正因为先有观空之经历在前，所以读到白沙反省自观生物性自我的无意义才如此亲切。

熊十力在《心书》中对“天”的解释，也反映了熊十力对于天道易体的求索。

> 天字之义有四：以形气言，一也；（原注：如《诗》言“旻天”“昊天”是。）以主宰言，二也；（原注：如《书》称福善祸淫之天，及《诗》所称“上帝”者，皆是。）以虚无言，三也；（原注：如《中庸》末章所称“无声无臭”之天，是与第二义不同：盖一有人格，一无人格；一属宗教，一属哲学。）以自然言，四也。（原注：如《易》言“天行健”，是今所谓天演也。）四义中，后三皆本前一引申之，而学术思想之变迁，亦于此可略识矣。《说文》：“天，巅也。至高在上，从一大也。”此言乎形气已。初民以苍苍戴吾之上者为大莫与京，能生能覆，故皈敬焉。人智稍进，则于形气而求真宰，以钧陶万有为真宰之权能，故赞美曰天，而涵义较前迥异。又进，则知真理者“体物不遗”，而了无名相，故《中庸》以“无声无臭”

[1] 熊十力：《十力语要初续》，《熊十力全集》第5卷，第280页。

> 形容之。虽亦名天，其义特妙，无神说也。无神，则无作者，故究形气言。进言自然，遂赞天行之健。挽近天演说张，形气之秘机愈泄，斯以自然言天者贵矣。夫始制天字，用表至高在上之苍穹耳，浸假则引申为真宰之名，又引申为虚无真理之目，又引申为自然之谓。至于后二义，于形上形下之故，渐有发明。然佛明因缘，则自然又成戏论；佛说唯心，与此云无神，精粗迥别也。[1]

天有四义：形气，主宰，虚无，自然。形气一义统摄后三义。其初，以形气言天“而求真宰，以均陶万有为真宰之权能”；又进，则知真理“体无不遗”，即天之“虚无”义也，又进，以“自然”言天，遂赞天行之健。“然佛明因缘”，“自然”又成戏论。可以发现，天的四种含义，熊十力更重视第三义，这从他后来的观点可以看出来。当然，他这时仍然认为佛教说唯心比儒家说无神，更为精妙。而将《易》之“天行健”，解释为严复介绍到中国来的天演说，与其晚年重视《易》之形上义截然不同。这集中反映了熊十力虽然对于真宰之天之苦苦求索，但此时对于儒家天道易体的深入理解还是不太可能的。

熊十力第二次“悟有”之体验发生在其二十五岁，即1909年左右。此次“悟有”表现为他阅读《列子》而触发他对于阳明学和《大学》的理解。

> 吾少时不解《大学》明德，阅康成注，只训释文句而已，觉其空泛无着落。阅朱注，以虚灵不昧言，始知反诸自心。

---

[1] 熊十力：《心书》，《熊十力全集》第1卷，第6—7页。

> 及读阳明咏良知诗，即前所引者，则又大诧异。怀疑万端，苦思累年不得解。偶阅《列子》忽尔触悟，天地万物本吾一体，须向天地万物同体处，即万化大源处，认识本心。……余读《列子》，约在二十五岁左右，当时只是傥然一悟，自未至邃密。然对于阳明良知与《大学》明德之了解，确自此启之。[1]

熊十力说“须向天地万物同体处，即万化大源处，认识本心”，表明他对于大化宇宙真宰之索求，而对于阳明学、《大学》，以及对于本心之理解，需要从他对于此真宰之天道易体之理解开始。廖平将《列子》归为天学。《列子》实多宇宙论的讨论。开篇《天瑞》即天道生化之说：“有生不生，有化不化。不生者能生生，不化者能化化。生者不能不生，化者不能不化，故常生常化。常生常化者，无时不生，无时不化。阴阳尔，四时尔，不生者疑独，不化者往复。往复，其际不可终；疑独，其道不可穷。”[2]有生成现象者，不是那最终的生者，有化成现象者，不是那最终的化者。无生成和化成现象者，才是那不能不生，不能不化之常生常化者。而此常生常化之真体，“无时不生，不时不化”，此与熊十力《新唯识论》中成熟的翕辟成变的本体思想具有相似之性质。熊十力经常引用的一句描述宇宙之存有之相与状的语句也来自《列子·天瑞》篇，即“粥熊曰：‘运转亡已，天地密移，畴觉之哉？’”[3]此亦描述天道运转不已，常生常化，为道不穷之状态。

---

[1] 熊十力：《读经示要》，《熊十力全集》第3卷，第633—634页。

[2] 《列子》，中华书局2011年版，第2页。

[3] 《列子》，中华书局2011年版，第19页。

然而这两次“悟有”之体验，并没有对当时的熊十力起到决定性的作用。他所谓读船山书“得悟道器一元，幽明一物”之全道全器，一诚而无幻之结论，后来被他自己否定了。儒家之“道器一元，幽明一物”之内圣学境界当然可以成立，但却是此时之熊十力未直接契合到的。王船山的内圣学造诣不能让熊十力满足：

> 余曩治船山学，颇好之，近读余杭章先生《建立宗教论》，闻三性无性义，益进讨竺坟，始知船山甚浅。然考《船山遗书》目录，有《相宗络索》《八识规矩颂赞》二书。自邓显鹤、曾国藩之伦，皆莫为刊行。诸为船山作传者，亦置弗道。吾臆船山晚年或于佛学有所窥，陋儒或讳其书不传，未可知耳。[1]

对于船山内圣学思想甚浅的判断，晚年的熊十力也没有改变多少。他认可船山的历史哲学，而此时以内圣学为判断学问的唯一标准，让熊十力在闻佛学唯识宗的理论后将船山往佛学拉近，却是不符合船山的学术皈依的，也与他后来归宗儒家相异。

以求真宰为自己的学术目标，熊十力离开了船山学，顺章太炎先生对于唯识宗思想的解说，踏上了探寻佛教有宗哲学思想的历程。求真宰的学术目标是熊十力出离船山学的因，正如“欣趣于”唯识宗之宇宙论是熊十力进入佛学的因。

（二）寓于有宗

熊十力自述其学术经历时说：

---

［1］ 熊十力：《心书》，《熊十力全集》第1卷，第6页。

> 少时参加革命，自度非事功才，遂欲专研中国哲学思想。汉学、宋学两途，余皆不契。求之六经，则当时弗能辨窜乱，屏传注。竟妄诋六经为拥护帝制之书，余乃趋向佛法一路，直从大乘有宗唯识论入手。[1]

熊十力自革命转入学术之途后，欲专研中国哲学思想。然而，他明言自己对于汉学、宋学两种学问路数不相契。不相契的原因，从学术层面来说，对于少年没有接受完整的教育、三十多岁才转入学术的熊十力来说，是有难度的；从个人气质方面来说，熊十力生性豪放不羁，不拘小节，因而他也不情愿做以道德实践之涵养为学术基础的宋学。[2]而直接面对六经，又因解悟力不到以及不能辨析其中窜乱之伪，消除传注对经文本身的偏离的影响，于是妄诋毁六经为拥护帝制之书。这样，他就渐渐暂时离开了儒家，趋向佛法，而直接从大乘有宗之唯识论入手。

梁漱溟向欧阳竟无大师引介了熊十力，熊十力得以在1920年入南京支那内学院学习唯识学。[3]景海峰认为，辛亥前后的个人经历所造成的心灵创痛和悲观主义人生态度才是熊十力当时倾心于佛法的根本原因[4]，熊十力转入佛学前的心态：

> 吾尝披览载籍，考见其时百姓遭受屠戮、劫掠、逼辱，种种不可名状之惨，心悸目眩，不忍措思，以谓宇宙何故为

[1] 熊十力：《体用论》，《熊十力全集》第7卷，第7页。

[2] 熊十力在自己与师友、门人弟子的学术、生活之交流中意识到自己实缺乏宋儒之涵养功夫，说自己“智及而不能仁守”。

[3][4] 景海峰：《熊十力哲学研究》，北京大学出版社2010年版，第62页。

> 一大修罗场，众生何故甘作罪恶。哀哉人类，生生者未有已也。其将终古大惑不解耶。吾于是究心天人之故，而渐怡神于释迦氏之书焉。[1]

> 未几，兄弟丧亡略尽，余怆然有人世之悲，始赴南京问佛法于欧阳竟无先生。[2]

熊十力说感触大者为大人，感触小者为小人。阅读书籍而考见生民之不可名状之惨，哀痛不已。我们或许认为熊十力真是“人生不满百，常怀千岁忧”，但熊十力对“人生不满百，常怀千岁忧”的解释却是正面的，他认为这样的“忧”不是小己之忧、私欲之忧，不是“忧”于不相干的对象。圣贤往往有这样的“忧”。“吾于是究心天人之故，而渐怡神于释迦氏之书”表明，熊十力探求佛学的原因除了个人遭遇引起的心理变化方面的原因外，还有一个哲学上的原因，这就是“究心天人之故”。若只是心理郁结、个人遭遇层面原因，有可能使熊十力只是成为一个佛教的信仰者；而有“究心天人之故”的对于天道易体之理智探求，才决定了熊十力成为一个佛学义理的参究者。

依熊十力当时的思考，诸有生物，原各各独化，都无终始，不随形以尽，则此种宇宙论可称为“交遍”说；若宇宙有大生之实体，万物禀此以成形，其形尽则其生亦尽，则此可称为“同源”说。熊十力为此宇宙论的问题困惑，徘徊两说之间，转而推求，吾生富有，何由外烁？遂印持前说，略无犹豫。熊十力此时放弃

[1] 熊十力:《中国历史讲话》,《熊十力全集》第2卷，第722页。

[2] 熊十力:《十力语要》,《熊十力全集》第4卷，第425页。

“同源”说的理由是“吾生之富有，奚由外烁”？他之所谓“吾生之富有”之判断，来自他深刻的生命体验，即观空、观有之体验。既然“同源说”无据，熊十力即印持“交遍”说，而对轮回观念的认可又增加了几分，加之生活遭遇所产生的悲感，他便可以自然而然地去接触佛家思想了。此内在思路定，则后遇梁漱溟，进而可遇欧阳大师。

熊十力在内学院时期，系统研读了唯识宗典籍，所谓“追寻玄奘、窥基宣扬之业，从护法诸师，以上索无著、世亲，悉其渊源，通其脉络”。“有宗所据之《楞伽》等六经和《瑜伽》等十一论，他均有涉猎，对本土唯识宗之巨典《成唯识论》及其《述记》，尤为稔熟。他不但深研唯识学的义理，还格外留心其分析名相和逻辑思辨的方法，钻研《五蕴》《百法明门》二论和窥基的《因明入正理论疏》。”[1]

（三）不满于有宗、空宗

然而随着钻研的深入，熊十力对于无著学派之新缘起说之宇宙论式的构造颇为不满。他的《新唯识论》主要即对此而发。

> 留宁一年余，深究内典，而与佛家思想终有所不能苟同者。[2]

熊十力自述道：“余初叩佛学，即专攻唯识论，追寻玄奘、窥基宣扬之业，从护法诸师以上索无著、世亲，悉其渊源，通其脉络，综其体系，控其纲要，遂成《唯识学概论》一书。壬戌讲授北庠，即

---

[1] 景海峰：《熊十力哲学研究》，北京师范大学出版社2010年版，第63页。
[2] 熊十力：《十力语要》，《熊十力全集》第4卷，第425页。

此书节本。癸亥岁，余于世亲迄十师之学，已甚厌其悬空构画，而基师揉译《成论》，独崇护法以抑安慧，余更不敢苟同，奘师俯从基意，亦堪骇叹。甲子季秋，始取旧著《概论》稿悉焚去，屏弃夙习所有知见，旷然无系，神解透脱。时于动中观测物理，时于静中反己体认，久之新悟日多，是年冬已草创《新论》，随时以草稿为诸生讲说。”[1]

《体用论》中，熊十力解释了为何对有宗、空宗有学理上的不满。就无著学派和有宗，他说道：

> 无著学派之新缘起说一方救空而张有，一方摭小以立大，其用意信美矣。然其立论极逞臆想，缺失处颇多，略举于后。
>
> 一曰，建立赖耶识含种子，为第一缘起。此其说颇近外道神我论。玄奘综括大有六经、十一论，作赖耶识颂，有曰“去后来先作主公”。据此可见大有唯识之论，虽破斥外道神我不遗余力，其实赖耶亦与神我不异。……
>
> 二曰，……大有破斥大自在天变化之迷谈，而创发宇宙缘起论，从一切事物之相互关联处着眼来说明宇宙，确有不可磨之价值在。惜乎大有竟为一切种子谋一潜藏之处所，是乃前门谢绝天神，后门延进神我，岂不异哉！余谓：种子不妨说为互相依持而存在，无须更立赖耶以含藏之。……

[1] 熊十力:《壬辰删定记》,《熊十力全集》第6卷，第5页。

三曰，种子分本有、新熏，成大混乱。……

四曰，……八聚现行各各有种子，无量种子皆潜藏在赖耶识中。此其持说大略也。今核其说，直将宇宙划分潜显两重世界，不谓之戏论得乎？

五曰，种子、真如是二重本体，有无量过。[1]

《体用论》已经可以刊落佛教名相来阐明其体用不二之义理，但是熊十力对于有宗之评判和观点并不会改变。熊十力所列举的一二两点，实际可归为一点，即：有宗建立赖耶识，亦与有宗所要反对的神我论不异。在熊十力看来，不需要建立阿赖耶识，只需说种子相互依持而存在即可。而第三至第五点，又可归为，本有与新熏之划分，终将有二重本体之无量过。

对于空宗，他说道：

余以为缘生之论，只从万物互相依缘处，以说明万物所由起。此仅注目于现象界之联系。虽在哲学上可成一家之言，要非穷源之论也。[2]

如空宗那样，说一个甚深的缘起法而为宗旨，在哲学上可成一家之言，但非穷源之论也。其之可以成一家之言，在于空宗以其缘起法即可解说一切而无有碍。而对于甚深的缘起法体之越深，信

[1] 熊十力：《体用论》，《熊十力全集》第7卷，第68—72页。
[2] 熊十力：《体用论》，《熊十力全集》第7卷，第80页。

之越坚，执之越固，就会以甚深的缘起法为其宗旨。但熊十力反思此缘起法之本身，认为此在宇宙论上，非“穷源之论”也。这一观点后来也被牟宗三所继承，《佛性与般若》对于空宗的判定的义理根据同此。[1]

> 余通玩空宗经论，空宗可以说真如即是万法之实性，而决不许说真如变成万法。[2]

如果按空宗，可以说真如即是万法之实性，但却否定法相。而说真如变成万法，诸法虽无独立的自体，而非无法相可说。“真如变成万法”即表示即相即性，非相外有性故。

熊十力对于有宗之不满，因为他认为有宗“悬空构画”，而对于空宗之不满，不是对于空宗理论本身不满，而是认为空宗没有照顾到宇宙论。

> 余以为二宗毕竟共有一个不可变革之根本信念，即以万法实体是无有生生、无有流动、无有变化，此法性所以有不

---

[1] 牟宗三说：“《般若经》，就其是共法，无诤法，而言，它是究竟的；就其对于一切法无根源的说明，只有般若之作用的圆具，而无存有论的圆具，而言，它是不究竟的。《中论》之体法空，就其是共法而言，它是究竟的；就其为有限定的通教而言，它是不究竟的。若不知它们是共法，而只将龙树列为有限定的通教或始教，那是不公平的。若只就它们是共法而认为这已究竟了，其他种种说皆没有彻底了解‘缘起性空’义，或‘一切法空’义，这也是不公平的。须知通过‘佛性’一观念而来的真空妙有，空不空之中道，不只是于‘缘起性空’一层上加上空不空，徒作无谓的重叠。若只如此，那性空论者的一切法空（中道空）自然已是究竟了，何必来这一套啰嗦！”见牟宗三：《佛性与般若》（上册），学生书局1984年版，第120页。

[2] 熊十力：《体用论》，《熊十力全集》第7卷，第46页。

生不灭之称也。[1]

熊十力认为空、有两宗有一个根本信念，即主张万法实体没有生生、没有流动、没有变化，所以说法性是不生不灭的。站在佛学的立场，说法性“不生不灭”，其中的“生”“灭”，是在俗谛层面、现象层面说的，即法性之为永恒，而不像变化不定的现象那样。可是实际上，熊十力不能同意实体不具有生生、流动、变化之特性，而这是空有两宗共同的特点。

玄奘法师于大乘有宗，最为显学。其上唐太宗表有云：“盖闻六爻深赜，拘于生灭之场。百物正名，未涉真如之境。”宜黄大师谓儒家只谈用，其说实本之奘师。夫奘师讥孔子不见体，而独以证见真如，归高释宗者，此非故意维持门户。奘师本承印度佛家之学，只以寂静言真如性体，决不许说即寂静即生化、即生化即寂静。奘师所承之学，只可以孔德言体，而不可以生德言体。只可以艮背来形容体，而不可以雷雨之动满盈来形容体。玄奘习于印度佛家之说，宜其不悟孔子之道。《易大传》曰“易有太极”。六十四卦、三百八十四爻，每一爻皆是太极也。谓《易》不见体可乎？《春秋》建元，即本《易》旨。一家之学，宗要无殊。谓《春秋》不见体可乎？《易》《春秋》并主体用不二，迥异佛氏求体而废用。玄奘守一家之言而蔽焉，故不达圣意也。吾前已云，浑然充塞、无为而无不为者，则是大用流行的本体。无为者，言其非有心造物也。无不为者，言其生生化化自然不

[1] 熊十力：《体用论》，《熊十力全集》第7卷，第60页。

> 容已止也。“无不为”三字是余与印度佛家根本不可同处。[1]

出自《体用论》的这段文字，表明了此时的熊十力不仅在内圣学上盛赞孔子，而且在外王学上必然对不尊孔子之佛教进行批评排斥。玄奘和欧阳竟无都认为孔子、《易经》拘泥于生灭之场，“未涉真如之境”，言下之意，即孔子和儒家所造甚浅，即在本体论层面不及佛法高深。熊十力也在本体论层面反驳玄奘和其佛学师傅，即印度佛家之学，“只以寂静言真如性体，决不许说即寂静即生化、即生化即寂静。奘师所承之学，只以孔德言体，而不可以生德言体。只可以艮背来形容体，而不可以雷雨之动满盈来形容体”，故而佛家之本体论有缺憾。而儒家之《易》与《春秋》皆明体达用，“浑然充塞、无为无不为”。“无不为”即表明实体具有生生、流动、变化的特性。

> 佛氏哀众生迷乱，故欲逆遏生生之大流，变世间为无何有之乡，寂灭之野。此与吾儒虽异道，譬犹水火相灭，亦相生也。以大乘菩萨度脱众生与抗拒造化之弘愿与强力，能用之于裁成天地、辅相万物，岂不盛哉！岂不盛哉！[2]

佛家虽然在本体论层面有缺憾（或不讲本体论），而与儒异道，譬犹水火，但也同时是相生的。能将佛家之度脱众生与抗拒造化的弘愿和强力用于儒家之裁成天地、辅相万物之功用上，岂不是盛大之事业？对于熊十力来说，如果能达成这一目标，本身就是按

[1] 熊十力:《体用论》,《熊十力全集》第7卷，第53—54页。

[2] 熊十力:《体用论》,《熊十力全集》第7卷，第102页。

照儒家裁成天地、辅相万物的宗旨在行动了。

无论如何，空有两宗不能说“即寂静即生化”“生德”，这是熊十力不能在终极意义上满足于佛家的原因，而所说的“生化”义、“生德”义，即儒家天道之“生生不息”义。

（四）《易》“变”义之体悟

可以说，当熊十力对“变”义有所体悟后，对于《易》之“生生不息”义也会有所体悟，也可说两者是同时发生的，因为“变”和“生生不息”都是对实体活动之相与状之描述。牟宗三所说之“即存有即活动”之“活动”义，从传承关系上看，就是来自熊十力对实体“生生不息”义及“变”义之解悟。

就熊十力于易学的理解经过来说，景海峰说，熊十力少时即喜易学，对汉宋诸籍均有涉猎，亦曾纵目于惠栋、张惠言、李道平诸老先生之遗册。易学本体论曾引起他的极大兴趣。在他二十四岁那年初读《程氏易传》时，便留下了三点深刻的印象，其中“二是坤卦中说行地无疆谓健也一段，由此引发了某种感悟，于此悟得坤以乾为体。坤之言，原实即乾元也，坤不是别为一个源头”。当时又“甚好王船山《易内外传》，觉其深思特识汉宋诸名儒未有能及之者”。青少年时期的广泛阅读，无疑为他打下了厚实的易学底子。然总的说来，当时“只是记诵与训诂等功夫”，“条例未析，意义不深耳”，后来也中断了研究。自深叩释典、出有入空后，“澄思默究，乃不期而解悟《大易》，才又重拾易学”。[1]

景海峰说：“如果说空宗的影响是熊十力厌离护法、走出有宗的主要契机；那么对船山易学，乃至整个《大易》传统的掘发

[1] 景海峰：《熊十力》，东大图书公司1991年版，第70—71页。

则使他从根本上离弃佛法，开始了由佛入儒的重大转折。”[1]景海峰先生又说：

> “其谁变乎？谁为能变？如何是变？”（景注：《概论C》22页。案：指1930年之《唯识论》。）这是熊十力逐渐走出唯识而凝思体用的三个关键问题，也是他后来建构玄学本体论的基本出发点。正是在试图解答这些问题的过程中，他的思想倾向开始发生变化，逐渐由佛学向易学过度。熊十力认为，“变不从空无生，空无莫为能变故”，这个实实在在的变既不是识，也不是种子，而是大用，“其名恒转”。[2]

可见，熊十力对于《易》之“变”义的体悟，是从对唯识学的根源之形上根据反思而来，“变不从空无生，空无莫为能变故”，“其名恒转”，继而，对此显现出来的对于形上本体的规定性（规定是描述地说）反复思索。当熊十力将此规定性语句联系于《易》时，他发现《易》对于本体的描述正是如此，熊十力于此获印证。

> 夫动而不可御，诡而不可测者，其唯变乎！[3]
> 变复云何？一翕一辟之谓变。[4]

《新唯识论》之作，确由于熊十力于实体有所体证，即有见于实体之动而不可御，诡而不可测。可御之动，即表明此物非在天地之

---

[1][2] 景海峰：《熊十力》，东大图书公司1991年版，第69页。
[3] 熊十力：《新唯识论》（文言文本），《熊十力全集》第2卷，第40页。
[4] 熊十力：《新唯识论》（文言文本），《熊十力全集》第2卷，第41页。

先；可测之变，那么也表明此物非神。故而实体之动、变“不疾而速”，“不行而至”。那么，实体之变究竟是怎么样的呢？变之为变乃是一翕一辟。

> 色法者，恒转之动而翕也；心法者，恒转之动而辟也。翕辟本动势之殊诡，盖即变之不测，故乃生灭宛然，虽尔如幻而实不空。奇哉奇哉，如是如是变。[1]

就色法说，实体恒转而翕之以成；就心法说，实体恒转而辟之以生。生灭虽宛然如幻，而实不空。宇宙实体即如此变而不息。“大哉变乎，顿起顿灭，曾无少法因容暂住。”[2]

《易》之“变”义对于熊十力的影响至为深远。熊十力在《新唯识论》中将此“变”义发挥得淋漓尽致，虽说因马一浮对治熊十力偏发此义，而救之以“不易”义，然而在随后的学术生涯中，此熊氏自己有得之“变”义，无论是在其内圣学的发展、圆融之过程中，还是在外王学的主张上，仍然占据了不可置疑的主要地位，因而是熊十力的学术主张的最重要的决定因素。

（五）“生生不息”义之体悟

前面已经提及，熊十力在《心书》中以《易》“天行健”来解释“天”，但认为是表示当时之天演论。可见，当时熊十力虽然在言说、行文上提及“天行健”，或对天道之“生生不息”进行描述，但对天道“生生不息”义的理解显然还没有达到《新唯识论》体系建立起来时的高度，更不可能达到他后期进行了儒家学问之研

---

［1］ 熊十力：《新唯识论》（文言文本），《熊十力全集》第2卷，第48页。

［2］ 熊十力：《新唯识论》（文言文本），《熊十力全集》第2卷，第43页。

究后对于“天”之理解之高度。

《易》有太极，太极即乾元也。非更有为乾元之所从出者名太极也。乾道，进进也，变动不居也，生生不息也，故谓之元。[1]

《尊闻录》所记这段对于《易》的理解，跟《心书》对于《易》的理解[2]相比，更加哲学化了。由于对于佛教轮回问题的思索，对于早年所读《易》之回忆，以及对于《列子》、阳明等著作的回忆，熊十力终于对《易》有所触悟。他说：“余因有不满于空宗，复澄思默究，乃不期而触悟《大易》。”[3]

实体即是健行不息的，天以此而成其为天，地以此而成其为地，一切有形无形的物事，皆以此而成其为物事，乃至孔子亦以此而成其为孔子，所以发愤忘食，乐以忘忧，不知老之将至。[4]

此时《新唯识论》虽然尚未写出，可是熊十力的“实体”观、本体观已经形成，而于实体之“健行不息”义、“生生不息”义有所见，正是促成他写作《新唯识论》的动机。

余生而有人世之悲。年未弱冠，初读《易传》甫触天道

[1] 熊十力：《尊闻录》，《熊十力全集》第1卷，第573页。
[2] 《心书》有言：“《易》言‘天行健’，是今所谓天演也。”
[3] 熊十力：《新唯识论》（删定本），《熊十力全集》第6卷，第6页。
[4] 熊十力：《尊闻录》，《熊十力全集》第1卷，第595页。

> “鼓万物而不与圣人同忧”之文，忽尔引生无限灵感，兜上心头。后闻佛法，于大空之学投契最深，非无故也。然余终以圣人裁成天地、辅相万物，与位天地、育万物之洪论为贞常至理、人道极则。[1]

熊十力说自己当初于空宗投契最深，跟他早年读《易传》“鼓万物而不与圣人同忧”之文而引发无限灵感有关。然而最终选择归宗儒家，则是因为裁成天地、辅相万物的儒家代表的是生生不息的、乾健的内圣学观，而在熊十力看来，佛家则只是寂灭的，决不许言“即寂灭即生化”。

（六）“新唯识论”体系之建立

熊十力率求真之性[2]，在参究佛教空、有两宗后，仍不能不遵其至诚之性，继续探求。探求之结果，则是《新唯识论》体系之确立。在《船山学自记》中熊十力说：“因悟幻不自有，必依于真。如无真者，觉幻是谁？泯此觉相，幻复何有？以有能觉，幻相斯起。此能觉者，是名真我。时则以情器为泡影，索真宰于寂灭，一念不生，虚空粉碎，以此为至道之归矣。”[3]求真之本性，使得熊十力不能满足于空有两宗对于宇宙之解释，而思之复思之，终于对《易》有所触悟，而有《新唯识论》之作。

> 据此，则先生对于轮回说之坚持可见矣。一日，忽毁其

[1] 熊十力：《体用论》，《熊十力全集》第7卷，第73页。

[2] 熊十力言“平生学在求真”，见《新唯识论》（删定本），《熊十力全集》第6卷，第11页。

[3] 熊十力：《心书》，《熊十力全集》第1卷，第5页。

> 稿，怅然曰：吾书又须改作矣。[1]

> 吾因先生变更轮回观念，恐其《唯识书》不复作，乘间致问。先生曰：将另造《新唯识论》也。[2]

《尊闻录》中，弟子所记这两条，表明了熊十力因打破轮回观念而欲创作《新唯识论》前夕之情状。熊十力《唯识学概论》（1923年），大抵遵从唯识学，至第二本《唯识学概论》（1926年）以及《唯识论》（1930年），则对于护法诸师的理论多有破斥，然而对于佛家根本之轮回观念，仍宗主之。[3]而《新唯识论》之所以作，即因熊十力自谓打破轮回观念。“言有轮回，不过将我之生命上推至于无始，下推之极于无终。诚如其说，则长劫轮回，不知曾幻作许多众生身，是即有无数之我。若无轮回，则我独出长劫中之某一期，更无第二之我。如是，则我之价值，岂不更重大？我之生活意义，岂不更优美？”[4]这是熊十力在对林宰平说明自己为何打破轮回观念。从推理上看，这种诉诸后果的论证显然存在谬误，但熊十力所以打破轮回观念，在他自己，实有根据。“吾旧宗护法唯识，则以实体为交遍，而非是一体。由今思之，此不应理。只是一体，哪得多元？吾今者仍持同源说也。”[5]以实体为

[1] 熊十力：《尊闻录》，《熊十力全集》第1卷，第567页。

[2][4] 熊十力：《尊闻录》，《熊十力全集》第1卷，第568页。

[3] 参见《尊闻录》，第566页。另，李祥俊先生对于熊十力几部《唯识论》著作的演变、差异及相互关系作了深入探析，见氏著《熊十力思想体系建构历程研究》，北京师范大学出版社2013年版，第一章。

[5] 熊十力：《尊闻录》，《熊十力全集》第1卷，第569页。

交遍[1]，为佛家所主张；以实体为同源[2]，为世间以及儒家所主张。熊十力先主张交遍说，而自《新唯识论》体系欲建立之时，则主张同源说。

> 《新论》归本《大易》，余于此理经过多方推度，又渐渐体认，忽有所悟，乃回忆到《大易》，深叹此心此理之同。[3]

熊十力之所以改而主张同源说，乃经多方推度，对于《大易》有体认而有所悟。所谓“回忆到《大易》”，当然是指自己早年读过《易》，而自己对于实体之体证与《易》之“大哉乾元”“乾道变化”“变动不居，周流不虚，上下无常，刚柔相易，不可为典要，唯变所适”之描述一致，所以熊十力又有“此心此理之同”[4]之感叹。

熊十力归宗儒家，主要是对于《易》之天道“生生不息”义、“变”义之体悟，《新唯识论》体系之确立也是建基于此，所以马一浮序曰：“夫玄悟莫盛于知化，微言莫难于语变。穷变化之道者，其唯尽性之功乎”，而且《序》中唯独引用《易》这一本书。[5]熊十力说：“《论语》记孔子‘五十而知天命’。又曰：‘五十以学

---

[1] “交遍者，无量生命各为独化，同在一处，各各遍满，而不相障碍，仍为互相连贯之全体焉。”见《尊闻录》，《熊十力全集》第1卷，第566页。

[2] “计有大生之实体为一切有生所从出故。”见《尊闻录》，《熊十力全集》第1卷，第566页。

[3] 熊十力：《新唯识论》(删定本)，《熊十力全集》第6卷，第13页。

[4] 熊十力此处只是借用，不可因引用象山此句而误以为熊十力是对于“心学”之体悟。熊十力对于心学是研究有得而非体悟有得，且对于心学之研究主要在1945年《读经示要》之后。

[5] 马一浮：《新唯识论序》，《熊十力全集》第2卷，第6—7页。

《易》，可以无大过矣。’足征孔子到五十知命，故其治《易》也，实足以发明此理，无复过误也。子贡曰：‘夫子之言性与天道，不可得而闻也。’非闻之而真有得者不能出此言也。然则夫子固尝言性与天道，子贡既闻之而有得矣。今考之《论语》，罕载性道之言，岂其绝无纪述欤？以理推之，当不其然。盖性与天道之谈，别载《易传》故也。《系辞》等作，当是孔子亲笔。七十子或有附益耳。自夫子赞《易》，而后《易》始为哲学思想之书。**故求孔子学者必于《易》。**”[1]

所以，此时之熊十力注重从《易》之天道方面去了解孔子，而对于儒家正面的肯定，也是因儒家内圣学思想方面有价值而肯定之。要知道，早年熊十力不仅在哲学方面不能发见儒家的价值，而且在政治方面，熊十力曾经诋六经为拥护帝制之书。这样，在哲学和政治两个方面都无法发现儒家思想的价值，因而对于儒家无甚好感。继而，他转入研究有宗思想，以期望解决他哲学方面的困惑。而当他出入有宗、空宗之后，却又是中土《易》帮助他解决了哲学上的困惑，熊十力对于儒家的态度，自此可以说有所转变了。但要说儒家的道德实践的学问，即从伦理实践而上达天道的学问进路，此时的熊十力还是未及熟知的。一个很明显的例子，即他对于六经的深入研究，可以说以 1945 年出版的《读经示要》为开始的标志。对阳明学的深入研究[2]以及和弟子唐君毅、牟宗三深入地讨论阳明学，也发生在牟宗三、唐君毅阅读《读经

[1] 熊十力：《尊闻录》，《熊十力全集》第 1 卷，第 573—574 页。

[2]《新唯识论》（文言文本，1932 年）中，熊十力认为阳明释“意”为“心之所发”不正确，然而在 1947 年《新唯识论》（语体文本）中又纠正了自己这一看法。而此皆源于《读经示要》中他对于儒学的深入研究。见张庆熊：《熊十力对于王阳明“四句教”的解读和批评》，《广西大学学报（哲学社会科学版）》2015 年第 2 期。

示要》之后。[1]在“穷变化之道”之“新唯识论”之体系之后，才有他对于儒家学问的进一步研究。而熊十力为什么会一再修改他的《新唯识论》呢？又或者说，撰写《新唯识论》（语体文本）的最深层次的原因是什么？原因之一在于，唐君毅、张东荪与熊十力的书信讨论，使得熊十力发现，宋明理学有值得其重视的地方。

三、“内圣外王”体系下内圣学之初步确立

1936年2月21日，《中心评论》杂志第四期，发表了熊十力的《论不朽书》，记载了唐君毅写信给熊十力“论及罗整庵薄阳明知心不知性”一事，熊十力说：

> 大抵此问题，亦是儒佛所由分。儒者即心见性，尼父五十知天命，而其功效所极，则曰七十从心不逾矩。心即性也，于此徵矣。孟子曰：尽心则知性知天，犹孔氏之旨也。佛氏亦何能于心外觅性？然其言性，终偏于寂静。则宗门作用见性，似犹是权词，而性体真寂不即是虚灵知觉之心也。程、朱犹近于佛，陆、王反合于儒，此前儒所不审耳。[2]

---

[1] 考唐君毅、牟宗三与熊十力正式讨论阳明学，皆发生在1947年以后。与牟宗三讨论阳明，见《十力语要》，《熊十力全集》第4卷，第296页。与唐君毅、牟宗三讨论阳明，《答牟宗三问格物致知书》中提到《读经示要》。《就良知主宰答唐君毅》（1948年12月26日）、《致牟宗三转唐君毅》亦讨论良知问题，写于1948年12月31日。《复牟宗三》（1949年1月13日）、《嘱牟宗三转唐君毅》（约1949年1月）、《复唐君毅再论良知主宰》（1949年1月23日）皆集中讨论良知问题。后五封书信皆收录在《熊十力全集》第8卷。

[2] 熊十力：《熊十力论文书札》，《熊十力全集》第8卷，第114页。

唐君毅写信给熊十力“论及罗整庵薄阳明知心不知性”这一问题，使熊十力注意起宋明儒学，虽然在效果上和他的“新唯识论”一样，即洞见万物一体，但宋明儒家的工夫路数和他的哲学是不一样的。可以说，唐君毅对于熊十力深入儒家学问的研究的影响是非常重大的。

1936年3月，熊十力与张东荪有数封讨论宋明理学的书信往来，张东荪认为宋明儒实际上是采用佛家的修养方法，而实行儒者的入世之道。熊十力不赞同这样的观点，他说道：“果如来教，则宋明儒学，乃两相塔合而成，如此拉杂，何成学术？”[1]熊十力因自己的佛学研究心得，以及在内学院深刻体会佛家人士的工夫进路的经验以及他归宗儒家的立场，特别是唐君毅对于宋明儒学工夫论的提醒，而不得不承认儒家有其独立于佛家的工夫论。而且一个很重要的问题就是，工夫论的不同，当然也意味着本体论的不同，虽然在万物一体的结论上，熊十力是同于阳明、同于宋明儒者的。这使得熊十力必须下工夫投入儒家学问的进一步研究之中。

既然不赞成宋明儒采用佛家修养方法，则宋明儒者必然有独立的工夫论。“则以孔、孟儒学之内容，必不能全用印度佛家方法故也。夫孔曰求己，曰默识。孟曰反身，曰思诚。宋、明儒方法，皆根据于是。”[2]

1936年8月，熊十力在答复唐君毅“孔佛同证一体”时，又讨论到儒家工夫论问题，熊十力说：“然孔子下手工夫，与佛家又各有不同，当别为论。”[3]至此，熊十力发现，必须在内圣学和

---

[1][2] 熊十力：《关于宋明理学之性质》，《熊十力全集》第8卷，第116页。

[3] 熊十力：《科学真理与玄学真理》，《熊十力全集》第8卷，第139页。

工夫论两个层面来区分儒家与佛家，才能更加全面地严辨儒佛之异。要结合儒家工夫论而说实体，则必逼出“仁体”这一概念。而一旦在熊十力的学术意识里出现了“仁体”这一概念，那么熊十力将在独立于“新唯识论”之理论体系外，步入一新的领域。这个新的领域就是道德形上学。

1943 年，熊十力正式发表了《孔子内圣外王之学》一文。本书导论中也已经论及，这篇文章标志着熊十力内圣学体系的初步确立。

> 孔子之学，庄周称为内圣外王。内圣之学是如何？外王之学是如何？庄周却未加以申说。《六经》《四子》，广大悉备，天道、人事、物理，无不赅括其中。[1]

> 吾老矣，就平生甘苦所尝，欲本守约之道，以提出我对于孔子的要领之体认所到。我相信孔子内圣之学，只是一个仁字为根本；外王之学，只是一个均字为根本。[2]

1943 年，熊十力五十九岁。他以一“仁”字概括自己研究所得之儒家内圣学，以一“均”字概括儒家外王学。熊十力继续说道：“所以程子说：‘仁者浑然与物同体。’王阳明先生说：‘仁者以天地万物为一体。’良心上确是如此。可惜一般人不能把他的良心扩充去；而常以私意私欲，来阻碍他的良心，以至成乎禽兽，全无人生的意义与价值，此真是可痛心的事。愿大家细玩《论语》，

---

[1] 熊十力：《孔子内圣外王之学》，《熊十力全集》第 8 卷，第 169—170 页。
[2] 熊十力：《孔子内圣外王之学》，《熊十力全集》第 8 卷，第 170 页。

要了解求仁之旨。”[1]此时熊十力说“仁者浑然与物同体”以及“仁者以天地万物为一体”，跟《新唯识论》（文言文本，1932年）时期的他说这两句话时的理解是不同的。《新唯识论》（文言文本）时期，他引用这两句话，重点是在“同体”“一体”上，强调这样一种结果或者状态；此时他引用这两句话，重点是在“仁者”，强调儒家达到万物一体的进路是道德实践。而确立了孔子之学之为“内圣外王”的体系后，熊十力对于儒家内圣学的论述就始终是在这一体系下而展开的。

四、儒家学问之研究

熊十力内圣学思想发展的第四阶段是他对儒家学问之参究。对于《诗经》的关注，对于阳明学的继续关注，对于儒家之学问体系为“内圣外王”的关注，都表明了他对于儒家学问的进一步研究。可以说，熊十力对于“皆所不契”的汉学、宋学，特别是对于宋学之为儒家学问开始了进一步的研究。

（一）“仁体”概念的提出

受与唐君毅、张东荪讨论宋明理学的影响，确认了宋明儒学独立于佛学修行论的功夫论的价值后，熊十力对儒家学问的研究进一步深入，接着便**真正**涉及“仁体”这一宋明理学的概念。在1943年8月《研穷孔学宜注重〈易〉〈春秋〉〈周礼〉三经》一文中熊十力说道：

> 《易》言之者仁也，仁统万德生生不息之本体也；此不易者也。若只窥见变动而不悟**仁体**，则人类终古无所

[1] 熊十力：《孔子内圣外王之学》，《熊十力全集》第8卷，第170页。

庇矣。[1]

首先，我们说，1936年熊十力与唐君毅、张东荪讨论后，认定宋明儒学有其独立的意义，则“仁体”一概念已逻辑地寓于这样的认识当中。其次，这段话表明熊十力真正进入了儒家学问领域的深入研究境地。以仁言《易》，表明熊十力对于道德以及道德实践功夫的体认。“若只窥见变动而不悟仁体”，则表明熊十力开始反省自己的学问体系，因为他的“新唯识论”的理论体系就是单独说“变化之道”的，而未自觉地、真正地涉及“仁”。唯这种对自己“新唯识论”理论体系的反省，不是对与错的反省，而是单薄与否、是否需要充实的反省。

《新唯识论》（文言文本，1932年）中虽提及“心体”“性体”，然而在此书中，熊十力使用这两个概念都是在“本体”意义上使用的，侧重于宇宙论，而不同于宋明儒学中“心体”与“性体”的概念。宋明儒学使用这两个概念，虽也指形上实体，却是道德性的形上实体，侧重道德意味。[2]

而一旦当熊十力触及“仁体”这一概念，即表明他确认了宋明儒学的内圣学和工夫论这一学问领域，这一领域是需要他深入研究的，所以有了1945年的《读经示要》，以及后来熊十力对于儒家学问的进一步研究。

（二）对阳明学的进一步研究

前面也已经提及，从《新唯识论》（文言文本，1932年）到

[1] 熊十力：《研穷孔学宜注重〈易〉〈春秋〉〈周礼〉三经》，《熊十力全集》第8卷，第174页。

[2] 《新唯识论》（文言文本）时期，熊十力尚未涉足阳明学以及宋明理学的判定，见第二章第二节。

《新唯识论》(语体文本，1944年)，熊十力对于阳明学的理解又进一步加深。在文言文本“明心上”一章中，熊十力对于王阳明有关意是心之所发的观点持批评态度：“此云意者，即《大学》诚意之意。阳明以心之所发释意，此大误也。已发之意，求诚何及！或又以志言之，亦非也。这个有定向的意，即是实体，正是志之根据处。”[1]而在语体文本中，熊十力又纠正了自己先前的说法：“文言本以《大学》诚意之意释此意字，实误。明儒王栋、刘蕺山解诚意，并反阳明，亦好异之过。今此中意字，非常途所谓意识，乃与心字同为主宰义。但心约统体而言，意则就个人分上言之耳。”[2]

可见，熊十力在“新唯识论”体系建立之后，对于阳明学有着持续的研究，对阳明学的态度也渐渐发生了变化。[3]而到了《读经示要》中，熊十力对于阳明学则又有了更进一步的研究。

（三）儒家外王学的关注

以学科言，儒家外王学因属于外王学而不应在这里讨论，但以学派归属看，因其属于儒家哲学，所以也可以在这里讨论。而且，儒家外王学也属于熊十力之儒家学问范围内的内容。正是因为从“新唯识论”体系来到儒家道德形上学领域，因儒家学问的内容和形式的影响，熊十力的内圣学体系才以后来不断更新的形式出现。可以说，如果没有对儒家学问的研究，没有对于儒家外王学的关注，也就不会有后来的内圣学著作，包括《新唯识论》(语体文本，1944年)、《新唯识论》(删定本，1953年)以及

[1] 熊十力:《新唯识论》(文言文本),《熊十力全集》第2卷，第97页。
[2] 熊十力:《新唯识论》(语体文本),《熊十力全集》第3卷，第431页。
[3] 参看附录一“熊著涉及阳明处解析”。

《体用论》(1958年)和《明心篇》(1959年)，也不会有内圣学和外王学一贯的著作《乾坤衍》(1961年)。

1943年8月由重庆孔学会主编的《孔学》杂志创刊号刊发了熊十力《研穷孔学宜注意〈易〉〈春秋〉〈周礼〉三经》一文，该文是以书信的形式写给该刊常务理事何芸樵[1]的。在该文谈及《春秋》时，熊十力说道，庄生以内圣外王之学称孔子，《易》明内圣而外王赅焉，《春秋》明外王而内圣赅焉。二书制作极特别，皆义在于言外。[2]在熊十力看来，内圣外王是一而二，二而一的。《易》有天道生生不息义之内圣学思想，《春秋》则“贬天子，退诸侯、讨大夫”。为什么说《易》明内圣而外王就赅备了呢？又为什么《春秋》明外王而内圣就赅备呢？马一浮说：“孔子无位而讬二百四十年南面之权，一以义理裁之而已。二百四十年如此，二千四百年亦如此。”[3]“《春秋》天子之事，即圣人之事。拨乱反正，用夏变夷，皆用是道而已。”[4]所以说，有圣人之心，才有圣人之事，即真正意义上(经典世界)的天子之事。

（四）庄子“内圣外王”说本于《大学》

《读经示要》是熊十力对儒家学问予以研究的代表性著作。在该书第一讲中，熊十力认为《大学》总括了六经宗要，是六经心印。因而深入解释《大学》，他赞成阳明“致知说”，主张兼采朱子“格物说”。他将《大学》“致知”“格物”“诚意”“正心”归为

[1] 何键(1887—1956)，号云泉，后改号芸樵，湖南醴陵人。1906年考入王先谦在长沙岳麓山主办的崇古学堂。是时，其大力推崇孔学，在《孔学》期刊陆续发表《救国之道德》长文。

[2] 熊十力：《孔子内圣外王之学》，《熊十力全集》第8卷，第174页。

[3][4] 马一浮：《春秋教上》，《马一浮全集》第1册上，浙江古籍出版社2013年版，第161页。

庄子所云“内圣”，将“齐家”“治国”“平天下”归为庄子所云“外王”。[1]并说：

> 此篇囊括万有，广大悉备，非孔子不能说，非亲承一贯之旨者不能记。后生不解义，故敢轻疑圣文耳。此篇盖尝见称于孟、庄二子之书。**庄生称孔子以内圣外王，实本于此**。[2]

> 庄子以内圣外王言儒者之道，其说当本之《大学》。[3]

蒋庆先生说：“庄子言内圣外王，决是儒家本意，定有渊源所自。”[4]熊十力则坐实之，判定庄子以“内圣外王”称孔子，实本于孔子所说、亲承孔子一贯之旨之《大学》。庄子对于六经精神是有消化性的表达的，正如方以智说《庄子》为六经之饭后茶。而《大学》又是六经宗要[5]，所以熊十力认定庄子以“内圣外王”称孔子，实本于《大学》。

五、内圣学体系之完善

熊十力内圣学思想发展的第五个阶段是其内圣学体系之完善。由于对儒家学问进行了深入研究，特别是以《读经示要》为

[1] 熊十力：《读经示要》，《熊十力全集》第3卷，第672页。

[2] 熊十力：《读经示要》，《熊十力全集》第3卷，第674页。

[3] 熊十力：《十力语要》，《熊十力全集》第4卷，第406页。

[4] 蒋庆：《公羊学引论》（修订本），福建教育出版社2014年版，第30页。

[5] “汝曹不悟六经宗要，读《大学》，可悟其宗要。不得六经体系，读《大学》，可得其体系。不识六经面目，读《大学》，可识其面目。不会六经精神，读《大学》，可会其精神。”《读经示要》，《熊十力全集》第3卷，第674页。

代表的儒家内圣学和外王学的研究成果，给熊十力那个可以独立存在的“新唯识论”的哲学体系带来了新的内容。这是熊十力再一次删定《新唯识论》（删定本，1953年）的原因之一[1]，并最终促成了熊十力不再依傍佛教概念来表述自己的内圣学体系，而是直接归宗儒家《易学》，以体用不二立宗。这就是《体用论》和《明心篇》所以写出的原因和命名的原因。[2]

从（1）1923年的《唯识学概论》到（2）1926年的《唯识学概论》、（3）1930年的《唯识论》，再到（4）1932年的《新唯识论》（文言文本）、（5）1944年的《新唯识论》（语体文本）、（6）1953年的《新唯识论》（删定本），以及（7）1958年、1959年的《体用论》《明心篇》，至此，熊十力的内圣学体系已经完成。[3]熊十力的内圣学体系，或者说内圣学思想，终于经过七次变化，而趋于一种圆满的形态。

熊十力认为孔子作《易》《春秋》二经，**“《易》明内圣而外王赅焉，《春秋》明外王而内圣赅焉”**[4]，即《易》为内圣学著作而赅备其外王思想，《春秋》为其外王学著作而赅备其内圣学思想。《体用论》《明心篇》是熊十力的“衰年定论”，二书既是在内容上以孔子《易》为陈说内容，也是熊十力“上酬先圣之志”的内圣学著作，正如《原儒》宗《春秋》而为其外王学著作的最终代表。熊十力归宗孔子，既认定孔子首作《周易》《春秋》二经，他自己也

[1] 李祥俊认为熊十力作《新唯识论》（删定本）的外在原因，即“不想公开反对当时的主流哲学”，也就是唯物论哲学。见氏著《熊十力思想体系建构历程研究》，北京师范大学出版社2013年版，第一章，第39页。

[2] 《明心篇》原属《体用论》的一章，后单独写出、出版。

[3] 李祥俊详细考察了“新唯识论”七种体系性著作之间的演变史、内容上的差异。见前引氏著《熊十力思想体系建构历程研究》第一章。

[4] 熊十力：《孔子内圣外王之学》，《熊十力全集》第8卷，第174页。

希望继孔子之志业[1]，不断修订自己的“新唯识论”体系的系列性著作而以《体用论》《明心篇》为定论，所以他才说《体用论》成，“《新论》两本俱毁弃，无保存之必要”[2]。

作为他“内圣外王，其道一贯”思想的两条线索，内圣学这一条已经初步阐释。接下来，让我们看看熊十力“内圣外王”思想的另外一条线索，即外王学体系的发展进程又是如何。

第三节 外王学发展历程

熊十力外王学的发展也可以分为五个阶段：第一，幼年教育；第二，转入学术前的政治实践；第三，“内圣外王”体系下外王学思想之初步确立；第四，进言三书；第五，外王学体系之完善。

一、幼年的教育

熊十力“平生受先父之教”[3]，而“先父毕生专治史学，持无君之论。厄于病，未及著书而弃世。先父赞扬唐、虞公天下之制，谓其可进于民主也。夏、殷、西周三代定家天下专制的乱制，

---

[1] “余承先圣之业而演之，不敢不尽心。”见《体用论》，《熊十力全集》第7卷，第9页。

[2] 熊十力：《体用论》，《熊十力全集》第7卷，第7页。

[3] 熊十力：《佚书》，《熊十力全集》第8卷，第866页。又《先世述要》：“先父弃世时，不肖尚在幼年。唐虞二帝之典，不幸未承先训。惟先长兄尝述及先父遗说：‘禹治水，得力于益、稷之辅导者为多。’先长兄仅忆此语，而莫能述其详。”《熊十力全集》第8卷，第887页。熊十力是在此《先世述要》中将尧舜之“天下为公”的政治哲学归于其父亲。然而，熊先生受其父亲历史之教育确定无疑。

流毒数千年。不肖幼闻庭训，不敢信禹、汤、文、武是圣王也。先父曰：予平生专力于史籍、《五经》，予认为古史，不必尊之为经。古说孔子删定《尚书》，断自唐虞，盖以尧舜二圣公天下之制，足为后世法也”。[1]

除了史学之外，熊十力还说其父亲学宗程朱：“先父其相公学宗程朱，一生困厄，年亦不永。余年十岁，先父已患肺病，衣食不给。余为人牧牛，先父常叹曰：此儿眼神特异，吾不能教之识字。奈何？乃强起授馆，带之就学。初授《三字经》，吾一日读背讫。**授四书，吾求多授，先父每不肯，曰：多含蓄为佳也**。”[2]

熊十力说：

> 读史而遇可歌可泣，可哀可怒之境，而绝不发生同情，尚得谓为不失其心性之人乎？吾年十岁，闻先君说魏收詈南朝为岛夷，吾怒骂魏收为犬豕。闻谈《南北史》……吾哀愤不可抑。少时革命思想，由此而动。[3]

熊十力早年受父亲史学的教育背景对他的人生走向的影响是非常大的，无论是后来因读严复《群学肄言》而引发他投身于革命实践，还是后来的学术生涯，家庭史学的教育背景的影响都无处不在。

熊十力读《群学肄言》有感，是因为他熟悉中国政治和历史，因而有了反观的对象、比较的对象，因而对中西政治思想有了一

[1] 熊十力：《先世述要》，《熊十力全集》第8卷，第884页。
[2] 熊十力：《十力语要》，《熊十力全集》第4卷，第424页。
[3] 熊十力：《读经示要》，《熊十力全集》第3卷，第804页。

定认识，这才促成了他走上革命的道路。抗战全面爆发后，熊十力入川，悲愤交加，给学生讲民族精神、种源以及中国历史，他确信国家、民族、文化绝不会亡，发表了题为《中国历史讲话》的讲演并写了《中国历史纲要》。

在后来的著作如《与友人论张江陵》《论六经》中，史学以及史学方法的运用，都鲜明地呈现其中。而在《原儒》《乾坤衍》等这样的哲学著作中，同样充满了史学的论述。这在所谓的哲学著作中是不多见的，比如熊先生弟子牟宗三的纯粹性哲学著作中就没有史学的影子。经学家以能超越史学的思维界限为成功[1]，哲学家以排除史料的非哲学性为纯粹[2]。诚然，学科的区分和研究的独立性，是学术研究的要求，但能否综合地理解不被划分在学科中的对象的整全性质，却是哲学的本然要求。其唯阳明子“以事言谓之史，以道言谓之经，事即道，道即事。《春秋》亦经，五经亦史”[3]，方为彻论乎？所以，或者可以说，区分哲学与历史，是一个哲学思维的前期阶段，而不再认为哲学与历史分属两个不同的领域，是哲学思维的完成阶段。

可以说，对民族有着深厚的热爱，对历史有着深入的研读和判断，是熊十力及其学术突出的特色之一。很难想象，没有幼年

---

[1] 如廖平即严格区分经、史。“经学与史学不同：史以断代为准，经乃百代之书。史泛言考订，录其沿革，故《禹贡锥指》《春秋大事表》，皆以史说经，不得为经学。”见刘梦溪主编：《中国现代学术经典·廖平蒙文通卷》，河北教育出版社1996年版，第164页。

[2] 如黑格尔即认为哲学的超时间性和永恒性，即排斥时间性的史学。“任何哲学体系都能历史地来对待。如同任何生动的形态同时属于现象那样，于是，一种哲学，作为现象，便把自身交付给那样一种力量，即能使它变成一种死的意见。”见（德）黑格尔：《费希特与谢林哲学体系的差别》，商务印书馆1994年版，第5页。

[3]（明）王阳明：《传习录·卷一》，《王阳明全集》（上），上海古籍出版社2011年版，第11页。

家庭的史学教育，在体悟般若空智后，特别是在家庭遭遇变故后，悲观、笃信轮回的熊十力，能不被生死迷惑，由佛转儒。也很难想象，没有幼年家庭的史学教育，熊十力能有后期的革命实践。

二、转入学术前的政治实践

严复《群学肄言》对熊十力的影响十分大，直接导致了他投身于革命实践。

> 我从少年时读严译《群学肄言》，曾经引发我一个重大的感想。即由彼书，知道西人言治是“自下而上”的。而反观吾国，即通过《六经》诸子乃至汉以下，迄于近世百家文集，其论治，通同是主张“自上而下”的。[1]

> 我自读了《群学肄言》，便感觉中西政治思想根本不同。却是极端赞成西洋的思想，所以曾经实行参预革命的工作。[2]

西人言治是“自下而上的”，而我国《六经》至近世百家文集，其论治都是主张“自上而下”，中西政治思想根本不同，熊十力赞成西方政治思想，因而投入反清的革命活动中。

> 及民六七，桂军北伐，余曾参预民军。旋与友人天门

[1] 熊十力：《英雄造时势》，《熊十力全集》第8卷，第72页。
[2] 熊十力：《英雄造时势》，《熊十力全集》第8卷，第73页。

> 白逾桓先生同赴粤，居半年，所感万端，深觉吾党人绝无在身心上作工夫者，如何拨乱反正？吾亦内省三十余年来皆在悠悠忽忽中过活，实未发真心，未有真志，私欲潜伏，多不堪问。赖天之诱，忽尔发觉，无限惭惶。又自察非事功之材，不足领人，又何可妄随人转？于是始决志学术一途，时年已三十五矣。此为余一生之大转变，直是再生时期。[1]

熊十力是彻底的理性主义者，他参加革命，还要求革命党人能在身心上作工夫，这显然已经超出了一般的政治实践本身的作用范围。能使人“在身心上作工夫”的，是学术的教化活动才能做到的。因而，熊十力的政治实践活动，暂时告一段落。

青年的革命政治实践，对熊十力的影响是巨大的。熊十力后来的学术著作中虽不无极深的哲学洞见，虽然他晚年的政治哲学著作中所言“革命”不是不一于其内圣学的“革命”义，也不同于现实政治革命活动中所说的“革命”，但强烈的革命性的政治观也影响了他的一些学术判断。虽然这些学术判断并不妨碍他的哲学洞见的表达，然而就着“有则改之”和好学不已的儒家修身要求和特点来说，这些专言革命性的政治观带来的学术判断能够在其不断的学习和涵养中在合适的时候化掉，应是熊先生自己也期望看到的一个好的结果。熊先生的父亲在授《四书》时，告诫熊十力的那句“多涵养为佳”，应该在熊十力的学术生命中发挥了更大的作用。

熊十力在《心书》的自序中说：

---

[1] 熊十力:《十力语要》,《熊十力全集》第4卷，第425页。

> 我生不辰，遘兹多难。殷忧切于苕华，惨痛兴于常棣。形骸半槁，待尽何年？耿耿孤心，谁堪告语？自惟失学，笔札极稀，又随手抛置，偶尔检存，得如干首，实我生卅年心行所存，故曰《心书》。船山有言，唯此心常在天壤间，或有谅者。[1]

孟子曰：“人之有德慧术知者，恒存乎疢疾。独孤臣孽子，其操心也危，其虑患也深，故达。”熊十力所谓生不辰，遘多难，不仅讲述自己个人生活的艰难，即所谓“少失怙，贫不能问学”，而且也指国家民族的多灾多难，“今吾国人浸淫满清污俗，利禄荡其廉耻，而自私自利之习成。登庸滥，而侥幸之风长；专锢久，而智昏。为新为旧，同怵于外人，而貌袭以相应，实无改其贪贼险诈浊乱荒淫之心理。灵台既蔽，一切学说，皆逢恶之媒，一切政法，皆济奸之具。灭绝仁义，自胡清已然矣。迄于民国，而伟人之纵淫，袁氏之盗窃，藩镇之駤戾，率天下以不仁不义，淫清轶分。利独，而众不齐；众不齐，将无独利，此其时矣。是故吾国今日之乱，不缘新旧思潮异趣；仁义绝而人理亡，国无与立也。今欲明仁义之本，又群诋为迂阔，无以遏邪说暴行而挽其横流，吾国吾种，其终亡灭乎！抑尚有他道以救之也”。[2]

时值抗战全面爆发后的第二年，熊十力对于民族和国家的安危担忧不已。然而，他对于民族和国家的关心，也只能尽量在其学术中来表达，他已经走上“在身心上作工夫”的学术之途。

---

[1] 熊十力：《心书》自序，《熊十力全集》第1卷，第4页。

[2] 熊十力：《心书》，《熊十力全集》第1卷，第36页。

三、“内圣外王”体系下外王学之初步确立

(一)《孔子内圣外王之学》

熊十力幼年即受家庭史学的教育，从个人性格来说，相比于梁漱溟或者马一浮，更具行动力，即对于自己认为不合理秩序调整的行动能力。青年熊十力更是实际参加了革命活动。在“新唯识论”体系建立之前，即1932年以前，熊十力的政治思想都是革命的、激进的。只是他投入了学术之途后，特别是用心于唯识论、因明学的学习时，政治思想暂时没有表达而已。抗战全面爆发后，熊十力发表了《中国历史讲话》，撰写了《中国历史纲要》，以表达他对于民族和国家存亡的关心，鼓舞学生，力主中国不会亡。

在儒家学问研究的阶段，熊十力对于儒家内圣学不仅有了进一步深入的认识，而且使得他对于儒家学问体系有了进一步清晰的认识，用熊十力的概括就是“内圣外王”。1943年5月，熊十力发表了一篇重要的文章，即《**孔子内圣外王之学**》。本章第二节已经论及，这篇文章标志着熊十力“内圣外王”思想体系的确立。

熊十力非常同意庄子用“内圣外王”来概括孔子之学。这有多方面的原因：一是他通过自己对于《周易》天道义的深刻体悟，判定庄子为孔学之支流。二是他自己强烈的政治理想和抱负，必须在一个含有外王学的学术中得到安顿。无疑，庄子“内圣外王”四个字，在熊十力看来，是孔子制作内圣学经典的《易》以及外王学经典的《春秋》的最好概括。熊十力对于宋明儒者的政治观是不太认同的，[1]认为庄子“内圣外王”四字，可谓对孔子的

[1] 1947年的《十力语要》还说道，“宋儒反身工夫甚密，其于察世变，皆极肤也，至今诵其政谈，鲜不感其迂钝”，并认为唯有公羊家得孔门外王学宗旨。见《十力语要》，《熊十力全集》第4卷，第268页。

内圣学和外王学作了高度抽象的概括。熊十力在随后的《研究孔学宜注重〈易〉〈春秋〉〈周礼〉三经》一文中继续说道：“庄生以内圣外王之学称孔子，《易》明内圣而外王赅焉，《春秋》明外王而内圣赅焉。二书制作极特别，皆义在于言外。”[1]

> 孔子外王之学，用时下的名词来说，就是他对于政治的社会的理想。须知，自有人类以来，政治和社会的问题，纠纷复杂，祸患无穷，总是与日俱增，随时演变。吾人欲求得邃古以来，政治社会，各方面无穷的困难问题所由发生，总不外三字，不均平而已。人类从有生以来，没有一天尝过均平的生活；所以随时随地总在发生问题。孔子有见于此，便以均平一大原则，来随时解决政治社会上的一切纠纷问题。《论语》说：“不患寡而患不均。”一部《周礼》，其规划大无不包，细无不入，却是根据均平的原则。《大学》言理财，归之平天下，而复示以絜矩之道。理财必归之平天下者，因为经济问题，是要全世界人类共守均平的原则来解决，而后全人类有幸福。否则此一国家，要行侵略政策，而以彼一国家为鱼肉，其结果，必至兵连祸结，互相残毁而后已。所以，经济必通天下而计其盈虚有无，以互求其均平，而不容一国独行侵略。圣心深远，为万世苍生计，如此其切也。[2]

熊十力认定了孔子外王学的宗旨就是均平的原则，《论语》《大

[1] 熊十力：《研究孔学宜注重〈易〉〈春秋〉〈周礼〉三经》，《熊十力全集》第8卷，第174页。

[2] 熊十力：《孔子内圣外王之学》，《熊十力全集》第8卷，第170—171页。

学》都在讲“均平”,《周礼》(后来被熊十力称为《周官》《周官经》)的规划也是以均平为原则而铺展开。追求均平成了熊十力外王学一以贯之的宗旨。

(二)《读经示要》

通过前一节的论述我们知道,“新唯识论”体系确立后,熊十力进入了儒家学问的研究时期,而这一研究的成果——1945年出版的《读经示要》,不仅包含了他内圣学的阶段性特征,而且包含了他的外王学思想。在内圣外王的体系下,熊十力在《读经示要》中不仅对均平的外王学宗旨的发挥一以贯之,而且深入的研究也使他注意到儒家外王学除了注重均平的原则之外,对差异的存在也是没有忽视的,在后者基础上的主“序”之礼治论,熊十力也有研究并赞同。

《读经示要》分为三讲,在第一讲中,熊十力提出了“群经治道九义”,这是他此时外王学思想的系统表达。李祥俊先生将此九义分为四个部分。第一个部分是儒家内圣外王之道,包括九义中的(1)以仁为体,(2)格物为用,(3)诚恕均平为经,(5)利用厚生,本之正德。第二个部分是外王学基本内容,包括九义中的(6)道政齐刑归于礼让,(7)始乎以人治人,(8)极于万物各得其所,(9)终之以群龙无首。第三个部分是外王学的历史观,即(4)随时更化为权。第四部分是外王学的基本原则,也是(3)诚恕均平为经。[1]第二讲为“读经应取之态度”,“本讲始于尚志,继以砭名,申之以三畏,而后博学无方”。第三讲为“略说群经大义”,分为“《易经》”和“《春秋》及《尚书》”两个部分。《易经》

[1] 李祥俊:《熊十力思想体系建构历程研究》,北京师范大学出版社2013年版,第167页。

为内圣学，《春秋》为外王学，熊十力仍是在内圣外王体系下讲群经大义的。

熊十力一以贯之地在内圣外王的孔子之学的体系下展开《读经示要》的外王学。在提到《大学》时，他说：“如《大学》三纲八目，立内圣外王之极则。”[1]在概述《读经示要》的第三讲时，熊十力说道：“仲尼祖述尧舜，宪章文武，其发明内圣外王之道，莫妙于《大易》《春秋》。”[2]

熊十力对于主“序”之礼治论也是注意到了的。

朱子曰：“礼者，天理之节文，人事之仪则也。”熊十力解释说：“然此仪则，却非纯依外面建立，乃吾心之天理，于其所交涉处，自然泛应曲当。曲当者，犹云凡事各因其相关之分际，而赋予一个当然之序也。即此曲当，在心名天理节文，而发于外，名人事仪则。礼主序，朱子深得此意。”[3]

一个值得关注的事实是，在宋明儒学那里，内圣学主要是仁学，外王学主要是礼学。可是自熊十力确立了孔子内圣外王之学的体系那一刻起，他就没有将孔子的外王学思想主要放在宋儒之礼学、礼教的范围内，他认为孔子的外王学不主要是这些。他认为公羊家才识得孔子外王学之真精神。在讲儒家外王学的时候，就文本说，熊十力此时主要讲《春秋》，后来在《原儒》《乾坤衍》，主要讲《春秋》《周官》《礼运》，再加上主要讲内圣学的《易》，就构成了熊十力认定的孔子“内圣外王”之学的主要经典。

[1] 熊十力：《读经示要》，《熊十力全集》第3卷，第555页。
[2] 熊十力：《读经示要》，《熊十力全集》第3卷，第556页。
[3] 熊十力：《读经示要》，《熊十力全集》第3卷，第593页。

在《读经示要》中，熊十力确立了对《春秋》的基本认识，这种认识决定了以后《原儒》的写法。可以说不了解《读经示要》中阐述的《春秋》观，就无法真正理解《原儒》。

> 《春秋》全经，皆是借事明义。[1]

《春秋》经在于借事明义，这是说《春秋》的方法是“借事”，目的是“明义”。马一浮对《春秋》也是持这种方法论观和目的论观。马一浮说：“公羊家谓《春秋》借事明义，此语得之，犹释氏所谓托事表法也。董生谓之因行事加王心。王心者，即义也，理也。”[2]事，是事实，是史料，对于孔子来说，鲁国十二公二百四十二年中间发生的事，即孔子作《春秋》的事实和材料来源。义，是义理，是柏拉图所谓能发挥权威作用的理想。对于孔子来说，“鲁隐非真能让国也，而《春秋》借鲁隐之事，以明让国之义。祭仲非真能知权也，而《春秋》借祭仲之事，以明知权之义。宋襄非真能仁义行师也，而《春秋》借宋襄，以明仁义行师之义。所谓见之行事，深切著明，孔子之意盖是如此。故其所托之义，与其本事不必尽合”。[3]所以《春秋》所借之事与所明之义相反。而这种相反是何种程度上的相反呢？

> 世愈乱，而《春秋》之文愈治，其义与当世之事正相反。[4]

[1] 熊十力：《读经示要》，《熊十力全集》第3卷，第1074页。

[2] 马一浮：《复性书院讲录》，《马一浮全集》第1册上，浙江古籍出版社2013年版，第161页。

[3][4] 熊十力：《读经示要》，《熊十力全集》第3卷，第1016页。

此即公羊家言“春秋初年，王迹犹存。及其中叶，已不逮《春秋》之初。至于定、哀，骎骎乎流入战国矣。而论《春秋》三世之大义，《春秋》始于据乱，即借隐、桓、庄、闵、僖，为据乱世。中于升平，即借文、宣、成、襄为升平世。终于太平，即借昭、定、哀为太平世”。[1]

> 所谓非常异义及可怪之论，大抵皆夫子掊击当时乱制，及为未来人类之利乐计者，必多甚深高远之**理想**，为当时人所震骇而不宜喻者。[2]

这是熊十力对于何休《公羊解诂序》中“惧《春秋》将行世，其中多非常异义可怪之论，见嫉于时”这段话的解读。马一浮先生认为何邵公未足以知圣[3]，在熊十力看来，所谓“异义可怪之论”，并不是不可理解，是因为孔子借助于当时的史实（事）所明之高远理想（义），对于时人来说不易理解，就时人的思维和认识来说，才是“异义可怪之论”，并非《春秋》经本身“多非常异义可怪之论”。

总之，《读经示要》对于《春秋》经“借事明义”的方法论和目的论的确认，不仅是熊十力在其“内圣外王”思想体系下外王学发展的一个重要阶段，而且是其《原儒》创作的方法论原则，即《原儒》也是熊十力借事明义的政治哲学著作。不了解这一创作原则，很可能就会在《原儒》的解读上出现偏差，认为它“多非常异义可怪之论”。

---

[1] 熊十力：《读经示要》，《熊十力全集》第3卷，第1016页。

[2] 熊十力：《读经示要》，《熊十力全集》第3卷，第1014页。

[3] 马一浮：《复性书院讲录》，《马一浮全集》第1册上，浙江古籍出版社2013年版，第164页。

四、进言三书

所谓进言三书是指,《韩非子评论》(1949)、《与友人论张江陵》(1950)以及《论六经》(1951)。相对于其他著作,这三本书篇幅短小。其中,《韩非子评论》是熊十力改定弟子胡哲敷的听课笔记。《与友人论张江陵》是评论张居正而表达自己的政治思想,是熊十力面对新的政治环境所写作的政治著作。《论六经》则正式通过其好友董必武,递交给了毛泽东。

严格说来,只有《论六经》的写作才可以算政治行为,而《韩非子评论》以及《与友人论张江陵》只能算是前期准备。实则,仔细阅读两本书可以发现,熊十力的政治关切跃然纸上,只是没有递交给新政权的领导人罢了。

这三部著作可称为“进言三书”理由有二:一是三书都可以视为作为言语的政治行为。二是“进言”取《乾·文言》“其唯圣人乎?知进退存亡而不失其道者,其唯圣人乎”之“进退”之“进”。在熊十力著作中,进言三书是“进”,《原儒》是“退”。

五、外王学体系之完善

《原儒》是熊十力宗《春秋》的政治哲学著作,是熊十力从公羊学角度阐发孔子《春秋》经的政治理想的著作。《原儒》起草于1954年,最终完成于1956年,是年熊十力七十一岁。七十一岁,正是孔子作《春秋》之年,而熊十力选择在七十一岁定稿《原儒》,是否有宗圣的原因在其中,我们不得而知。[1]但无论如何,

[1] 熊十力七十一岁作《原儒》,同于孔子七十一岁作《春秋》,是涂汉培兄在2023年6月28日于孔子研究院“阙里问学”青年博士讲坛与谈时提醒于笔者的。

《原儒》确是熊十力宗《春秋》而作的政治哲学大作。

是为熊十力外王学发展之第五阶段。

第四节　内圣学与外王学之一贯

1939年，熊十力于《复性书院开讲示诸生》中将孔子之学正式概括为：“昔吾夫子之学，内圣外王。”[1]1943年发表的《孔子内圣外王之学》一文，标志着熊十力“内圣外王”体系的初步建立。他终于发现，“新唯识论”之体系，以庄子所称孔子之“内圣”称之而毕矣，而他关心的历史、民族、国家和政治，则以“外王”称之而尽矣，而且成己与成物不二，内圣与外王不二，因此，自己所归宗的孔子，其学就是“内圣外王”。

同年，熊十力又在《研究孔学宜注重〈易〉〈春秋〉〈周礼〉三经》一文中说：“庄生以内圣外王之学称孔子，《易》明内圣而外王赅焉，《春秋》明外王而内圣赅焉。二书制作极特别，皆义在于言外。”[2]1952年，在《新唯识论》之《壬辰删定记》中，熊十力正式重思自己的“新唯识论”之体系，并指出何以需要以“内圣外王”之体系融摄“新唯识论”体系。熊十力说：“《新论》谈本体，以**体用不二**为宗极，毕竟归本《大易》。”[3]“《新论》谈体用，在《易》则为内圣学之方面，**而于外王学不便涉及**，此书立言有领域故。尝欲造《大易广传》一书，通论**内圣外王**而尤致详于太

---

［1］　熊十力：《十力语要》，《熊十力全集》第4卷，第251页。

［2］　熊十力：《研究孔学宜注重〈易〉〈春秋〉〈周礼〉三经》，《熊十力全集》第8卷，第174页。

［3］　熊十力：《壬辰删定记》，《熊十力全集》第6卷，第6页。

平大同之条理。”[1]

《乾坤衍》出版于1961年。至《乾坤衍》，可以说熊十力“内圣外王”之体系已经完备。当然，在《体用论》《明心篇》以及《原儒》中，“内圣外王”的思想都是一以贯之的，但却各有侧重：《体用论》《明心篇》是内圣学《新唯识论》系列著作修订之完善；《原儒》是从其幼年所受之史学教育，经青年之政治实践，经《读经示要》，形成的对于孔子内圣外王之道体系下的外王学的完备表述。

《乾坤衍》是熊十力内圣学和外王学一贯之后的著作，标志着他的哲学体系之圆融。熊十力七十七岁，写信给唐至中、唐君毅和牟宗三时，评价了自己的一系列著作，于此，我们可以看出，《乾坤衍》确是熊十力发挥其内圣外王体系的完备著作。熊十力在这封信中说道：“《新唯识论》，吾已废之。如外间有印行者，千万嘱其毁版，不可再印。《佛词通释》纵无暇增益，亦须稍为审定。如吾不及审定，便当作废。《语要》决须作废，切不可流行。昔年随笔，未曾经意，不堪传后。《读经示要》亦非传世之作。老夫七十六以至八十，真下过血汗工夫。义精仁熟，在此十余年中，惜乎近四年衰得可怜，吾难久矣。《原儒》、《体用论》、《明心篇》（原注：未完）、《乾坤衍》及现写之书（全集编者按：即《存斋随笔》），虽写得急遽，（原注：年老，怕写不出，所以急写。）不必尽吾之能事，而大体极是。**《乾坤衍》体系备矣。犹当至少写一二部发挥内圣、外王之渊海。**”[2]

[1] 熊十力：《壬辰删定记》，《熊十力全集》第6卷，第21页。

[2] 熊十力：《致唐至中并转唐君毅、牟宗三》（1962年5月29日），《熊十力全集》第8卷，第827页。

> 内圣学，解决宇宙人生诸大问题。《中庸》所谓成己之学在是也。外王学，解决社会政治诸大问题。《中庸》所谓成物之学在是也。内外，盖强作分别。己和物，本来是一体，成己、成物，本来是一事。[1]

分别地看，内圣学是解决所谓人生诸问题，是《中庸》所谓成己之学；外王学是解决所谓社会诸问题，是《中庸》所谓成物之学。可是在成己之学之极致状态下，己与物本来一体，所以成己就是成物，本来是一事，内外只是强作分别，故熊十力有时说是顺俗而分别。唯“成己、成物，本来是一事”不是将成物之学，即所谓外王之学、政治哲学内缩于内圣之学、形而上学，不是对于政治具体之事不知、不精，而是在认识上，知政治与道德不二；在行动上，能深入政治领域本身，即政治而显现道德，即外王而为内圣。

同理，外王不能离开内圣，纵宋明儒学于孔子外王学有所见不及的地方，然而不能深契宋明儒学之道德形上学境界者之所见政治哲学知识，也是未能融通三达德之“仁”德者，而不能融通内圣之仁之外王学，仍是同孔子的外王学有距离的，或者说根本不是孔子的外王学，所谓差之毫厘失之千里。所以马一浮说“用处难知，只为体上不了，故非义精仁熟不容轻说《春秋》。若以私意窥测圣人，决无是处，贤如游、夏，犹莫能赞一辞，故先儒说经，于《春秋》特为矜慎”。[2]

---

[1] 熊十力：《乾坤衍》，《熊十力全集》第7卷，第676页。

[2] 马一浮：《复性书院讲录》，《马一浮全集》第1册上，浙江古籍出版社2013年版，第160页。

除了随笔性质的《存斋随笔》外，《乾坤衍》是熊十力最后一部著作。而且即使是随笔，也是“欲为《体用论》及《乾坤衍》提示大要”，而这个大要也是熊十力所重视的“内圣外王”，熊十力说：

> 吾今现写之书，非系统的作法。欲为若干篇杂集之类，名曰《存斋随笔》。现第一篇谈佛学，快成。次篇及三，欲为《体用论》及《乾坤衍》提示大要，便于读者之了解。此外将或为大小不定的随笔，吾所重视的**内圣外王二方**的精义。[1]

因而，我们将《存斋随笔》收摄到《乾坤衍》上，以《乾坤衍》为熊十力内圣学与外王学一贯完成之著作，也即熊十力哲学体系完成之著作。台湾学者林世荣强调对于熊十力的研究不仅要重视《新唯识论》，而且强调《乾坤衍》才是熊十力思想的定论[2]，“至《乾坤衍》，则内圣外王兼备”。[3]熊十力对于《乾坤衍》的著述计划，是这么表述的：

> 自度体气虑几之动不可久长，唯愿两三年内：一、写《易乾坤疏》，此著极重要，难笔谈。虽意思曾见于已印过之书，而更总括于《乾坤疏》，本源甚明。二、写一自述。

[1] 熊十力：《致唐至中并转唐君毅、牟宗三》(1962年6月5日)，《熊十力全集》第8卷，第829页。

[2] 林世荣：《熊十力与“体用不二”论》，万卷楼图书股份有限公司2008年版，第47页。

[3] 林世荣：《熊十力与“体用不二”论》，万卷楼图书股份有限公司2008年版，第41页。

三、《名相通释》要改作一书，书名亦另提。四、《语要》删存。[1]

《易乾坤疏》最终定名为现在的《乾坤衍》。而我们知道，后三项计划，熊十力没有时间和机会完成便过世了。《乾坤衍》还是以内圣外王的思想一以贯之。熊十力说：“**于是首作《周易》《春秋》二经，立内圣外王之弘规**。内圣者，深穷宇宙人生根本问题，求得正确解决。笃实践履，健以成己，是为内圣学。外王者，王，犹往也。孔子倡明大道，以天下为公，立开物成务之本。以天下一家，谋人类生活之安。此皆依于大道而起作为，乃至裁成天地，辅相万物。人道之隆，可谓极矣。此非偶然可至。浩浩宇宙，芸芸万类，共同勠力，向往大道，健而直趣，无有不遂。故外王之道，不托空言，存乎向往之真，见诸行动实践。实践不力，何能成物。王之义为往，富哉斯义！外王立名，取义在一往直前，深可味也。《**易经》广大，虽内外皆备，而内圣为宗**。五经同出于斯。**《春秋经》继《易》而作，成万物者王道，虽以圣学立本，而王道特详**。”[2]

熊十力又说：“夫万物一体，是为总相。个人即小己，对总相言，则为别相。总相固不是离别相而得有自体，但每一别相都不可离总相而孤存。总相者，别相之大体；别相者，总相之支体。名虽有二，实一体也。故个人成己之学，不可为独善、自私之计，而成物为至要矣。然己若未成，又何以成物？**故内圣、外王，其**

[1] 熊十力：《与梁漱溟、林宰平》，《熊十力全集》第8卷，第769页。
[2] 熊十力：《乾坤衍》，《熊十力全集》第7卷，第335—337页。

道一贯，学者宜知。”[1]

总之，《乾坤衍》是熊十力“内圣外王”体系一贯的系统著作，是熔内圣学著作《新唯识论》（包括《体用论》《明心篇》）和外王学著作《原儒》于一炉的“体用不二”、内圣外王不二的著作。《乾坤衍》标志着熊十力内圣学与外王学的一贯。

[1] 熊十力：《乾坤衍》，《熊十力全集》第7卷，第337页。

第二章　体道尊德的内圣学

第一节　对易体的体悟

一、对易体“变”义的精透

（一）宇宙论之三变

熊十力在《体用论》回忆自己当初对于天道易体的探究经过多次变迁。举要而言，略有三变，三变而后，“新唯识论”之体系终于在1932年建立起来。

熊十力说：“余初致力宇宙论，对于实体之探穷，经过甚多变迁。举要而言，略说三变。至第三变，始成定论。一者，姑假设有造物主。古籍言天、言帝，少而习之，未能遽舍，但不敢轻信。吾远取诸物，近取诸身，触处穷理，卒无可证成造物主。余遂放弃此一假设，是为第一变。二者，造物主既不容成立，吾姑假设万物无原。以为万物从泰始来，各各以形相生，而亦各各以类相从。任万物之不齐而齐，付之自然而得矣。是时余之思想，在董理万物之类，而归纳于一大类。吾不欲索原于玄冥之乡，宁舍弃而不问，是为无原之论。未几，余自度，析别万物，求其统类，只是博物之业。殆将放弃宇宙论。不堪致广大、尽精微也。索原于玄冥之乡固不可，若以轻心而妄断万物无原，弃而弗求，是欲自绝而不惜远离真理也。恶乎可？余乃复为穷原之学。近取诸身，远取诸物。深悟、深信万有之实体，即是万有自身。实体决不是潜隐于万有背后，或超越乎万有之上；亦决不是恒常不变，离物独存。参透及此，形形色色皆是真理遍现。屎尿瓦砾，无非清净本然。至于中夏圣哲洞见大本，而含养其天地万物一体之德慧。裁成辅相盛业，皆所以完成天地万物一体之本性，而无私焉。此圣学血脉也。余望未来人类继续保育，不可断绝。余学至此，为第三变。”[1]

第一变，假设有造物主，此时熊十力信仰轮回。第二变，假设万物无原，即熊十力在“交遍”说和“同源”说之间，选择相信“交遍”说之时。这在《尊闻录》有详细记载。最后一变，是因触悟《周易》之“变”义而发生。虽然熊十力早年就读过《周易》，但当时并不能理解，这正如从事革命活动的时期他因视六经为拥护帝制之书，而不能契悟一样。熊十力屡言自己的学问归本《大易》，而且在最后一部著作中仍是这样说。[2]可以说，“新唯识论”之理论体系是以《周易》为根基的；而且就其“内圣外王”的体系来看，也仍旧是以《周易》为根基的。熊十力自谓其学归宗《周易》，实际就是说他的学问建基于对《周易》的体悟，更确切地说，是建基于对《周易》中天道易体之体悟。

不能认为熊十力哲学建基于阳明学，理由有三：一、熊十力晚年批评陆王心学为唯心主义[3]，而对于他归宗的孔子《大易》

[1] 熊十力：《体用论》，《熊十力全集》第 7 卷，第 127—128 页。

[2] 熊十力在他最后一部著作《存斋随笔》中说“余之学，自是归本于《大易》。详在《乾坤衍》等书”。见《熊十力全集》第 7 卷，第 800 页。

[3] “儒家小康派始终不脱上古迷信天帝之教，程、朱犹承其统，陆、王便有唯心之嫌。”见《乾坤衍》，《熊十力全集》第 7 卷，第 462 页。

始终没有批评。二、忽视了熊十力对于阳明学有一个长期的研究过程。[1]三、被熊十力认为唯一能序《新唯识论》的马一浮先生以能知变化之道之僧肇、王弼相比于熊氏，并未以知万物一体义之阳明相比于熊氏。熊十力认为唯马一浮能序《新唯识论》，就意味着他有一个判断，即马一浮知《新唯识论》中所谈变化之道。剔除马一浮序言中专门针对文言文本的特殊判断，那些关于“新唯识论”体系之变化之道的普遍性判断是可以应用于熊十力的《新唯识论》的语体文本、删定本以及《体用论》的。尽管熊十力哲学重视心，也极为重视阳明学，但如果认为熊十力哲学与阳明学有直接继承关系，难免会与熊十力诸内圣学著作相矛盾，特别是与《体用论》《明心篇》《乾坤衍》相矛盾。盖熊十力哲学“尽性则知天”，故谈天道；阳明学“尽其心者，知其性也”，故谈心体。阳明学是孟子学[2]，而熊十力哲学非孟子学。

（二）“变”义

马一浮在《新唯识论序》开头说道：“夫玄悟莫盛于知化，微言莫难于语变。穷变化之道者，其唯尽性之功乎。圣证所齐，极于一性。尽己则尽物，己外无物也。知性则知天，性外无天也。斯万物之本命，变化之大原。运乎无始，故不可息，周乎无方，故不可离。《易》曰：‘乾道变化，各正性命。’性与天道，岂有二哉。”[3]这是说《新唯识论》的主旨就是在阐明天道易体之变化

[1] 见本章下一节的论述。

[2] “不管其（阳明）悟良知之主观机缘为如何，其学之义理系统客观地说乃属于孟子学者亦无疑。”“孟子之槃槃大才确定了内圣之学之弘规，然自孟子后，除陆象山与王阳明外，很少有能接得上者。”见牟宗三：《从陆象山到刘蕺山》，上海古籍出版社2001年版，第152页。

[3] 马一浮：《新唯识论序》，《马一浮全集》第2册上，浙江古籍出版社2013年版，第22页。

之道，“运乎无始”，“周乎无方”，不息不离。

因此，《明变章》说：“此章为全篇主脑。前后诸章，皆发明之，而吾与护法立说根本歧异，亦于此毕见。”[1]“迹护公立因果变，乃若剖析静物，实于变义无所窥见。彼唯用分析之术，乃不能不陷于有所谓已成之断片相状，而无以明无方之变。”[2]也因此，熊十力内圣学最终定本之《体用论》第一章即谈“明变”。到了《原儒》，熊十力说：“一为无量，无量为一。全中有分，分分是全。始则有终，终而复始。此转为彼，彼亦莫往。发展无竭，譬彼洪流。自由必然，无想有鹄。伟哉造化，怒者其谁。相反相成，万有公则。”[3]这仍是在表述天道性体之变。变不是对受制于时空之内的物体之变化的描述，而是对于本体活动之“相状”的描述。

> 夫动而不可御，诡而不可测者，其唯变乎！谁为能变？如何是变？变不从恒常起，恒常非是能变故。变不从空无生，空无莫为能变故。爰有大物，其名恒转。渊兮无待，湛兮无先，处卑而不宰，守静而弗衰。此则为能变者哉！[4]

可御之动，即可被制止、控制之动，非实体之变动；实体之变，也不可测，可测是物体之变化。实体之变是精神性而不可测之变。恒常者，熊十力谓“观夫万变不穷，知非离此而别有恒常之体”。也就是熊十力经常批评的哲学家设想的一个超脱现象而独存的

[1]　熊十力:《新唯识论》(文言文本),《熊十力全集》第2卷，第51—52页。
[2]　熊十力:《新唯识论》(文言文本),《熊十力全集》第2卷，第53页。
[3]　熊十力:《原儒》,《熊十力全集》第6卷，第322页。
[4]　熊十力:《新唯识论》(文言文本),《熊十力全集》第2卷，第40—41页。

恒常之体，而将之计执为宇宙本体。此实体之变，也不是从空无而生，因为空无不能变化。

> 变复云何？一翕一辟之谓变。原夫恒转之动也，相续不已。[1]

> 大哉变乎，顿起顿灭，曾无少法因容暂住。[2]

本体之变化，顿起顿灭，刹那刹那，无有停驻。

在《新唯识论》文言文本（1932）和《新唯识论》语体文本（1944）中，熊十力以三义释“变”；在《新唯识论》删定本（1953）和《体用论》（1958）中，熊十力以五义释“变”。三义释“变”者：一者，非动义。二者，活义。三者，不可思议义。[3]五义释“变”者：一、幻有义。二、真实义。三、圆满义。四、交遍义。五、无尽义。[4]前后的变化是，删去了“非动义”和“不可思议义”，而后两个本子中的五义，在前两个本子中也出现过，只不过在前两个本子中，此五义都是放在三义中的第二义下，用以解释第二义，即“活”义的。

（三）熊十力所引诸子之语之分析

熊十力内圣学著作中所引用庄子、老子、列子、罗念庵以及其

[1] 熊十力：《新唯识论》（文言文本），《熊十力全集》第2卷，第41页。

[2] 熊十力：《新唯识论》（文言文本），《熊十力全集》第2卷，第43页。

[3] 熊十力：《新唯识论》（文言文本），《熊十力全集》第2卷，第48—51页以及《新唯识论》（语体文本），《熊十力全集》第3卷，第138—141页。

[4] 熊十力：《新唯识论》（删定本），《熊十力全集》第6卷，第97—99页以及《体用论》，《熊十力全集》第7卷，第33—34页。

他儒家思想家及其经典之语能放在一起的合理性在于，他们对于天道易体都有共同体悟。因而，不会因诸子所代表的学派不同，或学问之间有差别而不宜放在一起。所以熊十力才会说："凡物刹那灭，佛氏与吾儒《大易》都见此理。老、庄深达《易》旨。"[1]

第一，引庄子。

> 《庄子·大宗师》云：夫藏舟于壑，藏山于泽，人谓之固矣。然而夜半有力者负之而走，昧者不知也。

到《体用论》，这个例子还被熊十力采用。熊十力引郭象之释解释道："'夫无力之力，莫大于变化者也。故乃揭天地以趋新，负山岳以舍故。故不暂停，忽已涉新，则天地万物无时而不移也。世皆新矣，而目以为故。舟日易矣，而视之若旧。山日更矣，而视之若前。今交一臂而失之，皆在冥中去矣。故向者之我，非复今我也。我与今俱往，岂常守故哉？而世莫之觉，谓今之所遇，可系而在，岂不昧哉！'子玄斯解，渺达神旨，故不暂停一语，正吾宗所谓才生即灭也。"[2]

> 庄生言：泰山非大，秋毫非小。[3]

熊十力解释道："此非故作奇谈。从万有不齐言，便分大小；从万物并生言，无有孤立，一味平等，何小大之分乎？人亦有言：'摄

[1] 熊十力：《体用论》，《熊十力全集》第7卷，第32页。
[2] 熊十力：《新唯识论》（文言文本），《熊十力全集》第2卷，第47—48页。
[3] 熊十力：《体用论》，《熊十力全集》第7卷，第33页。

亿劫于刹那，涵无量于微点。’大化周流，千形万状，互相含摄，一切处无亏欠。”[1]这是将泰山、秋毫当作分别的各个对象收摄回来，互相含摄，唯是一体，故无有大小之分。

熊十力虽然对庄子略有批评，但仍称庄子为漆园之圣。“庄子实《易》学之支流。”所以，同是对天道易体之“变”义体悟有得，熊十力才屡屡引述庄子之语以论述自己之所明见。

第二，引孔子。

> 仲尼曰：回也见新，交臂非故。[2]

这是熊十力从《肇论》转引而来。僧肇说：“伤夫人情之惑久矣，目对真而莫觉！既知往物而不来，而谓今物而可往。往物既不来，今物何所在？何则？求向物于向，于向未尝无，责向物于今，于今未尝有。于今未尝有，以明物不来；于向未尝无，故知物不去。覆而求今，今亦不往。是谓昔物自在昔，不从今以至昔；今物自在今，不从昔以至今。故仲尼曰：回也见新，交臂非故。”[3]《庄子·田子方》：“丘以是日徂。吾终身与汝交一臂而失之，可不哀与！”[4]凡此，都是从宇宙论层面说天道易体之舍故生新。

> 《论语·子罕篇》曰“子在川上曰：‘逝者如斯夫，不舍昼夜’”。[5]

---

[1] 熊十力：《体用论》，《熊十力全集》第7卷，第33—34页。

[2] 熊十力：《心书》，《熊十力全集》第1卷，第27页。

[3] （东晋）僧肇著，张春波校注：《肇论校释》，中华书局2010年版，第17页。

[4] （晋）郭象注，（唐）成玄英疏：《南华真经注疏》下册，中华书局1998年版，第407页。

[5] 熊十力：《明心篇》，《熊十力全集》第7卷，第293页。

熊十力解释说："圣人睹川水，而触悟全体成大用，浩然流行，息息舍故生新，无有已止，既非恒常，亦非断灭，妙之至也。"[1]和上一条一样，这也是从宇宙论的层面来理解孔子。熊十力和庄子一样，从宇宙论的层面接近孔子、理解孔子。这和宋明儒不同，宋明儒大多从心性论的层面去接近孔子、理解孔子。虽然说及其知之，一也，但毕竟进路不一样，那么在知之之前，二者呈现的差异还是明显的。

熊十力侧重从宇宙论层面去理解孔子。早在《尊闻论》，他即通过《肇论》所引《庄子》之孔子语而理解孔子。不是说熊十力难以通过《论语》理解孔子，而是说他对于孔子哲学的悟入是从宇宙论层面进入的；正如宋明儒对孔子哲学多是侧重从心体层面、仁的层面悟入的。熊十力在唐君毅的启发下，才渐渐注意到了"仁体"的概念，"仁体"的概念是以仁为主，强调心性论、工夫论的层面。

第三，引列子。

> 及阅《列子·天瑞篇》："粥熊曰：运转无已，天地密移，畴觉之哉？"张处度注曰："夫万物与化为体，体随化而迁，化不暂停，物岂守故？故向之形生，非今形生。俯仰之间，已涉万变。"[2]

熊十力说："至此，忽脱然神悟，喜曰：吾向以天地万物，为离于

[1] 熊十力:《明心篇》,《熊十力全集》第7卷，第293页。

[2] 熊十力:《读经示要》,《熊十力全集》第3卷，第630页。

吾之身心而独在也。而岂知天地与我并生，万物与我为一耶？向以缘虑纷驰，物化而不神者为心。而岂知兀然运化，无定在而靡不在，遍万有而为之宰，周吾身而为之君者，此乃吾之本心耶？”[1]廖平说，凡庄子、列子，皆天学。他们都谈宇宙论。天道运转不已，暗中变迁。张处度的注解则进一步解释万物随着此变化不已的实体一起迁移，不守故常。这跟前面所引庄子、孔子所表达的天道易体的特性是一样的。

第四，引罗念庵。

> 当极静时，恍然觉吾此心中虚无物，旁通无穷，有如长空云气流行，无有止极；有如大海鱼龙变化，无有间隔，无内外可指，无动静可分，上下四方，往古来今，浑成一片，所谓无在而无不在。吾之一身，乃其发窍，固非形质所能限也。是故纵吾之目，而天地不满于吾视，倾吾之耳，而天地不出于吾听，冥吾之心，而天地不逃于吾思。古人往矣，其精神所极即吾之精神，未尝往也。否则，闻其行事而能憬然愤然矣乎？四海远矣，其疾痛相关即吾之疾痛，未尝远也。否则，闻其患难，而能恻然蠹然矣乎？是故感于亲而为亲焉，吾无分于亲也，有分于吾与亲，斯不亲矣。感于民而为仁焉，吾无分于民也，有分于吾与民，斯不仁矣。感于物而为爱焉，吾无分于物也，有分于吾与物，斯不爱矣。是乃得之于天者，固然如是，故曰“仁者浑然与物同体”。同体也者，谓在我者亦在物，合吾与物而同为一体，则前所谓虚寂而能通贯，浑上下四方，往古来今，内外动静而一之

[1] 熊十力：《读经示要》，《熊十力全集》第3卷，第630页。

者也。[1]

不考虑念庵此段话的工夫入路，但就其工夫所呈现的境界之为“旁通无穷，有如长空云气流行，无有止极；有如大海鱼龙变化，无有间隔。无内外可指，无动静可分，上下四方，往古来今，浑成一片，所谓无在而无不在”者，皆可为体悟天道易体之变化万端、生生不息之熊十力感到亲切而引用之，以论述实体之恒转不已。所谓“吾之一身，乃其发窍，固非形质所能限也。是故纵吾之目而天地不满于吾视，倾吾之耳而天地不出于吾听，冥吾之心而天地不逃于吾思。古人往矣，其精神所极，即吾之精神，未尝往也”，这正如熊十力对于白沙《禽兽说》之感到亲切，人能体悟天道易体，识得乾元性海，则能超出小我，而此心则对真而觉，非形质所能限制。及此心能识得实体，则妙用不穷。不识得实体的耳朵、眼睛，只能穷耳目之所及，而识得实体，则天地不满于吾视，天地不出于吾听，天地亦不逃于吾思。我之精神与古人精神为一，则古人未尝往。**而后**，亲、仁、爱，浑然与物同体。不论上下四方、古往今来，内外动静，皆同于实体而为一。

熊十力所引罗念庵这一段长文，在《新唯识论》语体文本中被删去了。删去的原因不是这一段话不能用来当作论证天道性体变化万端，生生不息的证据，而是因为在1936年后，熊十力在与唐君毅的宋明理学的探讨下，加深了对于宋明工夫论以及从道德进路所达至“仁体”的认识后，改变了自己对于罗念庵的认识和评价。

第五，引其他儒家经典。

---

[1] 熊十力：《新唯识论》（文言文本），《熊十力全集》第2卷，第80—81页。

> 夫境不离识者，岂惟梵方大乘夙所创明，即在中土先哲，盖亦默识于斯而不肯衍为论议耳。征其微言，约略可见：“合内外之道”，《中庸》之了义也；“万物皆备于我”，子舆氏之密意也；“仁者浑然与物同体”，程伯子之实证也；“宇宙不外吾心”，陆象山之悬解也。逮于阳明昌言“心外无物”，门下诘难，片言解蔽。[1]

此段所引《大学》《中庸》以及孟子等言，都是为证成“境不离识”“会物归己”的唯识了义也是中土先哲所默识的，只是“不肯衍为论议耳”。在第一章我们论述过，熊十力是由观空之体悟对佛教空有两宗的甚深理境有所体悟后，再以《周易》为契机，对于天道性体有所体悟，进而归宗儒家的。所以，熊十力首先对儒家宇宙论这一方面有体悟。与唐君毅和张东荪的学术交流，使得熊十力对于心性论这一方面进行研究。这就是说，熊十力对于中土先哲从道德实践路数上达天道的工夫路数开始是不熟悉的、不是自家体贴出来的，如大程子、阳明。但从此道德实践路数上达天道之果境又与熊十力从《周易》宇宙论悟入的果境相同。相证之果境相同，所以熊十力以中土先哲来证成会物归己的唯识了义非佛家独有；工夫进路不同，所以熊十力是“征其微言”地引用，不是“自家体贴出来”地引用；是观其言、证于迹地研究式的引用，不是观其所言而莫逆于心的体悟式引用。在熊十力那里，强调在“合外内之道”，“万物皆备于我”，“浑然与物同体”，“宇宙不外吾心”的默识下，宇宙同样是一体同流，境不离识的；但在

[1] 熊十力：《新唯识论》（文言文本），《熊十力全集》第2卷，第24页。

达至此果境的中土儒者那里，则同时蕴含着其道德实践的进路。熊十力此时引用诸儒家经典及儒者之言，是用以证成“境不离识”“一体同流”的天道易体之特性，并不表明他对于道德实践路数的亲切。

总之，熊十力离开佛家空有二宗后，因着对于轮回问题、因果问题的思考，忽触悟《周易》之天道，实证实体之变化无端、念念舍故趣新。他的《新唯识论》（文言文本）即主要明此理趣，而引中土圣哲诸语及经典，都是为证成（明示）天道易体之“变”义。

此天道性体，流行不息、变化无端，因而含着“生生”义、生生不息义。《周易》也于乾说“大生”，于坤说“广生”。是以熊十力对于天道易体“生生”义体会精透，一再强调，并践行不已，形成其刚健、向上、不息的人生态度。牟宗三先生说，自己日常也勤奋努力有加，不曾懈怠、废事，但见了熊先生，却总是感到自己不足、自家生命的限制性。可见，对于天道“生生”义在人生论层面的应用，熊十力有其特别之处。下面我们即看看熊十力对于天道易体“生生”义体会之精透。

二、对易体“生生”义体会的精透

（一）“生生”义

就转变不息的本体而分析其动态，可以说为一翕一辟之变。而如果直接就本体说，那么就是恒转。一翕一辟是变的具体方式，恒转是本体的总相。熊十力又说，恒转者，功能也。熊十力对于“乾元性海”的感叹使得牟宗三记忆深刻，这个“乾元性海”就是恒转之本体。

盖以为功能者，即宇宙生生不容已之大流。此体绵绵若存，原无声臭可即；冥冥密运，亦非睹闻所涉；泊而至虚，故能孕群有而不滞；湛然纯一，故能极万变而莫测。天得之以成天，地得之以成地，人得之以成人，物得之以成物。[1]

当熊十力以“功能”来指本体时，不能预设有一“功能”之主体来理解“功能”。在熊十力那里，“功能”就是本体自身。熊十力实有见于此体，而大力阐发本体之为恒转之“相状”。

生生不息之本性者，约言之，纯健纯净是其本性也。健则不坠退，净则无滞凝。物化者，人若殉物而失其性，即绝其生理，乃名物化。[2]

天道易体纯健不已，所以生生不息，无有止者。乾健而为辟力，那么就不会坠落退转。生生不息，旧有之质无有留存，所以纯净而不滞凝。如果不思考这生生不息的纯健纯净之天道本性，将物化为物，而丧失其生生之天理。

《易》有太极，太极即乾元也。非更有乾元之所从出者名太极也。乾道，进进也，变动不居也，生生不息也，故谓之元。[3]

---

[1] 熊十力：《新唯识论》（文言文本），《熊十力全集》第2卷，第58页。
[2] 熊十力：《新唯识论》（文言文本），《熊十力全集》第2卷，第96—97页。
[3] 熊十力：《尊闻录》，《熊十力全集》第1卷，第573页。

《周易》的太极就是乾元，不是说此乾元之外，还有生出此乾元者名为太极。乾元即恒转之本体，进进不息，变动不居。居，停驻也。因其不停驻，生生不息，所以才称其为元。此“元”又即是《春秋》经中“元年春，王正月”之“元”。董仲舒在《春秋繁露》里对“元”解释道：“谓一元者，大始也。知元年志者，大人之所重，小人之所轻。”[1]元为大始，天地之生生不息也。元年，是王者之志的表示。“惟圣人能属万物于一，而系之元也。终不及本所从来而承之，不能遂其功。是以《春秋》变一谓之元，元犹原也，其义以随天地终始也。故人惟有终始也，而生死必应四时之变。故元者为万物之本。”[2]圣人能连属万物归于一元，外王之事如果不有其元年之志者，外王之事也不能成功。元为万物之本。天以此成其为天，地以此成其为地，人以此成其为人，万物以此成其为万物。

对于天道“生生”义的精透理解，使得熊十力对于“元”义有深入的体悟。董仲舒说“惟圣人能属万物于一”，是从万物**逆**推到一本之元、天道。熊十力则因对一本之元、天道之变有直接之体悟，而**顺**此“元”明了其为万物之本，为外王之本。天道性体的“生生”义，即《春秋》之“元”义。而此“生生”义又是《周易》的根本精神，“元”又是《春秋》的根本精神，这样《周易》与《春秋》的根本精神一贯。《周易》作为内圣学经典，《春秋》作为外王学经典，又表明内圣学与外王学一贯。从这里可以看出，在内圣学方面对于天道易体“生生”义的精透理解，也对熊十力的《春秋》学，乃至其外王学都有深刻的影响。

---

[1]（汉）董仲舒：《春秋繁露》，中华书局2012年版，第69页。

[2]（汉）董仲舒：《春秋繁露》，中华书局2012年版，第70页。

> 虽始学不能不在知识路上转折几番，要未可长自误，却须作鞭辟近里切己工夫，到深造自得、居安资深、左右逢源的时候，才忽然见得自身有一个主宰，浑然与物同体，健行不息。[1]

要认识到本体生生不息义，在熊十力看来，虽然刚开始为学不能不在知识的路上经过几番周折，但不能只沉于其中，需要同时做切己的工夫，才能见到自身有一个主宰，认识到自己与万物浑然一体，天道性体生生不息，吾人也应同天，生生不息，一瞬不能坠落而化为物。若能识得万物浑然一体，则不见天地万物是外，不见己身是内。

可见，对天道易体“生生”义掌握精透后，熊十力将之落实为自己的人生观，从而对于他个人产生重大影响。

熊十力说：“余早岁曾有一种思想，以为宇宙只是一大生生不息之真机。吾人禀此生生不息真机而生，是为吾人之真性。而人之生也，形气限之，即常苦于物化，而蔽其真性，遂致人间为罪恶之丛，宇宙为黑暗之府，悲莫甚焉。是故古之道术，有主张逆生生之流，宁可沦虚耽寂，而不惜大地平沉，虚空粉碎，以建清宁之极者，释迦牟尼其此志欤。爰有觌体承当（原注：谓自证本体，而保任勿失，即吾人能不为形气所累，而真性恒昭然呈现。于此立定，无有放舍，故谓承当。）顺吾所固有生生不息之机，虚而不屈者其神全，动而愈出者其诚至，新新而不用其故，进进而无有所凝，会万物为一己，运形气以从心，即流行即主宰，即有

[1] 熊十力：《尊闻录》，《熊十力全集》第1卷，第595页。

待即无待，是乃体乾元而立人极，即人道而识乾元，其为宣圣《大易》之旨欤？”[1]

（二）天道“生生”义下的工夫论

对于“生生”义的透彻理解，决定了熊十力主创的工夫论。虽然马一浮的复性的工夫论在《新唯识论》（文言文本）和当时的熊十力那里产生了积极的影响[2]，可是，来源于熊氏本人对于本体体悟主创的工夫论，终究是熊十力整个学术长线中主要和一贯的工夫论。无论是《新唯识论》著作的不断修改，还是外王学著作《原儒》的“创造”，都是其主创的工夫下所产生的作品和这一天道易体影响下政治理想的表达。

> 吾侪今日为学，只有下创的工夫。凡言创者，皆有所依据凭借以为创也，不是突然凭空撰出甚物事而始谓之创也。汝自有残余的天性底萌蘖，幸未斩绝，此便是汝所可依据凭借以为创者。这个萌蘖如丝之端绪，握着这端绪，便创出无限经纶来。若不去创，则端绪虽具，也没有经纶。创只要不懈怠。[3]

---

[1] 熊十力：《十力语要》，《熊十力全集》第4卷，第19—20页。

[2] 景海峰、郭齐勇皆注意到马一浮对《新唯识论》（文言文本）之《明心》章的影响。李清良甚至认为马一浮主张复性的工夫使得熊十力放弃了“创性”的工夫，使其“非现成性本体论”转向马一浮的“现成性本体论”。不过，刘乐恒认为李清良教授“此说过于绝对”，刘先生认为“我们只能认为熊十力在本体意义上可能受到马一浮的某些或部分的影响”。从熊十力整个学术生涯看，特别是从其内圣外王的思想体系看，“创性”的工夫是熊十力哲学的根本主张。在这一点上，本书认同刘乐恒的观点。景海峰、郭齐勇、李清良说法参见李清良：《马一浮对熊十力〈新唯识论〉中〈明心〉章之影响》，《湖南大学学报（社会科学版）》2009年第5期。刘乐恒的观点，参见：《“复性”与“创性”——马一浮与熊十力关于〈周易〉思想的论辩及其意义》，《哲学与文化》2014年第11期。

[3] 熊十力：《尊闻录》，《熊十力全集》第1卷，第607页。

说今日为学只有下创的工夫，所谓“只有”，不是说只有这一个工夫，或者说只需要这个工夫，而是强调“创的工夫”的根本性和重要性。进而，创性的工夫，不是凭空杜撰，而是“有所依据凭借”的，这便是“天性的萌蘖”。所谓“天性的萌蘖”，就是天道易体生生流行于我者，是我得之以成其为我者，地得之以成其为地者，天得之以成其为天者。这天道性体流行于我者，便是我们创性的工夫所需凭借的对象。“天性的萌蘖”犹如丝之端绪，握着这个端绪，方能创出无限的经纶来。如果不去创、不去成能，那么端绪虽具，也没有经纶。

> 故夫人之有是天性也，本心也，明智也，自人创之而已。**若过恃固有具足**，而徒以减除物欲为功，则夫物欲者亦斯人生生之具，岂其皆恶害而皆可灭哉？纵减到至处，亦将明于天而蔽于人矣。故吾之为学也，主创而已。[1]

天道性体生生而流行于我者，便是我得之于天之性，谓之天性。这个天性，又可以叫本心，或者明智。能将此天性显发出来，使得本心彰显，明智发用，都是来自创性的工夫。不能过度自恃所谓本来具足，而徒以减除物欲为功。因为物之为欲者，也是人得之于天道易体，为人生生不息之所凭据，不能戕害而灭除之。乾知未来，熊十力说，乾有刚健、生生、焰明、升进等性。云何知未来？乾道主创造。易言之，生命力至大、至健，故创造性强。创造性强，故圣人说乾主变。变者，所以为创也。不变，即是具有

[1] 熊十力：《尊闻录》，《熊十力全集》第1卷，第607—608页。

固定性的死物，便无创造可言。

在《读经示要》中，熊十力对于在天道生生不息义下的人道工夫，即《易》所说“自强不息”义深有体会，他说：

> 天德者，万德皆备之称。而一言乎健德，则已统万德也。健，仁也。仁者，生生也。生生不息者，健之至也，故曰健，仁也。人道体天德，体其健而至矣。[1]

这是熊十力在天道易体生生不息义下，人当体天德，做自强不息的工夫宗旨的总括。天德统万德，天行健，生生不息。而熊十力解释仁时，即以天之健德解释。

> 君子以自强不息者，此言人当体乾元之健德，尽其在己而无所亏也。天道不唯任运而已，要本之健德。董子云：“天积众刚以自强”，可谓达于天化。（原注：天化，犹云乾道变化。）天道固是任运，然实由其积众刚以自强，故若无为而化耳。道家不知天德之健，是其大谬。人道当体天德之健而实现之，积众刚以持之终身。百年之内，万变之繁，无一息不在强毅奋发之中。智周万物，而不敢安于偷以自固。（原注：秦以后儒者，怠于求知，不自强也。）道济天下，而不敢溺于近以自私。（原注：吉凶与民同患，犯天下之大不韪，任天下之重，是道济天下者也。近者，卑近。凡为一己之嗜欲，与名利权势等计者，皆习于卑近，未能自强也。）立成器以为天下利，其勇于创作也。（原注：器物之新创，固是

[1] 熊十力：《读经示要》，《熊十力全集》第3卷，第954—955页。

> 立成器。政治与社会制度之改造，亦然。）洗心退藏于密，其严于自修也。（原注：凡私意、私欲、种种习染，皆心之障，必涤去务尽，是曰洗心。密者，渊微幽独之地。天理不昧，而隐然在中者也。退藏者，存养而勿失之。退者，反求义。存养工夫，只是向里着力也。）此所以体乾之由初至上，潜见跃飞，积健不已，尽人道而合天德，故曰君子以自强不息也。[1]

天道乾元，生生不已，君子当体此健德，尽心尽性，无所亏欠。熊十力更举董仲舒言天积众刚以自强来说。人的一生当中，内心、人事万变多端，但要无一息不在强毅奋发中，做“智周万物”“道济天下”“吉凶与民同患”“立成器以为天下利”“洗心退藏于密”等五种工夫以尽人道而体天德。这就是《易》所谓“自强不息”。“智周万物”可以说是“格物工夫”，熊十力处在西方科学领先的时代背景下，认识到秦以后的儒者，对格物工夫有所懈怠，而为不自强。“道济天下”可以说是“为政工夫”，即成物工夫。“吉凶与民同患”是士君子的“出处工夫”。在第四章我们将看到，熊十力的外王学和他的政治实践（行）很好地解释了他对于此出处工夫的知之真切。“立成器以为天下利”是“创作”工夫，《考工记》说：“凡百工之事，皆圣人之作。”这可以从政治制度之创制上讲，也可以从器物创制上讲。在《原儒》中，熊十力对科学的哲学解释即以此为根据，而不能理解其为迎合之事。于此也可见熊十力内圣学与外王学之一贯。“洗心退藏于密”即修身工夫。熊十力于道德实践修身工夫，多得于马一浮之劝诫，他

[1] 熊十力：《读经示要》，《熊十力全集》第3卷，第953—954页。

一生深记马一浮“宽以居之，仁以行之”八字，在修身工夫难以企及时，常自叹其难，并认为自己智及而仁未守。

天德至健，且对于人禀气而生之现实，熊十力也注意到了，他说：

> 以者，用也。君子实用自力，以修其所固有之天德，非可曰天德在我，不假修为也。夫人禀天德以生，既生，则形气限之，而天德难显也。若非人能奋其自力，以修养所性之德，则将蔽于形气，而不得显发内在宝藏。此人道所以常陷于险阻也。《坎卦》之象，其取义极深远，而忧虞已切矣。《论语》：“人能弘道，非道弘人。”道，犹此云天德也。道者，人所固有。故人能强于自修，以弘大其道也。然道虽在人，而人若不能自强以体道，即心为形役，而人乃丧道以成为顽物，故非道可以弘大其人也。义与《易》通。所贵君子体天德之健，以自强不息也。[1]

这里的“以”是熊十力解释“君子以自强不息”中的“以”字。天道生生不已，人禀天德以生，既已生之后，就有形气限之，而天德难显。如果人不能奋力修德，那么人人所禀之天德将无从发现，而此既生之人终将禀于形气，此即人道常常陷于险阻。所以，即此形气之限，人更当自强以体道，自强不息而弘天道。

晚年，熊十力在师友的帮助和自身的涵养工夫下，其主创的工夫论以更加圆融的方式表达出来。

---

［1］ 熊十力：《读经示要》，《熊十力全集》第3卷，第954页。

> 问：“成圣必须学，云何是圣学？”答曰：《易》《说卦传》言：“穷理尽性以至于命。”此言已为圣学明义界矣。理者，一本而万殊，万殊而一本也。性者，约理之为一本而言。吾人得此理以生，故此理在人，即谓之性。命者，流行义。此理流行不息，德用无穷，是为吾人与天地万物共有之本体。……尽者，吾人以精进力显发自性固有之无穷德用，毫无亏欠，故说为尽。[1]

在“穷理”上，熊十力赞同朱子的观点。“先谈穷理，其观点略说有二：一、假定万殊之物界为实在，而分门别类以穷其理者，是为格物学之观点。二、由万殊以会入一本，虽重在穷极根源，而亦不遗万殊，是为圣学之观点。”[2]在“尽性”上，则是熊十力一贯主张的尽性工夫，所谓“以精进力显发自性固有之无穷德用”，即是创的工夫。从文本上说，从《尊闻论》到《原儒》《乾坤衍》等，主创的工夫都是一以贯之的，马一浮、唐君毅以及牟宗三对于其工夫应同时注意涵养的劝诫，熊十力当然不会拒绝，但也不会因此而掩盖来自其体悟有得的天道“生生”义的主创工夫。

> 孔子却不如此，其学在由穷理而归本尽性。尽性工夫做到无亏欠，即已还复其本命，譬如游子还至其家，得大安稳，何用反人生为，学至于尽性至命，方是究竟位。然已至此位，还须加功，永不退转，《易》《乾》之《象》曰：“君子自强不息。”[3]

[1] 熊十力：《原儒》，《熊十力全集》第6卷，第342—344页。
[2] 熊十力：《原儒》，《熊十力全集》第6卷，第343页。
[3] 熊十力：《原儒》，《熊十力全集》第6卷，第344—345页。

这是熊十力在工夫论上区分儒家和佛家。尽天之生生所流行于我者致其极，才是究竟位。然而达至此位，还需要不断加功努力，使之永不退转。熊十力引《乾》《象》自强不息以证之。熊十力对于天道易体“变”义，因而对于“生生”义、“自强不息”义的体悟，正如宋儒对于天理的体贴、阳明对于良知的体认。

“尽性至命，正是圣学之所以为圣学处，若只说到穷理而止，则圣学与中外古今哲学家言亦无甚区别。……圣学归本尽性至命，此是圣学与世间哲学根本区别处。”[1]这种主创的工夫，在更加圆满的语句中表达出来，更被熊十力视为孔子之学与一般哲学的根本差别。

> 夫孔子内圣学在《周易》。[2]

> 《大易》之内圣学，示人以体元、成性、涵养根源。[3]

与马一浮重视《论语》不同，熊十力视孔子内圣学在《周易》。在《易》即强调“变易”“元”，在《论语》即强调“不易”“仁”。熊十力讲“体元”，而宋明儒讲“体仁”。“体元”即体察天道易体，体察“乾知大始”、乾元性海。而“体仁”则是孔子强调的“与命与仁”之仁。“德慧实有内在根源”，“根源者何？其为一己与万物同禀之一元乎。夫元者，言乎一切有生之物所由始也。其在人，亦

[1] 熊十力：《原儒》，《熊十力全集》第6卷，第345页。
[2] 熊十力：《乾坤衍》，《熊十力全集》第7卷，第467页。
[3] 熊十力：《乾坤衍》，《熊十力全集》第7卷，第455页。

名为性。德慧禀之于元，成之为性”。[1]可见，在熊十力那里，是宇宙论的意味强；在宋明儒那里，是道德实践的意味强。熊十力将元作为道德的根源，即乾元是根本性的。可以说，归宗孔子《易》学的熊十力，虽然在马一浮、唐君毅等人的帮助下，对于宋明儒学从最初的误解、不契，到后来理解渐渐加深，但作为体悟有得的天道易体才是熊十力哲学的决定性因素。

三、作为易体的“心体”

“心体”在宋明儒学中指“仁体”，即通过道德实践所体认到的天理。“心体”在熊十力这里，“新唯识论”体系时期主要指的是“易体”，即对天道易体的体认。这个时期，熊十力所言“心体”，是作为易体的“心体”。在“内圣外王”体系时期，熊十力对于宋明儒之“仁体”以及作为仁体的“心体”才有较深入的理解。

在《新唯识论》（文言文本）的《明心》章中，多次出现“心体”一词以指本体，且引罗念庵之语以说明。这个原因，加上熊十力哲学及其哲学表现出来的样态在外部看起来和阳明学重体悟、重谈心相似，遂使学者不在熊十力哲学与宋明儒学之间，特别是与阳明学之间作出区分。见到熊十力推崇阳明，见到熊十力也讲万物一体，便认为熊十力哲学是新心学、是在根柢上继承了阳明学的现代表现形式。

事实上，这些判断是不能成立的。熊十力“新唯识论”之理论体系可以而且也确实是独立于阳明学而成立的，在此之后的“儒家学问之研究”阶段，熊十力对于阳明学才研究有得，他对于

---

[1] 熊十力：《乾坤衍》，《熊十力全集》第7卷，第455页。

阳明学的推崇要从这个时候算起。早前，熊十力在明末清初重实学的影响和辛亥前后贬斥心学风气的熏染下，对阳明学是并无好感的。[1]而且，对于阳明学是**研究**有得，并没有他对于天道易体之**体悟**有得深，所以对于阳明学的态度是一直变化的——到了晚年，像在《乾坤衍》中，他评价陆王哲学“有唯心之嫌”[2]。而对于《易》，对于天道易体的态度则一直没有变。

如果引进坐标来看熊十力对于阳明学和易学（天道易体）之理解，那么可以说，他对于阳明学的理解形态，在纵坐标上起始于离原点较近（即理解程度较低）的一点，进而有一个上升的阶段。上升的最高点，在《读经示要》时期达到，并以之为标志。而且这是他对于阳明学理解程度的最高点。对于《易》（天道易体）的理解，则在纵坐标上起始于一个离原点较远、高于对于阳明学理解程度之起点很多的一个点上，而且以平行于横坐标的形式发展。

因而，虽然《新唯识论》（文言文本，1932）已经有“心体”这一概念，但在熊十力这里，这个“心体”还不是宋明儒从道德实践而上达天道所言之心体。理由有四点。第一，景海峰指出，“马一浮使熊氏在《明心》章讨论心习问题是多有采纳马氏之见，更主要的还在于使熊氏对于陆王心学的偏见得以纠正”。[3]可见，熊十力对于陆王心学的不契。事实上，熊十力也说过自己对于汉、宋两学皆不契。第二，郭齐勇也提到，熊十力在修订《明心》章时吸收了马一浮的许多意见，“特别是在心、性、天、命、理等

[1] 景海峰：《熊十力》，东大图书公司1991年版，第72—73页。
[2] 熊十力：《乾坤衍》，《熊十力全集》第7卷，第462页。
[3] 景海峰：《熊十力》，东大图书公司1991年版，第72—73页。

宋明理学范畴的同一性疏解上，受到马先生的影响”。[1]可见，如果要说《新唯识论》（文言文本）中有宋明儒学的成分，那也是马一浮等人学问的渗入。第三，通过第一章对于熊十力内圣学发展历程的梳理，也可以发现，熊十力对于宋明理学的正式理解是在《新唯识论》（文言文本，1932）之体系建立后，以1936年与唐君毅、张东荪关于宋明理学的学术讨论为开始，以1945年出版的《读经示要》为一阶段性标志。第四，即使通过对《新唯识论》（文言文本，1932）中“心体”义的哲学分析，也能看出此“心体”是重在“体”，而证之以“心”，又由于熊十力是通过契悟《易》之天道易体达到对于“体”的理解的，所以，这里的“心体”义实际上就是易体义，是易体之以心而言。

宋明儒所谓“心体”义，这个心是有特别含义的，在他们那里，“心体”当然是在说体，但特别规定了此体是通过道德实践而契悟之体。**“心”之于宋明儒，犹“变”之于熊十力**。宋明儒是通过“心”来规定、实践出“体”，熊十力是通过“体”来研究、定义出“心”。对熊十力来说，此时对于“心体”的描述、论述，如果就“心”来说，他是通过“易体”来规定心；如果就“体”来说，他是通过“心”来描述此“易体”。

下面即分析《新唯识论》（文言文本，1932）中熊十力通过“心”来对于“恒转”之天道易体之描述。

> 心即恒转本体也。[2]

［1］ 郭齐勇：《天地间一个读书人——熊十力传》，上海文艺出版社1994年版，第51页。

［2］ 熊十力：《新唯识论》（文言文本），《熊十力全集》第2卷，第80页。

心者，恒转之动而辟也。故心之实性即是恒转，而无实自体焉。[1]

心就是恒转之本体，即天道易体。心是熊十力体悟所得之“恒转”本体之表现为辟的一方，而与“恒转”本体之表现为翕的一方的物相对。心物虽不二，但心究为动而辟，物究为静而翕。所谓心之最根本的特质就在于其是恒转，是变体，而变体实际上是无自体的，即没有物质属性。

夫是行健以物物而不物于物之自性力，对翕而言则谓之辟，对物而言，则谓之心。[2]

在本体论上，熊十力那里重要的不是“心”，而是“变”。恒转之体生生不已，无有停息，其变无方，行健而不被物化，力辟而不形质。恒转之天道易体对于翕之为动态而言，谓之辟；对于翕而为物而言，谓之物物之心。

夫心即性也。（原注：性者，本体之代语耳。）以其为吾一身之主宰，则对身而名心焉。[3]

心即性，而性又是本体之指代，这还是说心是本体。在熊十力这

[1] 熊十力：《新唯识论》（文言文本），《熊十力全集》第2卷，第79页。
[2] 熊十力：《新唯识论》（文言文本），《熊十力全集》第2卷，第79页。
[3] 熊十力：《新唯识论》（文言文本），《熊十力全集》第2卷，第96页。

里，本体最重要的规定性[1]是表现为变易的“恒转”，而不是表现为不易的“仁心”，所以，“心即本体”意即心是恒转本体。“以其为吾一身之主宰”，这里的“其”，不仅代指“心”，也代指“恒转本体”。所以说，“惟此心虽主宰乎一身，而其体则不可为之限量，是乃横遍虚空，竖尽永劫，无有不运，无所不包。无不包者，至大无外故。无不运者，至诚无息故。焉有分限可求，焉有定量可测？”[2]心之为恒转本体，不是那一块血肉，不仅是由于它至小无内——有质之血肉，就不是“至小”的了；还由于它至大无外，心之为恒转本体，无内外可分，无定量可测。因为，可测、可分者，在逻辑上不能是本体的属性。可见，熊十力对于心体的阐述，意在“心之为体”，是就恒转本体显为心而为言。而宋明儒所谓心体，是就“仁心之为不易之体”而言。一是变易之体，一是不易之体；一是阐变，一是识仁。可见，熊十力所谓“心体”义非宋明儒所谓“心体”义甚显。

对于他自己的哲学与宋明理学，乃至“中土学者”的学问的差别，他是自觉到两者的不同的。所以他说：

> 中土学者，大抵皆从伦理实践上纯粹精诚、超脱小己利害计较之心作用，以认识心体。[3]

这是熊十力在引用罗念庵体认心体之长语后归纳的一句话。他对于中土学者认识他所谓心体之进路的判定，是由于其不同于自

[1] “规定性”是方便地说。

[2] 熊十力：《新唯识论》（文言文本），《熊十力全集》第2卷，第80页。

[3] 熊十力：《新唯识论》（文言文本），《熊十力全集》第2卷，第81页。

己体认的心体，亦即恒转本体的进路，而不是因其同于自己体认心体的进路。回顾熊十力哲学的发展进程，显然他不是从伦理实践来认识恒转之心体的。熊十力首先是观空而悟般若，继而在对有宗的探求下，触悟《易》之变义以及生生不息义，进而建立了其“新唯识论”的哲学体系。而对于儒家学问的深入研究，发生在其哲学体系建立之后。

在上述对“中土学者”认识心体进路的判定后，熊十力自注道：“如孟子举乍见孺子入井而恻隐之心，亦最著之例。盖此种作用，绝不杂以小己之私，不受形气之蔽，是所谓无所为而为的。乃依于真实的心体发现，所以于此可认识心体。自孔孟迄宋明诸师，都只于此着工夫。”[1]将为仁之心描述为“无所为而为”，这是可以分析的。如果从此为仁之心发动时，不是为了追求除了救其孺子之外的另一个动机，可以说此仁心是“无所为而为”，但这已经是后来分析地说、事后地说，是第二义的。就此仁心发动之时，是其不忍人之心必有所为而有发动力而言，则是“有所为而为”的。仁心就其是恒转之易体而言，固然是生生不息、能动的，但就恒转之易体化为不易之仁心而言，仁心独立于易体之本身的不易性、能动性，对于熊十力来说，并不能亲切体会。熊十力说“自孔孟迄宋明诸师，都只于此着工夫”，其“都只于此着工夫”，一方面当然是正面强调道德实践工夫的殊特性（此时是有资于马一浮先生），另一方面则是消极地、警醒地判知此中进路及其所得，在哲学中的局部性特征。后面这一点，是可以从后来熊十力对于宋明儒的学术性批评中看出来的。在求真、求全的熊十力看来，孔子之学广大精微，无所不包，内圣外王一贯。而

[1] 熊十力：《新唯识论》（文言文本），《熊十力全集》第2卷，第81—82页。

在孔子的外王学上，熊十力认为惟公羊家善承孔子。牟宗三先生同样认为，宋明儒特别重视孔子内圣学，而对于外王面则贡献甚少。[1]

所以说，尽管《新唯识论》（文言文本，1932）有马一浮对于熊十力理解中土儒家学问偏差的帮助，即有马一浮对于宋明理学之理解加于其中，但就熊十力所述之“心体”义，仍可见其是对于恒转之本体的描述。对于宋明儒之“心体”义的理解，发生在“新唯识论”体系建立之后的儒家学问研究之阶段。下面，我们来具体探讨熊十力对于宋明理学及理学意义上的“心体”义（也即“仁体”义）的研究。

第二节　对仁体的研究

将我们观察的精准度聚焦在学派归属、学风相似程度这一层次上，可以说熊十力哲学属于儒家哲学，甚至再精准一点，可以说熊十力哲学更近于心学，特别是阳明学。这样的观察精准度足够给我们带来一些学术判断上的帮助了。例如，在熊十力与其师欧阳竟无的学问区分上，胡伟希说：

> 欧阳竟无是站在传统唯识宗的立场上来融会儒佛的，他认为儒佛有共通之处，并将孔子之“仁”归结为“空”“寂”，反过来，熊十力则反对旧唯识宗以“空”和“寂”言性体，认为这抽掉了本心仁体的生动丰富的内涵。故在心性论上，熊

［1］ 牟宗三：《心体与性体》上，上海古籍出版社 1999 年版，第 4—5 页。

十力是认同宋儒关于“心体”和“性体”的看法的。对于熊十力来说，“心性”不是“空”的，而是“实”的，不是“寂”的，而是“创”的。熊十力这种认同宋儒的看法受到欧阳严厉的批评。他说：“敬告十力，万万不可举宋明儒者以设教也。”（《答陈真如论学书》）“十力徒知佛门无住涅槃之数量，又错读孔书，遂乃附会支离窃取杂糅孔佛之似，而偏执其一途，即恐怖无余涅槃而大本大源于以断绝。”（《答陈真如论学书》）按欧阳的说法，孔佛之一致，是一致于无余涅槃三智三渐次，而对于熊十力来说，他不同意欧阳将儒家之“仁”与佛家之“寂”等量齐观，认为这二者是尖锐对立的。他指出儒佛之同说：“儒佛二家之学，推其根极，要归于见性而已。诚能见自本性，则日用间恒有主宰，不随境转。此则儒佛所大同而不能或异者也。”（《十力语要》，卷二，第 79 页。）但他批评佛学以空寂言体的缺点说：“以空寂言体，而不悟生化。本体是空寂无碍，亦是生化无穷。而佛家谈体，只言其为空寂，却不言生化，故其趣求空寂，似是一种超越感，缘其始终不脱宗教性质故也。”（《读经示要》，卷二，第 48 页。）从这里可以看出，熊十力与欧阳竟无在儒佛异同论上的分歧，其实是要用儒学来统摄佛学，还是用佛学来改造儒学的分歧。[1]

在熊十力看来，是否认为本体“生化无穷”，是自己与其师对儒佛二家态度的根本差别。一倾心佛学，一归宗孔子。因而，相对

[1] 胡伟希：《欧阳竟无与〈孔学杂著〉》，欧阳竟无：《孔学杂著》，山东人民出版社 1997 年版，第 7—8 页。

于以佛学改造儒学的欧阳竟无[1]，归宗于孔子的熊十力和其师学问的根本差别就非常明显了，尽管他们的学问都有会通孔佛的部分。与其说熊十力“是认同宋儒关于‘心体’和‘性体’的看法的”，不如说熊十力以“言体是否悟生化”来判儒佛。此外，相对于浸润于宋明儒学的马一浮，熊十力于宋明理学的所得，是有待提升的。这一点，无论是从马一浮对熊十力“宽以居之，仁以行之”的劝诫，还是从熊十力内圣学发展的进程来看[2]，都是确定不移的。

郭齐勇说，熊十力“没有分疏心体与性体”[3]，确是如此。承担分疏心体与性体之细致工作的是他的弟子牟宗三。郭齐勇对熊十力的内圣学还有一个判断：“就体而言，熊先生哲学表明本体—宇宙论不能与道德形上学分开，但他终究停留在营造庞大的本体—宇宙论体系本身，而未能完成道德形上学体系。”[4]我们是赞同这个判断的，即本体—宇宙论不能与道德形上学分开。

以熊十力的哲学说，“新唯识论”的理论体系与他后期对于儒家学问的研究——即对以道德实践而上达天道的学问路数的研

[1] 欧阳竟无以佛学改造儒学的原因，不仅在于他认为佛所证悟的境界高过孔子，还在于他认为后儒并没有得孔学之真，进而造成儒学不振。

[2] 熊十力先是于天道易体体悟有得，而后才在“儒家学问研究”之阶段，对于道德实践的“为仁之学”研究有得。

[3] “熊十力先生通过感悟、感受，提示了道德形上学建树的精神方向，但没有以理性的、缜密的、现代哲学的手段，真正下工夫研究中国哲学，哪怕是宋明理学诸流派，如何通过道德而接近或达到形上本体的实践体验，没有研究他们的本体论和工夫论，没有分疏心体与性体。”郭齐勇：《熊十力哲学研究》，人民出版社 2011 年版，第 75 页。

[4] 郭齐勇：《熊十力哲学研究》，人民出版社 2011 年版，第 74 页。

究与涵养——不能分开；以概念说，即体道与尊德不能分开[1]。熊十力七本唯识论的理论著作，可说是他“停留在营造庞大的本体—宇宙论体系”，但是这种营造，不是积极地在本体—宇宙论的方向去营造，而是一种消极的营造，即纠正这个本体—宇宙论体系建立起来时，涉及对该体系、该领域之外的学问评价之偏差。这些偏差，有属于对佛教义理体系理解不全面的[2]，也有属于熊十力对于儒家心性工夫论和道德形上学理解方面的[3]。

熊十力的确没有完成道德形上学体系，完成这个体系的是牟宗三。然而，熊十力没有完成这个道德形上学体系的原因，一方面是他的内圣学主要是建立在对于天道、易体的体会上。对于心体，他是研究所得，所以相较于程颢、象山、阳明等，说得不那么亲切。另一方面，是他有外王学著述的要求，这也限制了他在内圣学上继续涵养，即深入到宋明理学家的功夫中去深刻体验他研究所得之“中国哲学，确是通过道德实践而上达天道”这一学问路数。

因而，**熊十力对于易体是体悟有得，对于仁体是研究有得**。这两个不同层面的所得有差别。回顾熊十力内圣学的发展进程可以发现，在不满足于“具有般若智而规定性为空性”后，内不满佛学，外不合佛子，他继续探求，因而追寻至儒学。

然而，他对于儒家学问的探求，虽然是“择其善者而固执之”

---

[1] 这种不能分开，即孔子谓“夫道者，所以明德也；德者，所以尊道也。是以非德道不尊，非道德不明”（《孔子家语·王言解第三》）。方以智谓圣人“体道尊德以立法”，同此义。

[2] 熊十力在《新唯识论》（删定本，1953）中说：“（文言文本）其评佛氏，仅自世亲以迄护法，取径已狭。无著学派之宏纲要领，究在三性，文言本尚未涉及。若乃佛家宗派綦繁，必求其共同之宗趣而论衡之，方是穷源澈底，文言本，于此却付阙如。”熊十力：《新唯识论语体文本壬辰删定记》，《熊十力全集》第6卷，第6—7页。

[3] 本节将予以论述。

之好学不已，却对于为仁之儒学的精义不能像他对于般若智那样直觉之。他虽然逼显出儒家学问是由伦理实践而上契天道，而且严辨儒佛，归宗儒学，却终究不完全同于儒家对于道德实践而体悟之得。这通过道德实践而体悟之得，在孔子、孟子，在象山、阳明、王艮，是千古不磨之心之相传。他以变易为《易经》之宗，对于道体之变义、生生不息之义特别有得，因而也是以此进路去体会儒家的，比如他主要通过孔子叹水以喻道体之生生不息来理解孔子。这与孟子、象山、阳明、王艮以“不忍人之心”“六经注我”之本心、良知和“孝悌之至，通于神明，光于四海，无所不通”之孝悌之心相应于孔子不同。如果说上述诸贤对于道德实践颇有自得，那么熊十力通过自己学问逼显道德实践之所得并不与他们相同。孟子、象山、阳明、王艮等都是正面地、积极地通过道德实践而于孔子之学有所体悟，熊十力则是通过自己有得的观空之智侧面地、被动地逼显以及通过对于道体之生生不息义之体悟，来参究孔子的仁学，故而不能认为熊十力哲学与（狭义的）心学完全相同，也不能在没有对“熊十力于阳明学之理解经过和所理解之程度”有所认识之前，就直接说熊十力继承了心学（阳明学）。即使说继承了心学，也应该于熊十力在何种程度上继承了心学，即于“是师承的继承，还是心传的继承；是相应、直接有得的继承，还是相生、参究有得的继承”有所分别，否则，不仅给人以熊十力与阳明学毫无差异之感，更于熊十力对于阳明学的参究之劳苦有所忽略。

李祥俊将熊十力的第一、第五次生命体验归为观空之体验，并总结出熊十力其他几次生命体验，其中第二、三、四次，被他归为悟有之体验。其中第二次体验据熊十力自述，约发生在其十六七岁读陈白沙时：

余乍读此文，忽起无限兴奋，恍如身跃虚空，神游八极，其惊喜若狂，无可言拟。当时顿悟血气之躯非我也，只此心此理方是真我。血气一团宛然成藐小之物，而此心此理则周遍乎一切物之中，无定在而不所不在，是敻然绝待也。人生任血气用事，即执藐小之物为真我，其饥食渴饮乃至穷滥乐淫，一切与禽兽不异，此其人虽名之曰人，实乃禽兽也。若能超脱血气之藐小物而自识至大无匹之真我，则炯然独灵，脱然离系，饥食渴饮着衣居室，皆有则而不乱、循理而不溺，乃至贫贱不移、富贵不淫，浩然大自在，此乃《易》之所谓大人。大人与天合德，即人即天也。天者，真我，非超越乎吾人与万物而独在，如宗教家所谓神也。[1]

陈白沙《禽兽说》欲使人超出血气之我，但白沙学与阳明学不同。我们知道王阳明对于陈白沙终不引为同道，亦少提及陈白沙。熊十力初期对于陈白沙之相应是超过对于阳明之相应的，他曾认为王阳明不提陈白沙之学为王阳明之过失。相对于王阳明，熊十力更相契合于陈白沙，这表明他于阳明学是不能直接相应的。然而，虽然不能直接相应，他却有自得之处，他也具有辨识力，能识察阳明学之为中国传统思想中极重要一派而不肯忽略而过。相比而言，他更认为阳明学是他所归宗的儒家的正传。

[1] 熊十力:《十力语要初续》,《熊十力全集》第5卷，第280页。熊十力摘述白沙《禽兽说》其文如下:“人具七尺之躯，除了此心此理，便无可贵，浑是一包脓血里裹一大块骨头，饥能食，渴能饮，能着衣服，能行淫欲，贫贱而思富贵，富贵而贪权势，忿而争，忧而悲，穷则滥，乐则淫，凡百所为，一任血气，老死而后已，则命之曰禽兽可也。”

能见血气之我非真我，但不一定能见何为究竟之真我。孟子不这样看身体，孟子谓“形色天性也”。王艮也不是这样看身体，王艮有尊身之论，尊身即尊道。是故，形色与天性非二也，身与道非二也。这才是真我与形色之躯体无二。分真我与形色之躯为二，非究竟也。熊十力归宗儒学后，更赞扬孟子“形色天性也”一句表明孟子之所以为亚圣之证。对于从道德的实践所契之道体而说出之“形色天性也”究与从思辨参究而理解之“形色天性也”有别，然而，熊十力虽然于孟子“形色天性也”是思辨参究地理解，却并不预设他要将形色与天性、身与道分为两橛。事实上，正是因为不能接受这样两橛的结果，他才一步步走出佛家理论，也一步步走近儒家，进而走进、参究阳明学。熊十力说：“天者，真我。”这是宇宙论的意味强。“真我”在孟子、象山、阳明和王艮处，主要是通过道德的实践而呈现出来的一个实践理性的概念。这是道德内圣学的意味强。熊十力所谓“至大无匹”“炯然独灵”“脱然离系”之真我，是能见躯壳起念、造作而自觉克除之虚灵明觉之我，此虚灵明觉之我，能察识血气之我造作而有所醒悟、超离，但不即是不忍人之心所代表之真我。此虚灵明觉之我虽有则而不乱，循理而不溺，是自觉地否定以血气之我之造作，但其所顺之则并不一定是“天生烝民，有物有则”之则，其能贫贱不移、富贵不淫、浩然大自在也不一定是以“民之秉彝，好是懿德”为根据，而是以自觉地保任此虚觉灵明之心不丧失为根据。所以熊十力此处所引孟子的话，是参究孟子学的引用，不是如王阳明对于孟子的话是同心同理地引用；是学而后用地引用，不是不学不虑地引用。而说《易》之“与天合德”之“大人”，此大人之德即是有“能超脱血气之我”之能力因而有所见之得，而非践仁履德之实践所得。这个真我虽然不是超乎吾人与万物而独在，而是当下就能自觉地觉察到，却不一定是经由道德的实践能与万物一体之真我。熊十力于《易》取其变易义，而马一浮则更取《易》之不变义。[1]变易义则侧重于道体之生生不息之方面说；不变义则侧重于道体之万物一体之方面说。

熊十力明确表示对于阳明“良知”与《大学》“明德”之理解是从读《列子》启发而来，这亦表明他是对于天道“易体”体悟有得，而以“易体”去接近“心体”，以“易体”说“心体”。熊十力自述其第三次生命体验时说：

> 王阳明诗曰：“无声无臭独知时，此是乾坤万有基。抛却自家无尽藏，沿门持钵效贫儿。”正为《大学》明德作释。少时读此诗，颇难索解。以为“无声无臭独知时”，正谓吾心耳。吾心与吾身俱生，非超脱天地万物而先在，何得说为“乾坤万有基”耶？累年穷索，益增迷网。及阅《列子·天瑞篇》：“粥熊曰：运转无已，天地密移，畴觉之哉？”张处度注曰：“夫万物与化为体，体随化而迁，化不暂停，物岂守故？故向之形生，非今形生。俯仰之间，已涉万变。”至此，忽脱然神悟，喜曰：吾向以天地万物，为离于吾之身心而独在也。而岂知天地与我并生，万物与我为一耶？向以缘虑纷驰，物化而不神者为心。而岂知几然运化，无定在而靡不在，遍万有而为之宰，周吾身而为之君者，此乃吾之本心耶？[2]

---

[1] 刘乐恒对于马一浮和熊十力关于《周易》思想的论辩有很好的讨论。见《“复性”与“创性”——马一浮与熊十力关于〈周易〉思想的论辩及其意义》，《哲学与文化》2014年第11期。

[2] 熊十力：《读经示要》，《熊十力全集》第3卷，第630页。

> 吾少时不解《大学》明德，阅康成注，只训释文句而已，觉其空泛无着落。阅朱注，以虚灵不昧言，始知反诸自心。及读阳明咏良知诗，即前所引者，则又大诧异。怀疑万端，苦思累年不得解。偶阅《列子》忽尔触悟，天地万物本吾一体，须向天地万物同体处，即万化大源处，认识本心。……余读《列子》，约在二十五岁左右，当时只是傥然一悟，自未至邃密。然对于阳明良知与《大学》明德之了解，确自此启之。[1]

此两段熊十力明确表示对于阳明良知之理解是通过《列子》启发而来。“运转无已，天地密移”即是描述宇宙生化迁移不已，“向之形生，非今之形生。俯仰之间，已涉万变”。此对本体之生生不已、翕辟成变之描述，同于《新唯识论》之体用不二。但是阳明讲万物一体，不从此一路来讲则甚显。不只阳明，凡从道德的进路讲万物一体，皆不是从此宇宙论的进路来讲。熊十力经常说中土贤哲从伦理实践之操练中而上契天道，则暗含他自己不是从此条路数中上契天道。

虽然他以性智为本体，而本体在宋明儒谓之天理，在孟子、阳明谓之良知，在《易》之乾卦则谓之仁，亦谓之智，[2]因而可以同称为本体，但从易体而来之“性智”与从仁体而来之“良知”“天理”毕竟不同。[3]

总之，熊十力的哲学进路是宇宙论的，他的思想随着其《新

[1] 熊十力：《读经示要》，《熊十力全集》第3卷，第633—634页。
[2] 熊十力：《中国哲学与西洋科学》，《熊十力全集》第4卷，第568页。
[3] 熊十力：《十力语要》，《熊十力全集》第4卷，第494页。

唯识论》体系的建立便确定了，即：以对于生命存在之终极体验而契悟万有皆幻，进而契悟天道之流行不已。他对于天道易体体悟有得，对此他是直觉地相应的。此后，熊十力便以颇自信的自家学问去参究其他学问——特别是道德形上学。

一、对阳明心学的研究

熊十力对于阳明学有一个长期理解之过程，他不仅自己对之进行了艰苦卓绝的探求、参究，而且与弟子如牟宗三等对阳明学进行了探讨。梳理熊十力于阳明学的理解过程，可以使我们对"熊十力对于阳明学之理解过程和程度"有更清晰的认识，进而有助于讨论熊十力哲学与阳明学的差异。

（一）早期对阳明学之接触

> 王阳明诗曰："无声无臭独知时，此是乾坤万有基。抛却自家无尽藏，沿门持钵效贫儿。"正为《大学》明德作释。少时读此诗，颇难索解。以为"无声无臭独知时"，正谓吾心耳。吾心与吾身俱生，非超脱天地万物而先在，何得说为"乾坤万有基"耶？累年穷索，益增迷网。[1]

可见，熊十力少时读过阳明著作，但此时并不能理解，而且"累年穷索，益增迷网"。但此所谓"少时"究竟是多少岁并不清楚。

> 余读《列子》，约在二十五岁左右，当时只是恍然一悟，自未至邃密。然对于阳明良知与《大学》明德之了解，确自

[1] 熊十力：《读经示要》，《熊十力全集》第3卷，第630页。

> 此启之。[1]

据此，熊十力是通过《列子》来理解阳明，而他阅读《列子》是在二十五岁左右，那么所谓“少时”可以确定在二十五岁之前。熊十力八岁识字，十岁时开始读《三字经》《四书》[2]，据此，则熊十力阅读阳明在十岁至二十五岁之间。

> 姚江一派阳儒阴释，既不自居于释，毕竟不可谓儒，故称为心学。[3]

这是熊十力在他的第一部著作《心书》（1918年）中，对于阳明学发表的评价。这时熊十力认为阳明学并不可以归为儒家，这与他后来认定“惟阳明善承孔孟”的观点截然相反。

> 衡阳曾痛心于明季士大夫，以气矜亡国。力诋姚江，其说实非过激。王守仁有术智，未能忘功名，而以圣自居。[4]

熊十力对历史具有大智慧，这是他在接受王船山历史思想后，从历史思想层面对阳明作出的评价。

总之，熊十力在十岁至二十五岁之间，便开始阅读阳明。在《新唯识论》（1932年，48岁）体系建立之前，他对阳明学作过初

---

［1］ 熊十力：《读经示要》，《熊十力全集》第3卷，第634页。

［2］ 郭齐勇编：《存斋论学集——熊十力生平与学术》，生活·读书·新知三联书店2008年版，第235页。

［3］ 熊十力：《心书》，《熊十力全集》第1卷，第23页。

［4］ 熊十力：《心书》，《熊十力全集》第1卷，第40页。

步的思索，但并不与阳明相契，不能在哲学层面理解阳明学，因而是站在哲学的外围对阳明学进行评价。

（二）《新唯识论》体系建立时期对阳明学之认识

熊十力在众生“交遍说”还是众生“同源说”上，先是遵护法，持“交遍说”；在《尊闻录》（1930年）中，即在《新唯识论》将作之前，又引阳明《大学问》篇“万物一体说”为自己持“同源说”论证。

> 记得我少时看王阳明《大学问》，自以为得解，由今思之，当时确是以不解为解，如今倒是真解得。[1]

在引用阳明《大学问》“大人之能以天地万物为一体也，非意之也，其心之仁本若是”一段后，熊十力说：

> 详此，则同源之义，有明征矣。所谓与万物而为一体之仁者，仁即源也。我与万物所同焉者也，是无形骸之隔，物我之间，故痛痒相关也。否则根本互不相通，见孺子入井乃至见瓦石毁坏，其有恻隐与顾惜之心也哉？至理只在当身，人乃由之而不著焉，习矣而不察焉。道在尔而求诸远，事在易而求诸难，所以为学者之大患也。吾乃今日于此见得真切有味。同源之说，无复疑矣。**复问：师今日见地，果自阳明入乎？曰：难言也。谓吾自阳明入，不若谓吾自得而后于阳明之言有深入也。**[2]

[1] 熊十力：《尊闻录》，《熊十力全集》第1卷，第569页。

[2] 熊十力：《尊闻录》，《熊十力全集》第1卷，第569—570页。

这时他思考的问题是“众生交遍说”与“众生同源说”哪个更合理，《大学问》只是他对于自己的问题思考清楚后用以证明自己观点的材料，所以熊十力是以“仁”释“源”。他得以持同源说而破除他所谓的佛家轮回观念的根据，是在于他自己的思考，所谓“我是直接反求诸心，见得此意”，[1]而不是在于此“仁”也。孔孟之“仁”之概念在此时的熊十力心中仍不能清晰，“仁”之为“仁”是不能“在其自己地”呈现于熊十力的。

阳明“见”万物一体，不是将万物当作一种中性的观察对象，乃是一种道德性的“见”，是与道德情感（恻隐之心）联系在一起的“见”，这是陈立胜先生已经指出的[2]。故阳明学之为道德形上学，乃是从道德的进路而上契天道，而熊十力对此进路并不相契。他此时于阳明学是隔绝的，虽然此时（《尊闻录》印于1930年）自谓于阳明学“如今倒是真解得”，但由以上分析看来，以及结合他今后仍对阳明学作出的参究以及不断变化的评价的事实来看，仍是“以不解为解”。当学生问及是否自阳明学入时，熊十力回答“难言也。谓吾自阳明入，不若谓吾自得而后于阳明之言有深入也”。此则表示熊十力有其“自得”，且于此“自得”颇自信。而此“难言”实有两个方面的原因：一是他自家有得，而自己之所得在万物一体的境界上与阳明所见不异，且自认为已经于阳明学思索良久，所以很难说不是从阳明入；一是王阳明是从道德实践的进路特别强调道体之万物一体义，而熊十力是从生命体

---

[1] 熊十力：《尊闻录》，《熊十力全集》第1卷，第569页。此处所谓“反求诸心”，不是孔孟、陆王哲学中反求于仁心，乃是反求于他能识幻化的般若智之心。

[2] 陈立胜：《“视”“见”“知”——王阳明一体观中的体知因素之分析》，《孔子研究》2006年第4期。

验的宇宙论进路特别强调道体之生生不息义。所以，很难说是从阳明入。若单纯从阳明学得入，而没有“自得”，又或者“自得”就是阳明学之精义，则不“难言也”。

总之，在《新唯识论》体系建立前后，阳明学及其呈现的效用，始终是他思索、参究的对象。熊十力尊王船山与王阳明，到后来归宗儒家而极力推崇阳明，再到后来深入阳明学并对之进行持续参究，乃至批评，都表明阳明学在熊十力的学术生涯中始终是一个虽然同为儒家学问，但与自家路数相异的学问进路。同时，自从《新唯识论》体系建立之后，熊十力的思想便也初步确定了，虽然熊十力后来对于阳明学作出不断的参究，对阳明学的客观理解也在不断加深，但熊十力哲学与阳明学的根本不同，也自此是被决定了的。熊十力以观空之智以及对于道体之生生不息义之体悟归宗儒家，这是熊十力哲学的根基，他此后对于其他学问的参究，也都是以此为对照，以期达到对不同学问的客观理解，对于阳明学的参究也是如此。他与阳明学从道德的进路体察天道不同，决定了他与阳明学不能完全相应，但以天道为最终的归宿，又自认为相比较而言，阳明学为儒宗正传，故他始终以自己对于天道之体察所得，不断参究阳明学。

（三）熊十力参究阳明学之所得

《尊闻录》（1930 年）保存了熊十力由佛归儒的重要思想，而《十力论学语辑略》（1935 年）则表明熊十力开始对儒家思想的理解进入了正面且相应的了解。如果说在《新唯识论》文言文本（1932 年）及其语体文本（1944 年）中，熊十力在论述自己体系时附带提及了他对儒家思想及阳明思想转变后之正面认可，那么其正式参究儒家思想和阳明思想而有所得，则自《读经示要》（1945 年）始。下面述论其在《读经示要》中讨论《大学》的相关概念时对于阳明学的理解和评价。

对于《大学》之“意”，张庆熊已经在《熊十力对于王阳明“四句教”的解读和批评》一文中指出，熊十力本人在前期和后期对王阳明“四句教”中的“意”以及《大学》中的“诚意”的“意”理解也不相同，从而有他对王阳明在这个问题上从批评到赞同的转变。[1]可以说，从最初的批评到后来的赞同，熊十力对于阳明学的理解渐渐加深，但始终保持着对阳明学独立的态度，例如，即使是赞同阳明的致良知观点，但对一些问题，如格物的解释，则赞同朱子的训释。他说：“余以为致知之说，阳明无可易。格物之义，宜酌采朱子。”[2]

在讨论“致知”之“知”时，熊十力即以良知训之：

> 致知之知，即是良知，何以云然？如非良知，则必训此知为知识矣。若是知识之知，则经言正心诚意，何可推本于致知乎？知识愈多，诈伪且愈甚，老子所以有绝圣弃智之说也。经言诚正，必先致知。则此知，绝非知识之知，而必为良知也，断无可疑矣。孟子言良知，盖自此出。而犹未张之以立教。至阳明子超然神悟，始发明心体，即是良知。印之于经，而无不合。于是专提致良知为宗旨。[3]

对于“致知”之“知”，熊十力不赞成训为知识，而训为良知。且在这里指出阳明为何以良知为宗旨。通过参究阳明之良知，熊十

[1] 张庆熊：《熊十力对王阳明“四句教”的解读和批评》，《广西大学学报（哲学社会科学版）》2015年第2期。

[2] 熊十力：《读经示要》，《熊十力全集》第3卷，第667页。

[3] 熊十力：《读经示要》，《熊十力全集》第3卷，第656页。

力不仅盛赞阳明，而且终于逼显出了“中国哲学（案：主要指儒家）由道德实践而证得真体”之认识，他评价道：“阳明以致知之知为本心，亦即是本体。不独深得《大学》之旨，而实六经宗要所在。中国学术本原，确在乎是。**中国哲学，由道德实践，而证得真体**。异乎西洋学者之抟量构画，而无实得。复与佛氏之毕竟归寂者有殊。”[1]中国哲学（儒家）通过道德实践的进路体悟天道这一方式，既无西学之抟量构画之假，亦非佛家毕竟归寂之虚。故熊十力对于阳明学是间接的参究，而不是直接的体悟。如果径直将熊十力哲学看作心学的直接继承者，是于熊十力对阳明学之苦苦参究有所忽视。

熊十力不仅自己对阳明学作持续的探究，且弟子牟宗三向之问学时，师生间亦相互探讨阳明学，《十力语要》（1947年）记曰：

> 汝暑中呈四句，时心绪不帖，得月余聚而未及谈，然总在念也。四句不尽忆，似有由思显理、由理起能云云，若思与理与能成次第，非一事然者。如非解谬，则修辞未洽。吾子自谓儒也，儒者之学，唯阳明善承孔孟。阳明以天也、命也、性也、心也、理也、知也、物也打成一片，此宜深究。程朱支离，只在将心性分开，心与理又分开，心与物又分开。阳明大处、深处，不独攻之者不识也，即宗之者又谁识其全耶？佛家若善解空宗义，与阳明无所背。子其苦参阳明，而后自知其所持之误。[2]

[1] 熊十力：《读经示要》，《熊十力全集》第3卷，第666页。

[2] 熊十力：《十力语要》，《熊十力全集》第4卷，第296页。

凡对于天道易体有得，或于内圣学有得，则思、理、能非一非二。非一，故用处异；非二，故不为次第。若牟宗三以其所呈四句求教阳明，阳明抑或视“若思与理与能成次第，非一事然者”为不妥。就此可以说：一，熊十力对于阳明已经高度相应。二，熊十力虽比此时之牟宗三更理解阳明，但熊十力仍是以自己学问为根基，通过苦苦参究而有此对于阳明学之认识。肯定唯阳明善承孔孟，而说“阳明以天也、命也、性也、心也、理也、知也、物也打成一片，此宜深究”，所宜深究者，无论在结论上还是方式上，熊十力认为牟宗三都应该好好深究。就熊十力自己说，虽然在天、命、性、心、理、知、物打成一片之结论上自己与阳明一致，但如何打成一片之方式上，自己与阳明却并不相同，这是他以自己可以将上述概念打成一片的进路为参照而清楚明了的。

《十力语要》中熊十力还因学生发问讨论了自己与阳明的同异问题：

> 故吾之为学也，主创而已，此乃吾所切验而亦徵之孔孟遗训以得其符者也。故吾言明智，与阳明良知说有不同者。彼以良知为固有具足，纯依天事立言，而明智则亦赖人之自创，特就人能言也。故阳明可以说草木瓦石有良知，而吾不能谓草木瓦石有明智也，此其与阳明异也。然吾之说明智又有与阳明不异者何也？明智之端绪，即斯人残余的天性底萌蘖。此在阳明谓之良知。（原注：阳明言致良知，盖亦见其为萌蘖，故言致也。后来他却说向深处去了。）故据端绪而言，亦可曰明智与良知殊名同实也，吾不能与阳明异也。[1]

[1] 熊十力：《十力语要》，《熊十力全集》第4卷，第494页。

熊十力于《易》变易义更有得，故主创性说；马一浮于《易》不易义更有得，故主复性说。变易而新新不竭，“故夫人之有是天性也，本心也，明智也，自人创之而已”。[1]熊十力所主之创性说，乃是他自家于道体有得，所谓“此乃吾所切验”也。以端绪言，熊十力之明智与阳明之良知不异；阳明可以说草木瓦石有良知，熊十力却不能说草木瓦石有明智，因为明智“特就人能言也”。

（四）晚年对阳明学之评价

熊十力参究阳明学时，对于道德实践之进路及万物一体的陈述和应用是正面的、凸显的，然而到了晚年，他回到了强调自己对于道体有得的宇宙论进路上，特别是认为孔子的思想可以用“内圣外王”体系来概括后，其对于阳明学之态度和陈述又多是负面的、纠正的。无独有偶，熊十力在参究马一浮的复性说后，最终又回到自己的创性说上，可类比于此。[2]

《明心篇》（1959 年）是熊十力晚年为《体用论》（1958 年）未完成之“明心篇”补写的独立著作。《明心篇》曰：“追维孔门传授，有尽心之学。要其旨，在究明本心、习心之大别，毋以污习害其本。易言之，吾人固有良知良能，常与天地万物周流无间，当尽力扩充之，俾其发展无竭。孟子盖尝得其传也。孔门言心，当有专书。惜乎司马谈所称经传千万数，汉世已亡失，今无从考矣。”[3]熊十力以本心习心之别，强调保任性智不丧失，从而避免血气之我作主而“人化物”，但熊十力理解的本心与孔孟、陆王

[1] 熊十力：《十力语要》，《熊十力全集》第 4 卷，第 494 页。

[2] 见刘乐恒《“复性”与“创性”——马一浮与熊十力关于〈周易〉思想的论辩及其意义》，《哲学与文化》2014 年第 11 期。

[3] 熊十力：《明心篇》，《熊十力全集》第 7 卷，第 152 页。

等从道德的进路契入者所理解的本心是不同的。若从《论语》和《孟子》不能理解孔门之心，则纵使考之千万数经传，亦不一定能理解。“孔门言心，当有专书”，则清楚地表明了即使在晚年，熊十力对于道德形上学，因而对于阳明学是不直接相应的。虽不能直接相应，他却能根据自家所得，逼显阳明学的精义，达到对阳明学的深入理解。

> 阳明言“良知”，本承孔门所说之智而开演之。但阳明有时将良知说为本体，此乃大谬，盖为禅宗所误耳。若去其夹杂禅学之谬处，则良知即是智，亦不背圣学。[1]

> 王阳明以人类之有同情，乃本乎一体之流露。其云一体，即全体之别称也。（原注：阳明说天地万物是一体，见《大学问》。此乃示门人之笔语，或不过百字。一者，非算数之一，盖以生命不可分故，谓之一。即明示生命是全体性也。）阳明就人之同情，征明物我本来一体，自然痛痒相关。（原注：鸟兽亦有同情，阳明只就人说耳。）阳明以天地万物一体之论，揭示道德与事业之根柢。既不忍脱离群众忽视事功，更不忍学人之空谈道德而疏于实践，于是倡导知行合一。将道德、事业，融成一贯。阳明以身作则，继述孔子《大易》之道也。独惜其杂染禅法，（原注：法字指佛家禅宗之义旨。）丧失孔子提倡格物之宏大规模，王学终无好影响。此阳明之钜谬也。[2]

---

[1] 熊十力：《明心篇》，《熊十力全集》第7卷，第237页。

[2] 熊十力：《明心篇》，《熊十力全集》第7卷，第582—583页。

当熊十力说“阳明就人之同情，征明物我本来一体”，而特别揭示出王阳明是从“同情”之道德实践之路证明物我一体，则暗含自己的进路不同。熊十力对于王阳明之批评，只能说是对于王阳明道德实践进路为不够之批评，而不能说是对其“万物一体”之结论之批评。与他之前认为王阳明善承孔子不同，此时熊十力将王阳明之良知收摄于“智”一概念下，不同意将良知视为本体。

熊十力二十五岁之前便阅读过王阳明，但当时对王阳明思想不能深入地理解，后来《列子》启发了他对于阳明学的间接认识。《新唯识论》体系的确立，标志着熊十力通过对于道体生生不息义的体验而确立了其宇宙论的进路。此后，熊十力便以此进路去客观地参究阳明学，并逼显出“中国哲学是通过道德实践而证得真体”这一结论。在参究阳明学并且有得的阶段，熊十力对于阳明学之态度和应用多是正面的、凸显的，在其晚年，熊十力在思想和著作上更多是回到了自己的思想和体系上，因而对于阳明学多有纠偏之言。

熊十力开始是以自家于道体特别有得之生生不息义去参究阳明学的，继之以孔子“内圣外王”之体系判衡阳明学，且对阳明之万物一体义极力推崇，然而阳明对于万物一体义之达成是通过道德实践之进路完成的，这与熊十力通过宇宙论的进路达到对道体之认识不尽相同。

二、对道德形上学的研究

熊十力对于道德形上学的研究，不仅体现在《读经示要》中，还体现在其孝论和《孝经》观中。同时代人对于《原儒》中的孝论多有批评，认为熊十力“毁孝”。对此，熊十力备感苦闷，他辩解道：“余谈历史事实，与毁孝何关？人类一日存在，即孝德自然不容毁也。”[1]一方面，熊十力肯定孝德不容毁；另一方面读者又认为他“毁孝”。其实，出现这样的冲突，主要是由于在哲学义理上，熊十力哲学侧重生命体验的宇宙论进路而不是侧重道德实践进路，因而对于道德实践这一路数的研究并未熟至他所体悟的天道“生生不已”义之亲切程度。这一事实，决定了熊十力未就孝义和《孝经》予以足够的哲学层面的探讨，而在其终身反对帝制的一贯立场中对之提出否定性的评价。

（一）熊十力孝论及其《孝经》观

如果从论著关切的侧重点看，熊十力的思想在由佛转儒后，又可以细分为两个阶段。第一个阶段是深入研究儒家经典时期，时间上是从1932年至1948年，著作上主要体现为《新唯识论》（文言文本）、《中国历史讲话》、《读经示要》以及《十力语要》等。第二个阶段时间上为自1949年至1963年，著作上主要体现为《韩非子评论》《与友人论张江陵》《论六经》，宗《春秋》而作的《原儒》以及修订的内圣学著作《新唯识论》《体用论》《明心篇》等。第一阶段，熊十力的思想倾向于客观理解、研究儒家学问；第二阶段，他的工作主要有两项：一是在措辞和文献选择上，更加完善地表达其内圣学思想[2]，二是据其内圣学思想发挥

[1] 熊十力：《原儒》，《熊十力全集》第6卷，第314页。

[2] 论者多认为熊十力第二阶段受政治影响，其思想发生“裂变”，与前期思想矛盾，等等。实则他是一贯的，他的哲学对他来说是决定性的，除此之外的因素不能决定他的思想变化与否，或者说，那些来自他有直接体悟之天道“生生不已”义及其推演出来的道理是决定者，除此之外，甚至包括他研究有得之“万物一体”义是被决定者、被影响者。

他的外王学。[1]

熊十力的孝论和《孝经》观主要呈现在其第一阶段的《中国历史讲话》(1938年)、《读经示要》(1945年)、《十力语要》(1947年)中，以及第二阶段的《论六经》(1951年)、《原儒》(1956年)中。

就孝义和《孝经》说，在第一阶段，熊十力侧重其哲学思想之理解与研究。熊十力在对儒学的研究中认识到，孝悌之理为儒家必有。这里需要强调，是“研究”而非“体悟”。固然可以说持续的研究会转向体悟，而体悟也需要持续的研究，但我们认为未经持续涵养与铸炼之研究所得与体悟所得之间，还是有程度之不同。就熊十力哲学的客观事实说，对于《易经》之“变”是体悟所得，对于“儒家重孝弟”是研究所得。由于在其思想第二阶段，熊十力主要发挥他的外王学思想，所以并没有机缘对他研究所得之“儒家之重孝弟”之结论进行持续涵养与铸炼。

熊十力对于孝义以及《孝经》的哲学层面研究所得之最高点，在其由佛转儒后之第一阶段达到：

> 儒家以孝弟为天性之发端处特别着重，养得此端倪，方可扩而充之，仁民爱物，以至通神明、光四海之盛。若将父

[1] 以“新唯识论”体系为中心，熊十力的思想可以分为泛滥百家的准备期(1918—1931)，自立门户的创造期(1932—1944)和发煌已见巩固期(1945—1963)。见景海峰:《熊十力哲学研究》，北京大学出版社2010年版，第51页。另外，程志华亦以1918年和1932年为时间点，将熊十力的人生经历分为三个时期。见程志华:《熊十力哲学研究》，人民出版社2013年版，绪论第17页。我们这里以1949年为节点所作的更细致的划分，是为了更凸显随着外王学的建立，熊十力的孝论和《孝经》观论述重点的转变，而不是暗示熊十力的哲学体系或者哲学思想受到了外部的影响而发生了转变。

> 兄与民物看作一例而谈兼爱，则恐爱根已薄，非从人情自然之节文上涵养扩充去。而兼爱只是知解上认为理当如此，却未涵养得真情出，如何济得事？不唯不济事，且将以兼爱之名而为祸人之实矣。[1]

此出自《十力语要》。“通神明”“光四海”是对于《孝经》“孝悌之至，通于神明，光于四海”的精简，而《孝经》中的这句话是对于道德形上学境界的展现。[2]在这里，熊十力是专门集中在哲学层面对孝进行研究，未曾受其他影响而有所偏离。

当熊十力写出“儒家以孝弟为天性之发端处特别着重，养得此端倪，方可扩而充之，仁民爱物，以至通神明光四海之盛”一句，即表明其在对儒家艰苦卓越的研究中，已经逼显出道德实践可达至万物一体之形上境界。熊十力虽不能对此一形上境界有如他对于般若、《易经》之体悟，但却已经有所得，诚若不因新的政治环境而有更急切的著作任务，而能够顺此路数切实涵养下去，则他对于此一道德实践的形上路数及其境界可能会更加亲切、有实得。

然而在第二阶段，熊十力对孝义和《孝经》的态度，转向了侧重对《孝经》和他所谓“孝治派”进行猛烈批评，因为这与他

---

[1] 熊十力：《十力语要》，《熊十力全集》第4卷，第145—146页。

[2] 如果对于儒家这种道德形上学境界陌生的话，则可以看看以下康德从逻辑的立场逼显出的形而上学境界，两者在最低程度上是一致的。康德说：“形而上学能够达到不可能再有什么改变、不可能再有什么新的发现增加进来的这样一种完满、稳定的状态；因为在这里，理性知识的源泉不是在对象和对象的直观里（通过对象和对象直观不会增加更多的东西），而是在理性本身里。”见［德］康德著，庞景仁译：《未来形而上学导论》，商务印书馆2011年版，第160—161页。马一浮所谓“摄一切处”即此意（见后文引述）。

反帝制的政治立场和“均平”的政治理想相违背。[1]熊十力认为《孝经》非孔子所作，而是源于曾子、孟子之所谓孝治派。他认为“以孝治天下”与“移孝作忠”的孝观念皆非孔子所主张，而这种孝观念成为帝制的维护工具。熊十力说：

儒家重孝弟，此理不可易。但以孝亲与忠君结合为一，甚至忠孝不两全时可以移孝作忠，如亲老而可为君死难之类。因此，便视忠君为人道之极，更不敢于政治上考虑君权之问题，此等谬误观念，实自汉人启之。《论语》记孔子言孝，皆恰到好处，皆令人于自家性情上加意培养，至《孝经》便不能无失。于是帝者利用之，居然以孝弟之教，为奴化斯民之良好政策矣。[2]

今考《论语》记孔子言孝，皆就人情恻然不容已处指点，令其培养德本，勿流凉薄。至《孝经》一书，便务为肤阔语，以与政治相结合，而后之帝者“孝治天下”与“移孝作忠”等教条，皆缘《孝经》而立。[3]

从文本看，熊十力将《论语》言孝与《孝经》言孝作对比：《论语》言孝恰到好处，皆令人于自家性情上加意培养，但至《孝

[1] 虽然在第一阶段侧重对孝和《孝经》的哲学思想进行理解与研究，但对于就《孝经》阐发其政制应用思想，持革命立场的熊十力仍是持否定态度的。而在第二阶段虽侧重批评孝治派和《孝经》，但他对于研究而有得之“儒家重孝悌”“中国哲学由道德实践而证得真体”的结论是没有自我否定的，熊十力正是在这个意义上坚持自己没有毁孝。

[2] 熊十力：《读经示要》，《熊十力全集》第3卷，第766页。

[3] 熊十力：《原儒》，《熊十力全集》第6卷，第389页。

经》“便不能无失”，“务为肤阔语”。从思想层面看，熊十力将永恒的哲学观念与具有时间性的政治制度作对比。在哲学层面，“儒家重孝悌，此理不可易”，“孝为一切道德之本源”，以及他说的“儒家言道德，必由亲亲，而扩充之为仁民爱物。此其根本大义，不容变革者也”[1]等这些，都是熊十力对儒家学问研究有得之结论。在熊十力看来，《孝经》与政治结合，帝者之“孝治天下”与“移孝作忠”等教条，皆缘《孝经》而立。熊十力在“天下为公”的政治理想和反对帝制的政治立场下，不是更多地关注以孝治国的时代价值性，而是批评其缺点：

> 汉、宋群儒以五常连属于三纲，即五常亦变成名教，而人乃狥（同徇）仁义之名，不出于本性之自然矣。如孝德在五常中是仁之端也，为子者以束于名教而为孝，则非出于至性之不容已，其贼仁不已甚乎！又如夫妇有别是义之端也，今束于名教而始为有别，是使天下之为夫为妇者皆丧其情义之真也。五代梁人有初除丧入朝，以椒末涂眼出泪者，盖惮丧礼之名教伪作戚容，而礼亡矣。自汉世张名教，皇帝专政之局，垂二千数百年，无有辨其非者。人性虽有智德，竟以束于名教而亡之矣。[2]

可见熊十力对于《孝经》持谨慎态度，这一点同作《孝经刊误》的朱子相同。这与一些经学家不同，经学家可能更多看重《孝经》的经学思想对于具有时间性的政制之积极作用。这与对《孝经》

---

［1］ 熊十力：《读经示要》，《熊十力全集》第3卷，第621页。

［2］ 熊十力：《原儒》，《熊十力全集》第6卷，第392页。

有体悟的理学家如黄道周、方以智、马一浮等人也不同。相对于《孝经》学史上注疏《孝经》者，上述三人中虽然只有黄道周有关于《孝经》的专门著作，但他们的孝论和《孝经》观都是侧重在《孝经》的道德形上学思想的阐发上。相对于《孝经》注疏者的政治关怀，这些哲学家的孝论可谓更切近先秦儒家的孝义。例如，郑玄将《孝经》定性为政教的始基，而皮锡瑞的《孝经郑注疏》也"是出于现实之政治关怀"，[1]而马一浮称："大哉！《孝经》之义，三代之英，大道之行，六艺之宗，无有过于此者。故曰'圣人之德，又何以加于孝乎？'自汉以来，皆与《论语》并称，先儒虽有疏释，其于根本大义，似犹有引而未发，郁而未宣者。"[2]马一浮认为先儒之疏释于《孝经》之根本大义引而未发，郁而未宣。马一浮所谓"根本大义"，实即今之哲学义理，此实发于先秦儒家，而隐于后世经学。

马一浮表彰黄道周："自来说《孝经》，未有过于黄氏者。"[3]黄道周《孝经辨义》谓：

> 《孝经》有五大义，本性立教，因心为治。令人知非孝无教，非性无道，为圣贤学问根本，一也；约教于礼，约礼于敬，敬以致中，孝以导和，为帝王致治渊源，二也；则天因地，常以地道自处，履顺行让，使天下销其戾心，觉五刑五兵无得力处，为古今治乱渊源，三也；反文尚质，以夏、商之

[1] 陈壁生：《孝经学史》，华东师范大学出版社 2015 年版，第 365 页。

[2] 马一浮：《复性书院讲录》，《马一浮全集》第 1 册上，浙江古籍出版社 2013 年版，第 179 页。

[3] 马一浮：《复性书院讲录》，《马一浮全集》第 1 册上，第 184 页。

道救周，四也；辟杨诛墨，使佛、老之道不得乱常，五也。[1]

马一浮认为黄道周这段话推阐至精，前三义尤其能见其大。我们主要来看前三义。第一义约教而谈，第二、三两义约政而谈。第一义，“非孝无教”“非性无道”，这是说孝、教一致。孔子说：“夫孝，德之本也，教之所由生也。”《孝经·三才章》曾子说：“其教不肃而成。”方以智《易余·孝觉》中说：“孝者，学也；教也，觉也；一也。（方注：中五为乂，二乂为爻，即交字。一在二中，无非交也。后如月作肴。孝本从子，爻后故为孝。又孝即效[斆]字，后别作效。又孝字即学字，后加二手、加冖为学。又孝即教字，后加支作教。此数字皆一字，觉则其音义也。）天地生人，人肖天地。圣人为天地之孝子，而又为之师，因本生而教学焉。……此孝之所以无终始，而必教学以大明其终始也。”[2]是以孝、教一致，必以教学明孝之终始。所以说，孝明而教乃生，孝教一致，而此为圣贤学问根本。

第二义，教以礼为宗旨，礼以敬为主宰。敬、孝，所以才能致中和，这是帝王致治之渊源。第三义，孝敬之教，能使人戾心消、常谦让，而常以地道自处。刑法、用兵之制设而常无用处。这是古今治乱渊源。这是说孝敬之教，为政治根本，所以孔子曰：“政者，正也。”（《论语·颜渊篇》）方以智说：“文章制度，不

[1] 马一浮：《复性书院讲录》，《马一浮全集》第1册上，第183页。

[2] 方以智：《易余·孝觉》，《方以智全集》第一册，黄山书社2019年版，第161页。《说文·五部》：“乂，古文五省。”段玉裁《说文解字注·五部》注“阴阳在天地间交午也”谓：“此谓乂也，即释古文之意，水火木金土相克相生，阴阳交午也。”

过表孝子之祛襘；兵刑地狱，岂能比《孝经》之迅利哉？”[1]马一浮说：“今人每以富强为治，不知富强只是富强，不可以名治，治须是德教。如秦人只名富强，不可名治，虽并六国，不旋踵而亡。今西洋之为国者，富强则有之，然皆危亡之道儳焉不可终日，亦不可名治。”[2]

熊十力若诚能有客观条件对儒家学问涵养下去，那么，他对于孝义和《孝经》的道德形上学思想可能有更进一步的理解和实得，进而对于孝义和《孝经》的理解会更趋同于黄道周、方以智以及马一浮。而对于《孝经》政治思想，他或不会因急切的应世关怀而予以批评，从而对曾子、孟子可能有更多同情的理解。

熊十力期望考辨“孝治派”的源头。他说：

> 《戴记》中言孝道，亦多出于曾子，吾不知孝治之论果自曾子发之欤？抑其门人后学假托之欤？今无从考辨，姑承认曾子为孝治论之宗师。孟子言“尧舜之道，孝弟而已矣”，(《孟子·告子篇》)又曰：“人人亲其亲，长其长，而天下平。”(《孟子·离娄篇》)其为曾子学派决无疑。……曾、孟之孝治论，本非出于孔子六经，而实曾门之说，不幸采用于汉，流弊久长，极可叹也。[3]

曾子学派对于儒家孝道有实得，进而将孝道本体化。从道德的实践中确能上达道德形上学，对此研究纯熟有所悟解之后，确实可

[1] 方以智：《易余·孝觉》，《方以智全集》第一册，黄山书社 2019 年版，第 168 页。

[2] 马一浮：《复性书院讲录》，《马一浮全集》第 1 册上，第 220 页。

[3] 熊十力：《原儒》，《熊十力全集》第 6 卷，第 389—390 页。

以有对其哲学层面的探讨，固然不是说不能对孝治派和《孝经》进行政治层面之讨论，也不是说哲学著作中不能有训诂、考辨之学术工作，只是因为作为哲学家，以哲学之眼考察一切经典著作，无论如何，是熊十力所期望的。

在研究儒家学问之前，熊十力不反对墨子的“兼爱”说。“兼爱”之效果，即人人不独亲其亲、子其子之状况，是熊十力渴望的。而在其思想第一阶段，熊十力从墨子之“兼爱”推出其“爱根已薄”“非从人情自然之节文上涵养扩充”之限制性。他认为人人不独亲其亲、子其子之效果无法由“兼爱”之路数达到。然而到了第二阶段，他却又为墨子辩护，他说：“孟氏极反墨翟兼爱，实则人鲜能兼爱也，而更反之，其忍乎？……兼爱兼利之道未宏，则新社会制度将莫由创建，民主政治何可企及？”[1]进而，他极力批评经由“孝弟”而扩充所达至一“无所不通”之境之曾子、孟子。这一过程集中反映了熊十力研究儒家学问的经过极其艰难。

总之，在其由佛转儒后的第一阶段，熊十力侧重对孝义和《孝经》进行哲学层面的义理研究；在第二阶段，侧重对《孝经》以及曾、孟之孝治派的批评。而对于《孝经》的政治应用思想，熊十力则自始至终都持反对态度。

（二）原因及背景

我们可以选取“文本”以及“时代”这两个视角来进一步审视熊十力的孝论和《孝经》观的形成原因和时代背景。

第一，从文本的视角来看。

佛家般若经典、儒家《大易》是熊十力哲学的理论来源，《春

[1] 熊十力：《论六经》，《熊十力全集》第5卷，第681页。

秋》《周礼》等经典是熊十力着重考察、分析的经典。熊十力于般若特别重视，原因有二：一是他对生命的体验与此非常契合，二是在经过唯识理论的学习之后，继而参究空宗的典籍，特别有得于《大般若经》。但在对待生命的态度上，熊十力于佛教终究不能认同，进而转入儒家思想的研究。而当有得于《大易》后，熊十力直以“乾元性海”来概括他的哲学思想。《大般若经》《大易》等都是熊十力在哲学层面体悟有所得的经典。

熊十力推崇的经典还有《周官》《礼运》。在《原儒》中，熊十力特推崇《大易》《春秋》《周官》《礼运》四经。实际上，《原儒》也可以说是解读和运用这四部经典。熊十力对《大易》与《春秋》的重视自不用说，对《周官》和《礼运》也十分重视，要点在于他于此四经在哲学层面有体悟之得，例如有得于《大易》之“变”义、《公羊春秋》之“三世”义、《周官》之“均平”义以及《礼运》之“天下为公”义。这些在哲学层面都甚有价值，而熊十力对此亦能考究而有深刻体悟。

然而，熊十力于《大戴礼记》《孝经》虽有研究，但最终没有关于孝之哲学层面之实得。此哲学层面之实得，乃如方以智所谓“专乃能熟，熟乃能破，破乃能烂，烂乃能化，化乃能空，空乃能实”[1]之得。熊十力于“孝弟”为养仁之端倪，扩充而至《孝经》所谓“通神明光四海之盛”之境虽能言之，虽能知识性地得之，却尚未有时间去“熟、破、烂、化、空”而实得；若真于“孝悌之至，通于神明，光于四海，无所不通”有实得，则于所涉及的曾子、孟子之评价之措辞，会有进一步之提升，既能无碍地表达自

[1]　方以智：《易余·如之何》，《方以智全集》第一册，黄山书社2019年版，第72页。

己的政治哲学，亦不会引发读者的毁孝之疑。此即表明熊十力对于孝弟养仁而至一"通神明光四海之盛"之路数不熟、不亲。

但作为同时代的马一浮在论孝及《孝经》时，是就哲学层面来阐述的。这跟熊十力不同。他说：

> 吾人性德本自具足，本无纤毫过患，唯在当人自肯体认。与其广陈名相，不若直抉根源，故博说则有六艺，约说则有《孝经》。[1]

《六艺论》曰："孔子以六艺题目不同，指意殊别，恐道离散，后世莫知根源，故作《孝经》以总会之。"[2]马一浮说"博说则有六艺，约说则有《孝经》"。马一浮继而论说："《孝经》之义终于立身，立身之旨在于继善成性。圣人以天地万物为一身。明身无可外，则无老氏之失；明身非是幻，则无佛氏之失；明身不可私，则一切俗学外道皆不可得而滥也。六艺皆以明性道，陈德行，而《孝经》实为之总会。德性是内证，属知；行道是践履，属行。知为行之质，行是知之验。德性至博，而行之则至约。当其行时，全知是行，亦无行相可得。故可以行摄知，以道摄德，以约摄博。如耳目口体并是心摄，视听言貌并是思摄，制度文为并是礼摄，家国天下并是身摄。明此，则知《诗》《书》之用，《礼》《乐》之原，《易》《春秋》之旨，并为《孝经》所摄，义无可疑。故曰：'孝，德之本也。'举本而言，则摄一切德；'人之行，莫大于孝'，

［1］《马一浮全集》第1册上，浙江古籍出版社2013年版，第178页。

［2］郑玄著，皮锡瑞疏：《六艺论疏证》，见《续修四库全书》第171册，上海古籍出版社2002年版。

则摄一切行；‘教之所由生’，则摄一切教；‘其教不肃而成，其政不严而治’，则摄一切政；五等之孝，无患不及，则摄一切人；‘通于神明，光于四海，无所不通’，则摄一切处。”[1]

陈立胜说，“身体在儒学中一直具有‘崇高的地位’”，“儒家学问实是安身立命之学，儒家之精神追求从未离‘身’而行，恰恰相反，越是注重精神、注重心灵生活的儒者，也越是注重‘身体’，这与那些以苦行、极端禁欲而追求灵性生活的西行僧们（如鞭笞派）形成了鲜明对照”。[2]此则与马一浮先生“《孝经》之义终于立身，立身之旨在于继善成性。圣人以天地万物为一身。明身无外，则无老氏之失；明身非是幻，则无佛氏之失；明身不可私，则一切俗学外道皆不可得而滥也”之论一揆不二。明儒王心斋即从《孝经》得悟身道一如，他说：“身与道原是一件。至尊者此道，至尊者此身。尊身不尊道，不谓之尊身；尊道不尊身，不谓之尊道，须道尊身尊才是至善。”[3]

第二，从时代的视角来看。

熊十力说：

> 孟氏似未免为宗法社会之道德训条所拘束，守其义而莫能推，则家庭私恩过重而“泛爱众”之普感易受阻遏。孟氏极反墨翟兼爱，实则人鲜能兼爱也，而更反之，其忍乎？孝弟诚不可薄，而格物之学不讲，兼爱兼利之道未宏，则新社会制度将莫由创建，民主政治何可企及？孟氏似未免为宗法所拘也，

[1]《马一浮全集》第1册上，浙江古籍出版社2013年版，第178—179页。

[2] 陈立胜：《身不自身：罗近溪身体论发微》，《西北大学学报（哲学社会科学版）》2012年第1期。

[3] 王艮：《王心斋全集》，江苏教育出版社2001年版，第37页。

宋明儒传孟学者，于此鲜能了悟。然则孝弟可毁乎？曰：恶是何言。要在本《公羊》与《礼运》改革家庭制度耳。[1]

此段出于熊十力的《论六经》，重点在于批评他所谓孟子之受宗法社会拘束而有家庭私恩过重之失。徐复观认为熊十力批评孟子有不得已之苦衷[2]，即有主观动机上的合法性，但即使承认此合法性，熊十力对儒家孝义以及道德形上学思想仍有未熟、未化之不足。有此不足，则在论述的言辞中有偏颇。徐复观对熊十力将曾子、孟子认定为“孝治派”的结论予以否定，认为孟子可以说是仁治派，而不是孝治派，而且他认为孝道在政治上发生的作用，在被动方面，“限制并隔离了专制政治的毒素，成为中华文化所以能一直延续保存下来的最基本的力量。在积极方面，可能在政治上为人类启示出一条新的道路，也即是最合理的民主政治的道路”。[3]

五四运动前后，革命派对宗法制度、家庭制度多有批评，比如陈独秀就系统阐述了宗法制度的四大恶果：“一曰损坏个人独立自尊之人格；一曰窒碍个人意思之自由；一曰剥夺个人法律上平等之权利（如尊长卑幼同罪异罚之类）；一曰养成依赖性，戕贼个人之生产力。”[4]他进而指出应当以“个人本位主义”取代“家族本位主义”。此外，李大钊、吴虞等皆批评传统家庭制度。在这种时代背景下，熊十力对于家庭的态度也不能是不反思的，

---

[1] 《论六经》，见《熊十力全集》第5卷，第681页。

[2] 徐复观：《中国孝道思想的形成、演变及其在历史中的诸问题》，《徐复观文集》第1卷，湖北人民出版社2002年版，第53页。

[3] 徐复观：《中国孝道思想的形成、演变及其在历史中的诸问题》，《徐复观文集》第1卷，湖北人民出版社2002年版，第67页。

[4] 见1915年12月15日《青年杂志》第1卷第4号。

在1945年的《读经示要》中，熊十力对于家庭和私有制还是持改革态度的：

其所急宜改善者，必为家庭与私有制。[1]

《礼运》篇言“故人不独亲其亲，不独子其子”者，所以改善家庭关系也。子生，而社会代筹教养。父老，而社会助其供事。故曰不独亲、不独子也。其时非不许有小家庭存在，只以社会为大家，而私人之财与力，大抵皆属于社会。……如此，则小家庭与小限度之私有财力制虽名存，其实则已化家庭生活而为社会生活。[2]

或曰：“何不将小家庭与私有制根本铲绝之乎？”曰：此恐未易行，而亦不必然也。[3]

在此，熊十力对家庭和私有制虽然不满，但态度还不是绝对否定的。然而在1950年给梁漱溟的信中，他说道：

其实，家庭为万恶之源，衰微之本，此事稍有头脑者皆能知之、能言之，而且无量言说也说不尽。无国家观念，无民族观念，无公共观念，皆由此。甚至无一切学术思想亦由此。[4]

[1] 熊十力：《读经示要》，《熊十力全集》第3卷，第619页。
[2] 熊十力：《读经示要》，《熊十力全集》第3卷，第619—620页。
[3] 熊十力：《读经示要》，《熊十力全集》第3卷，第620页。
[4] 见《熊十力全集》第8卷，第651页。

熊十力对于国家、民族和社会的强烈关注引发了他对于家庭如此激进的评价。

钱穆对家庭、宗法、封建制度之产生作了历史还原的解释，力图纠正对于传统的过度解读。他说：

> 再试纵言之，中国文化，实多有其独特奇伟之成绩，为并世其他民族所弗逮者。举例言之，如其在政治上，能创建一大一统的国家，此即其独特奇伟之成绩之一端也。中国古史，自西周以下，可谓开始有封建之一统。秦汉以后，乃开始有郡县之一统。严格言之，自周以前，夏、殷两代，其时则仍是民族之分立，一循自然之演进，多受地域之限制，在实际上，固未尝有所谓一统制度之创建，与一统政治之存在。有之，则必自周公始。此实周公在中国古史演进中一绝大贡献也。[1]

钱穆先生说周公之“制礼作乐”，即包含今所谓新政治制度之创建，而其贡献即在使周以前分立之氏族转成一统政治之存在。“周公之众建诸侯，而使群戴周天子为中心，此即其封建之主要意义所在，而一言以蔽之，则即在于其尊一统也。周公封建之能使中国渐进于一统之局，尤贵在其重分权而不重集权，尊一统又更尚于分权，周公封建之为后儒所崇仰者正在此。”[2]

---

[1] 钱穆：《周公与中国文化》，《钱宾四先生全集》第18册，联经出版事业股份有限公司1998年版，第146页。

[2] 钱穆：《周公与中国文化》，《钱宾四先生全集》第18册，联经出版事业股份有限公司1998年版，第145页。

言周公封建，又必连带及于周公之定“宗法”。盖周公之封建制度，其主要精神，实寄托于其所定之宗法。此在近人，亦多能言之。然不知周公封建之主要义，实在于创建政治之一统性；而周公定宗法之主要义，则实为社会伦理之确立。而尤要者，在使政治制度，俯就于社会伦理而存在。故政治上之一统，其最后根柢，实在下而不在上，在社会而不在政府，在伦理而不在权力也。而就周公定宗法之再进一层而阐述其意义，则中国社会伦理，乃奠基于家庭。而家庭伦理，则奠基于个人内心自然之孝弟。自有个人之孝弟心而推本之以奠定宗法，又推本之以奠定封建；封建之主要义，在文教之一统；故推极西周封建制度之极致，必当达于“天下一家，中国一人”。太平、大同之理想，皆由此启其端。故论周公制礼作乐之最大最深义，其实即是个人道德之确立，而同时又是天下观念之确立也。大学之道，在明明德，在亲民，自修身、齐家、治国、平天下，一以贯之。《大学》之书，虽出自七十子后学者之所推论，而亦必有其渊源之所自焉。故《大学》之三纲领八条目一以贯之之大体系之骨骼与其精神，其实皆已自周公之定宗法而创封建而具有其规模矣。此在中国古代儒家，殆所谓心知其意，确有指对，固非凭空悬臆，漫然发为唐大不实之高论者。[1]

按钱穆的意思，封建寄托于宗法，宗法之主要义在于社会伦理之

[1] 钱穆:《周公与中国文化》,《钱宾四先生全集》第18册，联经出版事业股份有限公司 1998 年版，第 146 页。

确立，而伦理乃奠基于家庭，家庭则奠基于孝悌。故而封建、宗法之创建，在当时实有积极的作用，而且是绝大的作用。“故推极西周封建制度之极致，必当达于‘天下一家，中国一人’。太平、大同之理想，皆由此启其端。”习闻西方政治制度价值与意义者，或疑封建与“太平”“大同”之理想相悖；深究我国历史之钱穆，则将“太平”“大同”理想产生的史实之发生顺序阐释清楚。

熊十力说孟子“宗法社会思想亦甚深”，为“宗法社会之道德训条所拘束”，可以看出，熊十力对于宗法制度之历史与实际情况，缺少同情的理解，而对于家庭持“改革”的态度，确出于对于国家、民族和社会的关注，他说“要在本《公羊》与《礼运》改革家庭制度耳”，集中反映了这一点。

在传统与现代之间，熊十力较之激烈的反传统者，更注意沟通传统与现代，若为现代特别标榜的价值而竟决裂于传统，熊十力是否定这种可能性的。所以他又说：

> 今之言道德者，以为亲义序别信不适于新时代也。不知道德的表现，随伦类关系扩大而有新的形式。如旧言伦类，只有五品。今则不当限于此五，而有个人对社会之伦焉。独立、自尊、自觉、公共心、责任心、平等、自由、博爱，皆今之所谓新道德也。与旧云五品中之亲义序别信，异其形式矣。然而道德的本质，即所谓天性是也。此乃恒常不变，无新旧异也。亲义序别信，皆出于本心之不容已，皆天性也。独立、自尊，乃至自由、博爱，又何一而非出于本心之不容已，何一而非天性流行乎？[1]

---

[1] 熊十力：《中国历史讲话》，《熊十力全集》第2卷，第661—662页。

所谓“亲义序别信”是熊十力对于《虞书》“五品不逊”，“敬敷五教，在宽”的“五教”之义的简称。“按五品者，父子、君臣、长幼、夫妇、朋友，五伦也。五教，谓父子有亲，君臣有义，长幼有序，夫妇有别，朋友有信是也。亲义序别信五者，本于天性而达于伦类之中，各得其理，是所谓道德也。”[1]熊十力就当时思想界渴求“独立、自尊，乃至自由、博爱”之新道德有所阐发。在顺着时代阐发的同时，熊十力指出道德的本质即天性，而此天性乃恒常不变，无所谓新旧之异。在皆出自天性这一共同点上，熊十力将传统与现代打通：旧道德与新道德实只有古今表达形式之异，而其根本之为出自天性之不容已则一。较之激烈抨击传统者，熊十力更能深入理解传统，不唯更能深入理解传统，其实也更能理解现代。

（三）得失与启发

熊十力未能对《孝经》进行哲学层面之探讨，而是转向思想史、史料事实层面进行考察。熊十力在表达其外王学思想时评价孟子说：

> 《春秋》窜乱不始于汉，七十子后学，如曾、孟派之孝治思想早已改窜《春秋》。余已于前文言之，今更就《孟子》举证。《孟子·滕文公篇》有云：“世衰道微，邪说暴行有作，臣弑其君者有之，子弑其父者有之。孔子惧，作《春秋》。《春秋》，天子之事也。是故孔子曰‘知我者其惟《春秋》乎，罪我者其惟《春秋》乎’。”又曰：《春秋》成而乱臣贼子

[1] 熊十力：《中国历史讲话》，《熊十力全集》第2卷，第659页。

惧。……《春秋》本为贬天子之事，而孟子乃误解为孔子是窃天子职权，以诛乱贼之事。其误解孔子之言，以为孔子虑人之将罪我者，为其窃天子职权也。孟子竟以迂想妄测圣心，亦足惊异。[1]

《原儒》作为哲学著作不仅引发读者的“毁孝”之疑，且因批评曾子、孟子等先贤的同时，借着当时社会主义思潮来表达他的外王学思想，学者多怀疑熊十力受政治因素影响，思想发生“裂变”。实则，熊十力在《原儒》中是运用公羊三世义来表达他的“天下为公”的政治理想。熊十力“造”《原儒》，乃志在《春秋》。

但熊十力对孟子的批评终不相应。这表现在：一、对孟子所代表之道德形上学路数之不相应。二、批评“孟子误解孔子《春秋》”之不相应。对于第一点，前文已有论说，此处不赘。唯就熊十力对于孟子《春秋》学之误解稍作辨析。

上文熊十力所引《孟子·离娄下》紧接着的就是“圣王不作，诸侯放恣，处士横议，杨朱、墨翟之言盈天下”一句。在政治哲学层面看，所谓“圣王”乃是一个理念世界的概念，而不是一个现实世界的君主。孟子在这里，不是预设现实世界的君主为不需经过《春秋》裁判的对象，不是专就“乱臣贼子”说话。《春秋》成，《春秋》即圣王也。所以廖平认为：“‘乱臣贼子惧’，谓其改制作、绝乱源、失为厉之阶，非谓褒贬而已。”[2]马一浮同样说：“《春秋》之义，即诸圣之道也。其言之郑重分明如此，非孟子孰

[1] 熊十力：《原儒》，《熊十力全集》第6卷，第429页。

[2] 廖平：《知圣篇》，刘梦溪主编：《中国现代学术经典·廖平蒙文通卷》，河北教育出版社1996年版，第151页。

能及之？”[1]

然而熊十力没有机缘涵养此一学问路数，客观原因在于他真诚的应世关切。无论是对宗法制度的否定，还是对家庭制度的改革态度，都是熊十力面对古今中西之辩给出的思考关切。他对于国家观念的思考，同样如此。他说：

> 据实言之，我们所谓国家，与西洋列强所谓国家，根本不是一回事。西洋现代的国家，对内则常为一特殊阶级操持的工具，以镇压其他阶级；对外则常为抢夺他国他族的工具。他们的国家是这样的恶东西。列强之间，彼此都持着这样的恶东西相对待，不知将来如何得了。我们的国家，绝不同他们一样。我欲说明他，却难措辞。我听说英国罗素先生曾有一句话，他说，中国并不是一个现代国家，而是最高的文化团体。[2]

相比于现代国家，罗素看到中国是“最高的文化团体”的优点，康有为、严复和梁启超等看到中国不是现代国家的缺点，故而康有为强调保国、保种、保教的策略。严复对西学，特别是进化论思想的引进，提醒宗法社会的中国会在与现代国家的竞争中失败。梁启超则提出以国家意识取代原有的天下观念以提升国家的竞争力。相比于康、严、梁政治改革家的立场，熊十力则是理想政治的立场。前者思考如何在国家存亡危机面前，建立一个有竞争力的国家，后者乃是思考国家乃至天下的文化立场和人本立场。

---

[1] 马一浮：《马一浮全集》第1册上，浙江古籍出版社2013年版，第161页。
[2] 熊十力：《中国历史讲话》，《熊十力全集》第2卷，第647—648页。

再看看梁漱溟如何对待国家和制度。梁漱溟关切和深入反省的是如何能将西方优良制度引进中国而使之生根发芽。他在民国成立后农村衰败的教训中走出来，开始了乡村建设的实践，并思考培育中国式政治习惯的问题。从其以乡村建设的实践活动来培育中国式政治习惯的角度来说，梁漱溟是一个寓知于行的儒者。

马一浮虽然在早年翻译过西方政治学文章，也是中国引进《资本论》的第一人，亦曾游历西方多国，面对与梁、熊同样的社会思潮，但他却终于选择奉献于讲明中国文化。他主张以六经摄中西一切学问，不以西方学科分类来对待中学的态度，都表明了以文化为根本的立场。

面对西方制度文化的冲击，熊十力与慕外忘我者、安本不动者、寓知于行者都不同。慕外者，尽忘我之力而慕外也；安本者，尽全我之力而自知也；力行者，有一真知便荷担而行也。熊十力乃不安于三家而期大成者。我们不能因熊十力对于儒家道德实践的学问涵养不足而非之，更没有理由认为他的学问是为人之学。涵养固是为己，这种应世也不能说是为人。涵养至极而安本不动者，如马一浮；应世无累而有一真知便荷担而行者，如梁漱溟。就熊十力来说，是在涵养与应世之间。

熊十力的孝论和《孝经》观及其形成原因，反映了哲学与政治的复杂关系。哲学关心价值应然，政治务求制度设计，而两者都最终指向最高善。西方政治哲学中，柏拉图关心价值应然，而罗尔斯务求正义的制度设计。以《孝经》为例，注重阐发其道德形上学思想的，则属于价值应然层面，如曾、孟、黄道周、马一浮等；注重阐发其经学思想而期于规范政治的，则属于制度设计层面，如郑玄等。

如果从关切政治角度来看《孝经》而注重阐发其中的政制思

想来面对现实政治问题，而直谓《孝经》是一部政治书，是有见于政治之重要性；如果从关切道德角度来看《孝经》而注重阐发其中的道德形上学思想，则是有见于道德之重要性。能见道德之重要性，则能见孝与教之更为根本的关系。熊十力探索的是从教（涵养）的层面进入教、政不二的儒家政治哲学，走这样一条路，虽然同样在现实上未能达至教政不二的境地，但却是对政治有了反省之后的抉择。

熊十力早年即参加革命，在对政治予以更为深刻的思考而转入学问一途后，也有关心政治的进言书，但熊十力不就《孝经》阐发其政治制度意义，而是在政治哲学著作《原儒》中表明其政治理想和关怀。熊十力不就《孝经》表达其为当世政治考虑的应用方案，尤其能提醒学者，使其在表达其政治关切的同时，不使自己的关切之心唯肯定这一定向而忽视其他；提醒之，使其不仅表达其政治关切，而且更进一步反省这种关切效果以及反省关切之心是否以此为满足。

方以智说，“圣人体道尊德以立法”[1]，这是对哲学、道德以及政治三者之间关系之较圆融的说明。三不能一，则虚实未化而不能用大；一不能三，则差别未明而终失笼统。这就是说，第一步，初步分别哲学、道德以及政治的不同。第二步，要能在理智思维里，将这不同的三者，哲学地思考为同一个对象，将虚的哲学、道德实化，将实的政治虚化，才能明其所以。第三步，将已经在哲学理念中为一的这三者，再还原至它们的实际位置上去，以精密地考究其中的差别之理。

通过梳理熊十力的孝论及其《孝经》观，我们发现，尽管熊

［1］（明）方以智著，庞朴注：《东西均注释》，中华书局2001年版，第87页。

十力尊崇“仁体”这一概念，但在熊十力哲学中，“仁体”并不能得出独立于“易体”的意义。“仁体”不是从“孝”义生发的，而是从“易体”得到其本体—宇宙论支持的。

三、对于仁体之理解之深入

熊十力对仁体的理解的深入，一方面来自他对于与其师欧阳竟无和内学院佛弟子论学的反思，同时来自他与张东荪等人的学术讨论，使得其反思儒佛两家工夫论上的差异；一方面来自马一浮帮其修改《新唯识论》以及劝诫熊十力“宽以居之，仁以行之”的修养工夫，也包括唐君毅、牟宗三等同熊十力对宋明儒学的探讨。前一方面从消极方面使熊十力越来越认识到佛家的终极主张与自己对本体的探求和体悟相异，后一方面从积极方面使得熊十力在建立“新唯识论”体系之后，前进不已，没有停驻于这一本体—宇宙论体系，而是转而深入儒家学问，特别是深入宋明儒学的探究。如第一章所述，这一探究的成果以《读经示要》为标志。

对于“仁体”义的深入理解不仅在他后来同其师欧阳竟无的讨论中体现出来，而且在他的《新唯识》诸本之删改中体现出来，同时也在他归宗孔子后，自始至终强调儒佛二家的差别中体现出来。

（一）理解深入之条件

启发和涵育熊十力宋明儒学修养最早的要属马一浮了。马一浮不仅对于《新唯识论》（文言文本，1932）中《明心章》的撰写提供了很大帮助，而且促使熊十力不仅接受了这一建议，同时使其以此建议为标准，改定了《新唯识论》前半部。[1]

---

[1] 李清良：《马一浮对熊十力〈新唯识论〉中〈明心〉章之影响》，《湖南大学学报（社会科学版）》2009年第5期以及《马一浮对熊十力〈新唯识论〉前半部之影响》，《湖南师范大学社会科学学报》2009年第6期。

> 熊子真先生著《新唯识论》，至《明心》章下笔甚难，以风因以此意告先生。先生曰：心诚不易说。视之不见，听之不闻，而为天地之本，此言其体也。天地间交互往来，动静辟阖，兽胎鸟孳，万物生长，莫非心之流行，此言其用也。所谓寂然不动，随感而应，兼体、用而言也。若只以感应言心，则是说了一半，见其变易、生灭一边，而不见其不变易、不生灭一边。[1]

乌以风将熊十力《新唯识论》之《明心》章难以下笔的事情告于马一浮以求教。马一浮认为谈“心”不易，有从体上说，有从用上说，有兼体用说。马一浮认为熊十力谈“心”，只是“以感应言心”，因而只是说了一半，只见其变易、生灭一边，而不见其不变易、不生灭一边。

如有学者所说，马一浮“六艺论”和熊十力“新唯识论”都建立在《周易》三性（不易、变易、简易）的基础上，而马一浮侧重不易，熊十力侧重变易。[2]马一浮博闻广知，甚至在《新唯识论》中，熊十力体悟有得之天道性体之“变”义，也是马一浮在名词上用更雅的“翕辟成变”取代熊十力的“屈伸相感为变”[3]。但有证悟、修辞皆到；有证悟到，而修辞欠；有修辞雅，证悟未

[1] 马一浮：《问学私记》，《马一浮全集》第1册下，浙江古籍出版社2013年版，第732页。

[2] 刘乐恒：《“复性”与“创性”——马一浮与熊十力关于〈周易〉思想的论辩及其意义》，《哲学与文化》2014年第11期。

[3] 李清良：《马一浮对熊十力〈新唯识论〉前半部之影响》，《湖南师范大学社会科学学报》2009年第6期。

及。“屈伸相感为变”固然修辞欠雅，但此欠雅之辞分明从其证悟之体中流出，熊十力于实体之活动义**见得分明**。马一浮对于历来贤哲对于本体之不易、变易和简易三义之证悟**知得甚明**。当熊十力想以证悟本体之活动义去说心的时候，虽然对于心之变易义“见得分明”，但毕竟在言说层面谈“心”，心则不仅仅只有这一个“变易”义了。

但说“若只以感应言心，则是说了一半，见其变易、生灭一边，而不见其不变易、不生灭一边”，可能熊十力本人并不同意。何则？如果说熊十力对于本体是见其一边，不见其一边，则根本是不承认熊十力对于《周易》生生不息义之证悟。既然证悟本体，那么就其生生不息之活动来讲，可以说本体是变易的；就本体整个地一直处于这种变之态势之中来讲，可以说本体是不易的。

实则，本体不与物对，无论“变易、生灭”，还是“不变易、不生灭”，这些言辞都说不上，所谓“言语道断”。然而，对于在本体言说层面的融洽的提醒，对于熊十力对“由道德实践而上达天道”之实体之“不易”义的研究与涵养，究竟来说，是有帮助的。

> 与兄讲论之日虽尚浅，深服兄为学强毅缜密，与人言切挚猛利，但微似稍有急迫之意。固由悲心之厚，却非病体所宜。甚愿体“宽以居之仁以行之”之旨，使从容涵养，有怡然涣然之乐，似较有受用。吾人一心之礼乐，亦不可须臾离。工夫是礼，受用是乐。敬是工夫，和即是受用。先儒云：“敬则自然和。”此真体道有得之言，敢以此语奉献，未知当蒙首肯否？[1]（1930年9月8日）

---

［1］ 马一浮：《书札》，《马一浮全集》第2册上，浙江古籍出版社2013年版，第470页。

熊十力对于自己为学实有帮助的话，都听之不厌，记而不忘。马一浮 1930 年“宽以居之，仁以行之”这一句话，熊十力在 1947 年给牟宗三的信中，还在反复说到，并深刻反思自己尚未做到。[1]说没有做到，确实是没有做到，变化气质实难。但诚如马一浮所说，他与人言谈有急迫之意，并认为这是由于悲心之厚而引起。对于熊十力言谈之“切挚猛利”，没有多少人能忍受。但这种学术上的“切挚猛利”又和他回忆起家世时的“涕泪交流”形成鲜明对比。熊十力晚年在上海的弟子、易学研究者潘雨廷回忆道：

> 回忆第一次见面，熊师详述家世，滔滔不绝，连续一二小时未已。当孝思激动时，不期涕泪交流。劝慰再三，始平其情，复继述如前，间及情动，呜咽亦再。[2]

潘先生的记述和徐复观的记述十分相似，徐复观说道：“大概在民国三十四年春天，我去金刚碑看先生，临走时，送我送得很远，一面走，一面谈，并时时流下眼泪。”接着，熊十力同样与徐复观谈起了他的家世，又是“黄豆大的眼泪，不断地从眼角掉下来”。[3]

---

[1] 熊十力：《十力语要》，《熊十力全集》第 4 卷，第 348 页。

[2] 潘雨廷：《敬论熊十力师的思想结构》，《易学史发微》，复旦大学出版社 2001 年版，第 419 页。

[3] 徐复观：《有关熊十力先生的片鳞只爪》，《熊十力全集》附卷下，第 1408—1417 页。

> 夫体认之境，至难言也。由修养深纯，涤除情识，而得到之体认。此天人合一之境，（原注：实则即人即天，合一犹是费词。）中土哲人所为至卓绝也。[1]

在1943年8月《研究孔学宜注重〈易〉〈春秋〉〈周礼〉三经》一文中，熊十力说道：“《易》言之者，仁也，仁统万德生生不息之本体也；此不易者也。若只窥见变动而不悟仁体，则人类终古无所庇矣。”[2]言变动之易体而归于不易之仁体，且重视此不易之仁体，是熊十力对于不易之仁体的重视。

（二）理解深入之表现

1936年熊十力与唐君毅的学术讨论，已经增进了熊十力对儒家工夫论的理解。“仁体”一概念也渐渐形成。本章第一节已经论及，在《新唯识论》（文言文本，1932）中已经分析过，其“心体”义并不是宋明理学中之“心体”义，而是“恒转之易体显于心”而为言。

而在1938年的《中国历史讲话》中，熊十力则已经开始运用“仁体”这一概念去批评经学家郑康成，而这里所谓“仁体”，才是宋明儒学意义上的“心体”。在解释《周礼》“六德”之“智”时，熊十力说：

> 六德首智。万恶起于惑。未有愚而不恶者也。兽类凶噬，无智故耳。智者自明自了。心体澄明，无有感染。郑注

[1] 熊十力：《论玄学方法》，《熊十力全集》第8卷，第158页。

[2] 熊十力：《研究孔学宜注重〈易〉〈春秋〉〈周礼〉三经》，《熊十力全集》第8卷，第174页。

以明于事言之，陋矣。仁者与万物同体。郑注，爱人以及物，亦是。然非真能以万物为一体者，又何能爱人及物乎？郑氏未识仁之体也。[1]

从《新唯识论》诸本的删定也可以看出，熊十力对于“仁体”义的理解的不断深入。

《新论》语体本，比文言本，精密的多。此书极重要。[2]

所谓精密得多，不是在易体层面精密得多，而是在心体层面精密得多；不是在本体—宇宙论上精密得多，而是在心性论上精密得多。所谓“此书极重要”，对熊十力来说，是就自己的哲学在心性论上走向更加成熟的阶段来说显得极为重要。

熊十力对于“仁体”义的理解不断深入，还有一个标志性的特征即在《新唯识论》（语体文本，1944）中，开始以“仁体”来界定实体、易体了。这标志着在师友、学生的帮助下，熊十力对于“心体”义之理解的不断深入。可以说，《新唯识论》（文言文本，1932）中，熊十力对于“仁”，还是“借得的有”，借得之，以明心之不化于物，而为能识生生不息之天道易体之性能。而在《新唯识论》（语体文本，1944）中，熊十力对于“仁”，则是“习得的有”，习得之，而“仁智虽可分言，而毕竟一体”。

余以为儒家根本大典首推《易》。《易》之为书，名数为

[1] 熊十力：《中国历史讲话》，《熊十力全集》第2卷，第679页。

[2] 熊十力：《与友论〈新唯识论〉》，《熊十力全集》第8卷，第331页。

经，质力为纬，非智之事欤！汉人言《易》，曰乾为仁，坤元亦是乾元。然则遍六十四卦，绵乾为之主宰，即无往而非仁之流行也。**据此，则《易》之为书，以仁为骨子，而智运于其间。后儒若宋、明语录，则求仁道功殊切，而尚智之用未宏。**（原注：**《论语》记者，似只注重孔子言仁与实践的方面。非是孔子之道有偏，只记者有偏注耳。汉以来经师，仁智俱失。宋、明儒却知求仁。**）《新论》救后儒之蔽，尊性智，而未尝遗量智。归乎证量，而始终尚思辨。性智，即仁体也。证量，即由不违仁，而后得此也。思辨，即性智之发用，周通乎万事万物，万理昭著。如人体无麻木枯萎、血气不运之患。则仁智虽可分言，而毕竟一体也。《新论》准《大易》而作，形式不同，而义蕴自相和会。[1]

《新唯识论》是遵《周易》而作，而“《易》之为书，名数为经，质力为纬”，是智之事。但在熊十力看来，《论语》的记录者是偏重仁。宋明儒于求仁之功殊切，而尚智之用未宏。这些观点，是文言文时期的熊十力就已经有的。而到了《新唯识论》（语体文本）时，一个显著的差别是，熊十力直接以“仁体”规定性智。虽然在此研究儒家学问阶段之前，以及晚年，熊十力都是侧重以性智规定仁体，但毕竟在此习得“仁体”义后，有过以“仁体”规定性智的时候。“仁智虽可分言，而毕竟一体”表明，熊十力可以不将“仁”，不将“仁体”义作为附属于“智”的成分而给予其重视，即不再是《新唯识论》（文言文本）时期以易体之展现于心来言“心体”了。证悟之智，习得之仁，此时终成一体。

---

[1] 熊十力：《与友论〈新唯识论〉》，《熊十力全集》第8卷，第338—339页。

孔子说“求仁得仁”“我欲仁，斯仁至矣”，但没有说“求智得智”“我欲智，斯智至矣”，因为“惟上智与下愚不移”。说“求仁得仁”，受众听之，奋发不已。仁也，智也，忧也，叹也，而无仁智忧叹之相。教法随机，俗雅随需。唯显仁相，或显求仁之相，偏；唯显智相，或显求智之相，偏。方以智说“不昧同体之仁，善用分别之智”，是分说仁、智；而熊十力“仁智虽可分言，而毕竟一体”，是合说仁、智。无论分合，都希望达至仁智不二之境。因而，熊十力哲学虽然从智出发——“新唯识论”体系主性智，但毕竟要对求仁之学探求不已，希冀达到他所归宗的孔子教授七十子的三达德的完美统一。

第一节和本节将熊十力本体—宇宙论分为“易体”和“仁体”两个概念来阐述，需要注意的是并没有二体，而只有一体。只是为论述熊十力基于体悟《易》学的天道“生生”义以及研究儒家道德形上学的学术历程，而方便言之。

第三节　熊十力内圣学之特质

本章前两节对熊十力内圣学之“易体”与“仁体”两个组成部分的分析，能使我们不再将其内圣学简单地看成一种直接继承阳明学的“新心学”，也能使我们不再忽视熊十力对于阳明学与道德形上学苦苦参究的事实。**熊十力内圣学的特征在于：建基于对天道易体的体悟以及对道德形上学的研究**。

结合哲学史看，熊十力的内圣学与庄子、列子、僧肇、濂溪、赫拉克利特有部分相似性。对于庄子、列子、僧肇，熊十力在表述其内圣学的时候，常引用之以表达己意，唯其皆有见于《大易》生生不息、变动不居义，所以如此。熊十力对于前三子的内圣学之相契，在前文（特别是第一章）已有较详细的讨论，这里主要比较熊十力与周濂溪、赫拉克利特的内圣学之异同，从而使我们加深对熊十力内圣学特质之认识。

一、熊十力与周濂溪

无论从熊十力内圣学发展进程来看，还是深入其内圣学内部，辨析出其与阳明学的差异来看，熊十力哲学都是以《易》为其内圣学宏纲。对于天道易体，熊十力是体悟有得；对于心体义、仁义、阳明学，熊十力是研究有得。

熊十力对于宋明儒学的态度是赞扬和批评两种态度并存。赞扬，是在友人、学生的启发下，注意到了宋明儒学的重要性，并在深入研究中土儒学后，认定宋明儒学为孔子的嫡传。《大易》乾元即仁，而宋明儒学对于“仁体”义的阐发及其工夫路数的价值不可毁。“中国哲学，由道德实践，而证得真体”，是熊十力对于宋明儒学的研究心得。然而，熊十力自谓“于汉、宋两学皆不契”，这就表明他的哲学生命不能从此两途入，所以，这种起始的不契合，决定了熊十力对于宋明儒学的态度就不仅仅是赞扬的一面。晚年《原儒》《乾坤衍》诸“内圣外王”体系的著作，熊十力唯孔子是归，以《易》折中诸子。故而，不仅对于庄老、孟荀，对于阳明、朱子，熊十力都有所折中。

然而，熊十力对于濂溪的态度却不好说，在《破破新唯识论》中，对于批评方将《新唯识论》比拟于濂溪哲学，熊十力作出了自己的哲学与濂溪哲学不同的有力回应：

《图说》与《易》悖者，不止“无极”二字，其言阴阳动静，尤为乖谬。汉儒言《易》，曰“阳动而进，阴动而退”，是阴阳皆以动言之也。征之《乾》曰“行健”，《坤》曰“行地无疆”，（原注：《程传》亦行健义。）可谓深得易理。今《图说》曰：“太极动而生阳，静而生阴”，是以动静分阴阳，明与《易》反。[1]

实际上，批评者将《新唯识论》联系到《太极图说》是很自然的，因为两者都是在说明太极生生变易之理。熊十力说：

翕辟只是动力之殊势，（原注：只是两种动势，故曰“殊势”。）翕似幻成乎物，而实无物，故不能做静象观。此与《图说》言“静而生阴”者，根本异旨。（原注：阴者以言乎物也，《图说》于物作静象观，而不观动势，故言静而生阴。）次则吾言翕辟两种动势，却是同时，（原注：翕辟非有次第，故假说同时，实则无所谓时间。）若不同时俱有，便是孤独成变，无有此理。此与《图说》绝对无可牵附。[2]

批评者认为《新唯识论》“翕辟成变”义相似于《太极图说》，认为“恒转”即“无极而太极”，“辟”即“太极动而生阳”意，“翕”即“动极而静，静而生阴”。故熊十力极辩二者不同。熊十力以其有见于易体之“一体”义而遂判定《太极图说》以阴阳分属动静之偏，进而认为《太极图说》没有《通书》纯正，《通书》深于知化。

[1] 熊十力：《破破新唯识论》，《熊十力全集》第2卷，第192页。
[2] 熊十力：《破破新唯识论》，《熊十力全集》第2卷，第193页。

“详此所云‘动极而静’，‘静极复动’，则方动固无静，待动之极而后静；方静固无动，待静之极而后动。若尔，即当其动而生阳时，阳为孤阳；及其静而生阴时，阴又为孤阴。岂有此偏至之化理耶？”[1]

熊十力此时首要目的是辩驳对手，从王阳明、牟宗三的分析来看，似是熊十力未能对于《图说》作同理、同情的理解，而只顾辩自己的体系与濂溪哲学的不同。实际上，若能于濂溪《太极图说》作同情的理解，其会发现濂溪与自己不异，但这种不异，并不会使得《新唯识论》没有价值。实则，“无极”是否与《易》相悖者，牟宗三后来作了详细分析，而《太极图说》非与《易》理相悖，而须予以同情之理解，则王阳明、牟宗三都有解说、分析。

对于“无极”问题，牟宗三认为：“太极是正面字眼，无极是负面字眼。似亦可说太极是对于道体之表诠，无极是对于道体之遮诠。太极是实体词，无极是状词。”[2]他说：“‘无极而太极’意即‘无极之极’，非无极与太极也。而无极亦非没有太极之意也。‘无极’中之‘极’字意许为限定之极，‘太极’中之极字是无限定之极。遮彼限定之极而显其为无限定之极，此即是‘太极’，此即是绝对的最后者。”[3]

对于“太极动而生阳，静而生阴”问题，王阳明说道：“周子静极而动之说，苟不善观，亦未免有病。盖其意从太极动而生阳、静而生阴说来。太极生生之理，妙用无息而常体不易。太极之生生即阴阳之生生。就其生生之中，指其妙用无息者而谓之

[1] 熊十力：《破破新唯识论》，《熊十力全集》第2卷，第192页。
[2] 牟宗三：《心体与性体》上册，上海古籍出版社1999年版，第306—307页。
[3] 牟宗三：《心体与性体》上册，上海古籍出版社1999年版，第307页。

动，谓之阳之生。**非谓动而后生阳也**。就其生生之中指其常体不易者而谓之静，谓之阴之生。**非谓静而后生阴也**。若果静而后生阴，动而后生阳，则是阴阳动静截然各自为一物矣。”[1]牟宗三分析道：“从超越层上说下来，说动而生阳，静而生阴，或说张而有动，驰而有静，此所谓‘生’或‘有’乃是成全地生或有，不是说自然生命连同其曲折与波浪皆是存在地由诚体而生出也。此即我警告说：不可表面地徒顺其字面之次序而空头地视为外在之直线的宇宙演化而解之。太极、诚体之神之动而生阳，静而生阴，或张而有动，驰而有静，是成全地生，成全地有。”[2]

不知后来熊十力是否看到上述王阳明对于濂溪《太极图》的解读，但即使没有，这也不妨碍熊十力对于濂溪“高明”的判定。早在《破破新唯识论》中，熊十力虽然对《太极图说》有所批评，但对于《通书》是深为赞赏的。《存斋随笔》中，熊十力更是说道：

> 余常体会生命力自创自造之伟大变动。少时阅览周濂溪语录，称其窗前绿草不肯除。人问其故，先生曰：“看看大造生意。”余于濂溪答辞甚有感发，惟觉其修词似欠妥。造化，本有宗教意义，以为凡物之有生，天赋之也。（原注：天者，谓上帝。）此类名词可不用。生意，不妨易为生机。但名句间小疵，无碍于先生之高明。[3]

---

［1］（明）王守仁：《王阳明全集》上册，上海古籍出版社2011年版，第72—73页。
［2］ 牟宗三：《心体与性体》上册，上海古籍出版社1999年版，第312页。
［3］ 熊十力：《存斋随笔》，《熊十力全集》第7卷，第885—886页。

熊十力说“于濂溪答辞甚有感发”，实际上正在于他们哲学的进路相同以及哲学所造之同而然，此即：皆从《易》而得天道“生生”义。熊十力对于“上帝”“宗教”等词语持保留态度，所以认为将“生意”换成“生机”合适。但无论“生意”，还是“生机”，根本在于“生生”义，这一点相同，决定了即使是熊十力认定濂溪的“名句间小疵”，也无碍于许之“高明”之判定。

今略检熊十力哲学与濂溪哲学同异如下。

（一）十三悟道，同

周濂溪与熊十力两人出生、成长遭遇相似。周濂溪“是一位有原创力的哲学家，除了早年接受过舅父郑向的调教外，再也未正式地拜过老师。潘兴嗣在《仙居县太君郑氏墓志铭》中写道：‘敦颐幼孤，自立好学不群’”。[1]吴草庐称“不由师授，默契道妙”。[2]而熊十力也如此，早年只读过几年私塾，就再也没接受正式的学校教育。熊十力同样“少失怙”，只是周濂溪是舅父带大，而熊十力是由兄长照顾。相似于濂溪的“好学不群”，熊十力也是好学不已，主张“思修交尽”，同时给人“孤冷”的感觉。

两人均少年颖悟，而且都是在十三岁。据《周敦颐年谱》记载：“先生**时年十三，志趣高远**。里有濂溪，溪有桥，桥有小亭，先生常钓游其上，吟风弄月，至今父老犹能言之。濂溪之西十里，有岩洞，高敞虚明，东西两门，入之若月上下弦，中圆若月望，俗呼月岩。先生好游其间，相传覩（案：同睹）此而悟‘太

[1] 宋志明：《论理学开山周敦颐的学术特色》，《湖南大学学报（社会科学版）》2009年第4期。

[2]《宋元学案·濂溪学案》下，《黄宗羲全集》，浙江古籍出版社1992年版，第632页。

极'，想当然耳。"[1]而熊十力《心书》自述："**年十三岁，登高而伤秋毫，**（原注：时喟然叹曰：此秋毫始为茂草，春夏时，吸收水土空气诸成分，而油然滋荣者也。未几零落为秋毫，刹那刹那，将秋毫且不可得，求其原质，亦复无有。三界诸有为相，皆可作如是观。）**顿念万有皆幻**。由是放荡形骸，妄骋淫佚，久之觉其烦恼，更进求安心立命之道。"[2]无论是濂溪十三之悟太极，还是熊十力十三之悟般若，都表明了两人的哲学颖悟之早，而后来的哲学学习和思考，都是基于此而发生、扩展和成熟。

（二）有得于《易》，同

胡五峰曰："人见其书之约也，而不知其道之大也；见其文之质也，而不知其义之精也；见其言之淡也，而不知其味之长也。"[3]这是从著作、言谈上来说濂溪道义之大、精而不以书之博约、言之浓淡为标志。朱元晦曰："濂溪在当时，人见其政事精绝则以为宦业过人，见其有山林之志则以为襟怀洒落，有仙风道气，无有知其学者。"[4]这是从行状上来述濂溪。入世，即贞干用事而精诚；明心，则孔颜之志而希天。张南轩曰："先生之学，渊源精粹，实自得于其心，而其妙乃在太极一图。穷二气之所根，极万物之所行，而明主静之为本，以见圣人之所以立人极，

[1]（宋）周敦颐著，陈克明点校：《周敦颐集》附录，中华书局2009年版，第100—101页。

[2] 熊十力：《心书》，《熊十力全集》第1卷第5页。按：此又见《十力语要初续》，《熊十力全集》第5卷，第141页："熊先生尝自言：弱冠时，一日登高，睹秋草零落，忽生悲感，推想天地万物皆归无何有之乡。"

[3]《宋元学案·濂溪学案》下，《黄宗羲全集》，浙江古籍出版社1992年版，第630页。

[4]《宋元学案·濂溪学案》下，《黄宗羲全集》，浙江古籍出版社1992年版，第631页。

而君子之所当修为者也。”[1]“渊源精粹”即指其学之纯化，“自得于心”，即其“不由师授，默契道妙”。

关键在于，其“自得于心”之学究竟是何种学？所“默契道妙”之道是何种道？胡、朱、张只述其学之“相状”而未规定之，黄宗羲则论曰，“周子之学以诚为本”，从概念上说，这就是以“诚”“道德形上学”为周濂溪的学问根柢；从著作上说，这就是以《通书》为周子之学之根柢。支持这一观点的论据有两条：一是濂溪教授二程的本子是《通书》在前，而《太极图》在后；二是编次濂溪著作的诸多版本，都将《通书》放在《太极图》之前。[2]

而朱子则力主“先生之学，其妙具于《太极》一图”，是不以《通书》为周子学问根柢。其言：“盖先生之学，其妙具于《太极》一图。《通书》之言，皆发于此图之蕴。”[3]又说：“盖先生之学之奥，其可以象告者，莫备于《太极》之一图。若《通书》之言，盖皆所以发明其蕴，而《诚》《动静》《理性命》等章为尤著。”[4]所以，朱子主张《太极图》应编在《通书》之前。而除了义理上的论据，还有一个外在的论据也可为朱子所用：“潘清逸志先生之墓，叙所著书，特以作《太极图》为称首。”[5]所以朱子说：“然则此《图》当为《书》首，不疑也。”“故今特据潘《志》置《图》篇端，以为先生之精意，则可以通乎《书》之说矣。”

朱熹认为《通书》本号《易通》[6]，而濂溪还有《易说》，可

[1] 《周子全书》卷五，商务印书馆1937年版，第69页。

[2] 这两点参见（宋）朱熹：《太极通书后序》《再定太极通书后序》，《周敦颐集》，中华书局2009年版。

[3][5] （宋）朱熹：《太极通书后序》，《周敦颐集》，中华书局2009年版，第44页。

[4] （宋）朱熹：《太极通书后序》，《周敦颐集》，中华书局2009年版，第46页。

[6] （宋）朱熹：《通书后记》，《周敦颐集》，中华书局2009年版，第49页。

惜已经失传，并说“以《图》《书》推之，知其所发当极精要，微言湮没，甚可惜也！”[1]所以在朱子看来，濂溪之学之根柢在《易》（以《太极图》而示其象）。今人邱汉生先生对潘兴嗣在濂溪《墓志铭》中“作太极图易说通书十篇”重新标点断句，认为周敦颐没有作过《易说》，而只是作《太极图·易说》和《易通》。[2]但纵如此，朱子认定《太极图说》在道理上先于《通书》，因而在著作编次上应先于《通书》的观点却不是孤例。束景南先生即通过考辨认为：周敦颐的《太极图说》是借道图论述“生生不已”的变易思想，是一部论易理之书。[3]可以说，束景南先生的结论与朱子的观点相契，更为熊十力相契于濂溪找到了原因：**即周濂溪和熊十力都是有见于天道生生不已的变易之理**。我们知道，熊十力哲学的根柢在《易》，也是确然无疑的。无论是从本章第一、二节就熊十力对于易体是体悟有得而对于仁体是研究有得的区分来看，还是通过他外王学的主张也根于《易》、与《易》义一贯来看，都可知其哲学的根柢在《易》。所以周濂溪与熊十力，皆有得于《易》而为其学问根本，这一点是相同的。

（三）以《易》通仁学，同

濂溪于天道生生不已之易理有得，继而通之于人事、性命，以天道性命相贯通，是为天人不二。《通书》即《易通》，《易通》即以《易》通道德也，也即以易体通于仁学，而于仁学得其独立的精义之作。而熊十力也是于天道生生不已之易理有得，继而通

[1]（宋）朱熹：《太极通书后序》，《周敦颐集》，中华书局2009年版，第44页。
[2] 参见束景南：《周敦颐〈太极图说〉新考》，《中国社会科学》1988年第2期。
[3] 束景南：《周敦颐〈太极图说〉新考》，《中国社会科学》1988年第2期。

之于仁学，这在前文已经论述过。

（四）以易通仁学，所通之程度，异

1. 熊十力：“使从容涵养”到“以义度人”

在内圣学方面，马一浮劝诫熊十力“从容涵养”，熊十力谨记于心，直至《读经示要》（六十岁左右）仍感叹“宽以居之，仁以行之”之难。

1930年9月8日，马一浮给熊十力的回信中说道：

> 尊兄信《华严》，而不信华严宗诸师，此论亦稍过。若谓诸师笼统，尚待一一简出，甚愿尊兄节省精力，暂且置之。弟意终不欲轻诽古人，以为若论学第，自有深浅；若论性分，岂唯今日胜他不得，尽未来际，后后亦不能胜于前前。与兄讲论之日虽尚浅，深服兄为学强毅缜密，与人言切挚猛利，但微似稍有急迫之意。固由悲心之厚，却非病体所宜。**甚愿体“宽以居之，仁以行之”之旨，使从容涵养，有怡然涣然之乐，似较有受用**。吾人一心之礼乐，亦不可须臾离。工夫是礼，受用是乐。敬是工夫，和即是受用。[1]

马一浮对于熊十力不信华严诸师表示异议，并劝说论学有深浅，而性分无古今，不能轻易否定古人。在评价了熊十力为学强毅缜密、言谈切挚猛利的特点后，马一浮认为他有急迫之意，并非常善意地将此归为熊十力的悲心之厚，希望熊十力体会“宽以居之，仁以行之”的宗旨，进而从容涵养。而熊十力对于马一浮

[1] 马一浮：《书札》，《马一浮全集》第2册上，浙江古籍出版社2013年版，第470页。

“宽以居之，仁以行之”之告诫，一直深记于心。

1947年出版的《十力语要》中熊十力答复牟宗三的一封信中，熊十力在牟宗三的直言下，自我反省道：

> 吾识量不欲隘，而德度实未宏，忧世之思深，愤世之情急，忧愤激而亦不忍离世，故求人也殷，责人也切。而原人、容人、因势顺诱之权，全无所有。求之殷而人愈不相喻，责之切而人益复相疏。吾之情且激，而无以自安，有时甚失慈祥意思，此则余之所以智及而不能仁守，是余所长负疚先圣贤者也。吾清夜自省，常自痛恨，而习气难移，信乎变化气质之不易也。**“宽以居之，仁以行之”，此境真不易**。吾欲从事于斯，冀收桑榆之效，吾子可直言阙失，使老境不至日趋乖戾耳。[1]

熊十力与弟子的学术交流还是“切挚猛利”，弟子牟宗三对其过于“情急”“愤激”，如实告师，熊十力便自我反思起来，感慨习气难移，深叹马一浮所劝八字不易做到。

1949年，熊十力在广州，他自述道：

> 吾日危坐一楼，如老僧入定，虽杂念似伏，而藏识海中无量染种潜滋暗长，未易奏廓清之功，惭愧无已。兼以气候苦人，此心每为境缘所逼，不获自在。平生修学，到老不脱凡夫，诚自憾也！[2]

---

［1］熊十力：《十力语要》，《熊十力全集》第4卷，第348页。
［2］熊十力：《十力语要初续》，《熊十力全集》第5卷，第279页。

在广州番禺时，熊十力终日危坐一楼，反思内在心理活动，欲诚其意而杂念伏，并为此惭愧不已，终而感叹：平生修学，到老不脱凡夫。

熊十力20世纪50年代以前的涵养修身工夫以及自省自言即如上所述。我们知道，熊十力无论是与人论学还是学术著作，都“以义度人”。

而熊十力内圣学之哲学活动上，对于仁体之理解之程度，在第二章“对仁体的研究”这一节已经讲明。熊十力对于万物一体的结论是承认的，但道德形上学之万物一体之结论是通过道德实践而达至，而他和周濂溪一样，是体悟易道而达至。比较而言，周濂溪则对于仁体一概念有更纯熟的理解，以“诚体”沟通了“易体”和“仁体”，即道与德。

2. 周濂溪《易通》：从易体所通而至仁体之纯

周濂溪的《易通》(《通书》)，虽然同样是从易体而通至仁体，但所通之程度较深，即更纯于仁体。即仁体虽然是从易体而来，可一旦通贯后，仁体即获得了独立于易体的意义，说仁体即可单就仁体本身而言，即单独就道德形上学本身而言。

正是因为周濂溪对于仁体概念的纯熟，黄宗羲才会以“诚”为濂溪之学之本，因而同样才会有牟宗三先生继黄宗羲而发挥周濂溪开道德形上学之端之论。黄宗羲说：

> 周子之学以诚为本。从寂然不动处握诚之本，故曰“主静立极”。本立而道生，千变万化皆从此出。化吉凶悔吝之途，而反覆其不善之动是主静真得力处。静妙于动，动即是静，无动无静，神也，一之至也，天之道也。千载不传之秘，

固在是矣。[1]

牟宗三对此解释道："所谓'千载不传之秘固在是矣'，并非真有若何不传之秘密，至今始传，实乃运会所至，心态相应，睽隔不通者至今始通，茫然不解者至今始解耳。……所谓心态相应，生命相应者，实即道德意识之豁醒。道德意识中涵有道德主体之挺立，德性动源之开发，德性人格（德性之体现者）之极致。"[2]

周濂溪从《易》所通至《通书》，或者说从易体所通至仁体纯熟之标志，即在其"诚体"一概念之形成。"濂溪言天道、言诚体、言寂感，未有不本于圣不归于圣者。本于圣，是表示此种理境由圣心而开发；归于圣，是表示此种理境由圣心而证实。此为儒家之传统精神，自孔子践仁知天、孟子尽心知性知天而已然。天道、诚体、寂感之为实体是道德的实体。道德的实体只有通过道德意识与道德践履而呈现而印证。"[3]

在周濂溪，虽以悟太极为其根本，而至其以易体通至诚体后，诚体不仅与易体不异（此牟宗三发挥者），而且诚体同时获得其独立于易体的意义。诚体即成为一独立的道德形上学概念。如果再回忆熊十力（本章第一节第三部分），彼所谓"心体"虽与易体不异，但仍是重在体，心体之"心"的意味不重，这即是说"心体"（在周濂溪是"诚体"）仍未获得其独立于"易体"的地位。

所以，可以看出，在周濂溪这里，正是因为其"诚体"概念之既联系而又独立于易体，故其"诚体"纯熟，其道德形上学纯熟；

[1] 黄宗羲：《宋元学案・濂溪学案下》，《黄宗羲全集》（第三册），浙江古籍出版社1992年版，第633页。

[2] 牟宗三：《心体与性体》上册，上海古籍出版社1999年版，第275页。

[3] 牟宗三：《心体与性体》上册，上海古籍出版社1999年版，第285页。

在熊十力这里，“心体”之概念虽联系却尚未能独立于易体，故其道德形上学尚未纯熟。正是因为道德形上学尚未纯熟，其对于阳明学的理解、批评尚未成熟，其孝论及其《孝经》观，也因此不能站在道德形上学角度去理解，从而引起读者“毁孝”之疑。

二、熊十力与赫拉克利特

在本体—宇宙论方面，中西哲人也会有相同的见解。西方哲人对老子哲学的重视，正在于老子本体—宇宙论的可理解性、亲切性。同理，赫拉克利特的宇宙论同熊十力的本体—宇宙论也有着类似的亲和性。

赫拉克利特有着同庄子、僧肇“回也见新，交臂非故”同一理趣的“一切皆流，万物常新”说：

> 我们不能两次踏进同一条河，[按照赫拉克利特说，也不能两次摸到同一个一模一样的变迁实体，由于变化剧烈、迅速，]它散又聚，合而又分。
>
> 踏进同一条河的人，不断遇到新的水流。灵魂也是从湿气里蒸发出来的。
>
> 我们踏进又踏不进同一条河，我们存在又不存在。
>
> 太阳每天都是新的，永远不断地更新。[1]

[1] 北京大学哲学系外国哲学史教研室编译：《西方哲学原著选读》上卷，商务印书馆1981年版，第23页。

若熊十力看到这段文字，会有“同心之言，其臭如兰”之叹，若熊十力在《新唯识论》(文言文本)之前看到这段文字，他也完全可以择取此段文字以论述其“翕辟成变”的“新唯识论”体系。盖无物静止，所以“不能踏进同一条河流”，所以“也不能两次摸到同一个一模一样的变迁实体”，“所以太阳每天都是新的”，万法唯识，大哉变也。“踏进同一条河的人，不断遇到新的水流”，这就是孔子“逝者如斯夫，不舍昼夜”之叹，也就是庄子、僧肇“回也见新，交臂非故”之证。熊十力在《原儒》序言中，曾以十六句来概括其宇宙论：

> 一为无量，无量为一。
> 全中有分，分分是全。
> 始则有终，终而复始。
> 此转为彼，彼亦莫往。
> 发展无竭，譬彼洪流。
> 自由必然，无想有鹄。
> 伟哉造化，怒者其谁？
> 相反相成，万有公则。[1]

“一为无量，无量为一”就是一种“至大无外，至小无内”的宇宙观，“全中有分，分分是全”，则同于赫拉克利特“聚又散，合而又分”的观点，即熊十力常用“大海水与众沤”之喻所阐发者。接下来是就用而谈，“始则有终，终而复始。此转为彼，彼亦莫往”，

[1] 熊十力:《原儒》,《熊十力全集》第6卷，第323页。

是熊十力联系着辩证法来发挥其宇宙论观点来谈的。而"发展无竭，譬彼洪流"即无物静止，生生不已，如"逝者如斯夫"的河水。熊注："无想者，谓无有意想；有鹄者，谓有目的。"而"伟哉造化，怒者其谁"，即用《齐物论》语以明造化无有主动之神。"相反相成，万有公则"，则说相反相成的观点。

在"相反者相成"的观点上，赫拉克利特讲道：

> 相反的东西结合在一起，不同的音调造成最美的和谐，一切都是通过斗争而产生的。[1]

这里的"斗争"是指相反的东西结合在一起时的运动、动势。可以看出，这跟"相反相成，万有公则"的观点一致。熊十力说："太极是一，阴阳为两，一之显为阴阳而成两，非两在一外。一，冲寞无朕，而固涵两几。两，以相反而成变，万象著矣。变不孤起，有两故相反，由反故变，变成而顺于一之正，故和。"[2]又说："是故两之反，非果反也，反而成变，则顺其本，究于太和。故知宇宙为冲和之蕴，非斗争之府。推此而言群变，则斗争为革命时不得已之方，革命既成，必息斗争而为太和，顺人性之正，确然无疑也。"[3]《论六经》里的这两段话，虽然说是出于熊十力致用的目的而言，但完全同其宇宙观一致，可谓体用不二、内圣与外王不二。

[1] 北京大学哲学系外国哲学史教研室编译：《西方哲学原著选读》上卷，商务印书馆1981年版，第23页。

[2] 熊十力：《论六经》，《熊十力全集》第5卷，第664—665页。

[3] 熊十力：《论六经》，《熊十力全集》第5卷，第665页。

在熊十力哲学中，虽说打通了天道易体与仁体，即乾元即仁，仁体即实体，但就熊十力哲学发展历程的实际情况以及其著作呈现的实际观点看，仍是侧重从天道易体来阐发其内圣学和外王学，而于仁体之阐发偏少。《读经示要》虽在内圣学上于仁体多有阐发，于外王学上以仁体引出外王学之“群经治道”九义，但并不被熊十力自己认为是其代表性的著作，而代表了熊十力哲学最成熟形态的“内圣外王”之体系的也是《体用论》(《明心篇》)、《原儒》、《乾坤衍》等。在熊十力那里，是以“变”规定“仁”，以“乾”定义“仁”。

同时，正是因为有这样一个侧重，内圣外王之哲学体系下的熊十力对于宋明儒、对于王阳明才又有批评。如果认为熊十力哲学的根核是阳明学，就无法解释熊十力在《原儒》以及《乾坤衍》等晚年著作中对于王阳明的批评了。所以，如果要说熊十力哲学对于阳明学有所继承，那也是研究有得的继承，不是体贴有得的继承；是有所保留、后期加以批评的继承，而不是相应于心，始终态度一致的继承。

熊十力对于天道易体是体悟有得，而对于心体、仁体是研究有得。这是深入熊十力哲学、宋明哲学研究后必须有的区分。**我们可以进一步说，熊十力哲学明于天道，而亦尊人道、仁道；陆王哲学则明于仁道，而亦尊天道、易道**。虽然两种哲学都可以讲天人不二、天道人道为一，但终究不同。在熊十力哲学系统中，虽然天人不二，天道和人道相贯通，易道和仁道相贯通，但较之于孔子说仁、陆王说仁，仍未精熟；在陆王哲学中，虽然也能说天人不二，心体与性体即为天道与易体，但较之孔子说易、说乾，稍欠灵健。

在熊十力哲学中，仁体不是独立地一于易体的，而是附属地一于易体；正如在陆王心学中，易体不是独立地一于仁体的，而是附属地一于仁体的。此即：诸体不是从其物之理本身之理路而被哲学化地属之于一。

易体独立地一于本体，就需要按易体之本身之进路去明了易体后，进而说易体与仁体不二。而不是精于仁体后，在能达至一形而上学之境的情况下，只是知其总相地将易体收摄于仁体而说不二，而未曾经历其差别。只有明其与仁体之理路之差别而知之、履之，进而得之，继而再融易体与仁体为一，将两者哲学化为一，这才是独立地一于本体，才是董仲舒所谓“属之于元”。同理，仁体独立地一于本体，也是如此。

易体、仁体，这些是形而上学概念，当它们重新作为对象需要被哲学化时，它们又是具体的，需要独立地被经验。方以智称孟子为“邹均”，老子为“混成均”，他们（孟子、老子）已经是一个均体，可以均一切物象。而称孔子为“大成均”，大成均不仅能均一些物象，还均一个一个的均体。如果将易体比作易均，仁体比作“蒙均”，那么重新哲学化而一者，就是所谓集大成。

第三章　从内圣学到外王学

从熊十力“内圣外王”体系本身来说，内圣必然要求外王，而外王必以内圣为根据。内圣与外王不能割裂。专注内圣，则外王之学只能隶属地讲之于内圣学，而外王之所以为外王，不能得其独立的意义，进而对于怀政治野心者不能收摄；专注外王，对于内圣之学纵口默而实贬于内心，实不知失内圣之几，而所谓外王之学则远离孔子，渐入偏僻。

说外王必以内圣为根据，也就是说熊十力的内圣学引出了他的外王学。熊十力多次阐发“外王学骨髓在内圣，不解内圣休谈外王”的观点。

> 《庄子·天下篇》以“内圣外王”称孔子，却是囊括大宇。孔子与儒学之广大在此。然此四字昔人以来皆作陈言笼统胡混过去，不问如何是内圣，如何是外王。且**外王骨髓在内圣，不解内圣休谈外王**。[1]

> 已说内圣，次及外王。王者往义，群生共向往太平之

[1] 熊十力：《原儒》，《熊十力全集》第6卷，第345页。

道，而其功力无止境，故曰往也。**圣学归根，在天地万物一体处立命，外王学之骨髓在此。**其创化、敷治、极于裁成天地，辅相万物，又曰位天地，育万物。其道广大，其智广大，其规模宏阔，其前识深远，孰是有慧，忍不服膺。[1]

可以说，熊十力“外王骨髓在内圣，不解内圣休谈外王”的主张和尤其重视内圣学的宋明理学的主张一致。圣学归根于天地万物一体，而外王学的骨髓在此，圣人“其道广大，其智广大，其规模宏阔，其前识深远”，其创化、敷治而达至裁成天地、辅相万物，凡此种种外王创作之事，皆本于圣人之心。这也是《考工记》所说的：“百工之事，皆圣人之作也。”这是说百工的创作，都是秉成裁成天地、辅相万物的原则来的，因此，百工的创作之事就同于圣人之作。这是能真正发现“百工”与“圣人”之间“一体”的——或者说“同”的关系的——见解。《周官·天官篇》对于冬官之为“事职”的目的性规定为：“以富邦国，以养万民，以生百物。”熊十力对此十分重视，这不仅是由于与他主张儒家倡导格物学之意义一贯，而且与其“均平”的外王学主张一致，也与其“创生”“生生不息”的内圣学主张一致，是从其“内圣外王”体系引申出的主张，而不是附会时代思想潮流而引申出的主张。[2]

---

[1] 熊十力：《原儒》，《熊十力全集》第6卷，第346页。

[2] 按照柏拉图，实际实现后果（事物）和思想（理念）之间是模仿的关系。说中国古代有科学思想，并不能因现实中没有科学的发展、兴盛而否定之。事实的无，并不能否定概念的有。同样，孙中山说：“中国自有历史以来，没有实现民权。但是根据中国人的聪明才智来讲，如果应用民权，比较上还是适宜的多。所以两千多年前的孔子孟子，便主张民权。孔子说：‘大道之行也，天下为公。’便是主张民权的大同世界，又‘言必称尧舜’，就是因为尧舜不是家天下。尧舜的政治，名义上虽然是用君权，实际上是在行民权，所以孔子总是宗仰他们。孟子说：‘民为贵，社稷次之，（转下页）

与马一浮一致，熊十力同样认为《易》"本隐以之显，《春秋》推见至隐"。一为天道下济人事，一以人事返之天道。相互贯通，一揆不二。在熊十力看来，《易》和《春秋》分享了一些共有的原理：第一，《易》的"乾元性海"和《春秋》之"元"相通；第二，天道易体变化不居、新新舍故与《春秋》三世进化义相通；第三，"鼎""革"卦与孔子《春秋》"贬天子、退诸侯、讨大夫"的主张相通；第四，《易》"群龙无首"义与人人有士君子之行相通；第五，孔子内圣学"仁"之主张与外王学"通三统"之主张相通。

分析地看，第一点是熊十力内圣学和外王学相贯通的总原则。无论是从其易体之内圣学方面引出之三世义，还是从其心体之内圣学方面引出之三统归一仁统，都可以与《春秋》"元"义相贯通。如果以体用义说之，"乾元性海"是其内圣学之体；《春秋》"元"义是其外王学之体，而二元其实是一元。第二、第三点是熊十力内圣学中属于天道易体而引出之外王学观点，第四、第五点则是其内圣学中属于心体研究有得而引出之外王学观点。

本章在第一节论述其内圣外王学相贯通的总原则之后，即分两节来分别论述从其易体之内圣学引出的外王学观点和从其心体之内圣学引出的外王学观点。

（接上页）君为轻。'又说：'天视自我民视，天听自我民听。'又说：'闻诛一夫纣矣，未闻弑君也。'他在那个时代，已经知道君主不必是一定要的，已经知道君主一定是不能长久的，所以便判定那些为民造福的人就称为'圣君'，那些暴虐无道的人就称为'独夫'，大家应该去反抗他。由此可见中国人对于民权的见解，在两千多年以前，已经老早想到了。不过在那个时代，还以为不能够做到，好像外国说乌托邦，是理想上的事，不是即时可以做得到的。"见孙中山：《三民主义》，中国长安出版社2011年版，第77—78页。

第一节　体用不二

一、《春秋》立元即《易》之乾元

作为孔子外王学的《春秋》经，以“元年春，王正月”开始，更准确地说，以“元”字开头，相比穀梁、左氏，公羊家更加重视“元”。如上所说，熊十力认为孔子《春秋》始于元，同其内圣学著作《大易》以乾元为首是一致的。

《春秋》以元统天，与《易》同旨。[1]

《春秋》始于元，与《大易》首乾元同旨。[2]

《春秋》立元即《易》之乾元也。[3]

《春秋》以“元年春，王正月”开头，所以文字上可以说“《春秋》始于元”。而作为解释《春秋》义理的公羊家又非常重视“元”，例如董仲舒说，“知元年志者，大人之所重，小人之所轻”[4]，所以义理上也可以说“《春秋》始于元”。

作为推明人事的《春秋》与阐发天道的《易》一致的根据就在于它们都有见于天道易体、乾元性海。

---

[1] 熊十力：《读经示要》，《熊十力全集》第3卷，第1019页。

[2] 熊十力：《读经示要》，《熊十力全集》第3卷，第1029页。

[3] 熊十力：《论六经》，《熊十力全集》第5卷，第682页。

[4]（汉）董仲舒：《春秋繁露》，中华书局2012年版，第69页。

《春秋》与《大易》相表里。《易》首建乾元，明万化之原也。而《春秋》以元统天，与《易》同旨。何氏《解诂》于隐元年，发其义云："变一为元。元者，气也。无形以起，有形以分。造起天地，天地之始也。"余谓，气者，太极之显。譬如众沤，为大海水之显。故于气，而识其本体。则亦可名以太极也。《易》谓之乾元也，天地万物皆资始乎一元。一元者，太极显为大用也。《春秋繁露·重政》云："唯圣人能属万物于一而系之元也。故不及本所从来而承之，不能遂其功。是以《春秋》变一谓之元，元犹原也。其义以随天地终始也。故元者，为万物之本，而人之元在焉。安在乎？乃在乎天地之前"云云。详此言，人之元，即是万物之元，非有二元也。元者，绝待而自存，故曰在乎天地之前。夫天地乃形物之最大者，天地本资始乎元，则一切物莫非元之所为。天地万物皆以元为其实体，而元更无所待，故云在天地之前也。《重政》又曰："人始生有大命，是其体也。"又《王道》云："《春秋》何贵乎元而言之？元者，始也。言本正也。"又《玉英》云："谓一元者，大始也。知元年志者，大人之所重，小人之所轻。"又《汉书·董仲舒传》曰："臣谨案《春秋》谓一元之义，一者，万物之所从始也。元者，辞之所谓大也。谓一为元者，视大始而欲正本也。"**如上所述，可见董子言《春秋》，首发明"元"义，以为此经之宗极。与《大易》首建乾元同旨。内圣外王之学，其源底在是也。**[1]

《易》"乾元统天"，《春秋》"以元统天"，其旨一贯。何休以气释

[1] 熊十力：《读经示要》，《熊十力全集》第3卷，第1019—1021页。

元，熊十力认为，气为太极之显，即气而识其本体。元与气，本来不二。更引《春秋繁露》之《重政》《王道》《玉英》篇以及《汉书》以说明。能属万物于一元，即能穷本，能给予对象，或者说能对外王学作形而上学层面的解释。能给出这样的解释是重要的，因为这表明了其外王学是有本的，是与内圣学一揆不二，贯通一致的。故天地为有形之物质之最大者，而作为本体之元必然是天地之根据，天地万物都是以此元为其实体，而此实体就是最后的原因，所谓“更无所待”。熊十力接着对“元”解释道：“夫元者，万化之宗主，万物之本命，学必极乎此。如水有源，而千派万流无穷竭。如木有底，而千枝万叶滋生不息。”[1]熊十力同董仲舒一样，对于“元”之为儒家内圣学的核心概念，有着切身体悟。

二、外王之无君本乎内圣之无神

熊十力认为作六经的孔子于天道易体之生生不息义深达明澈，而《论语·子罕篇》“逝者如斯夫，不舍昼夜”一句，就是孔子证悟本体的明证：

> 圣人睹川水，而触悟全体成大用，浩然流行，息息**舍故生新**，无有已止，既非恒常，亦非断灭，妙之至也。[2]

睹川水触悟全体成大用，看似突兀而神秘，可在熊十力这里，他读到《论语》这句话，是有自身生命体验为根据的。他的悟空、

[1] 熊十力：《读经示要》，《熊十力全集》第3卷，第1021页。
[2] 熊十力：《明心篇》，《熊十力全集》第7卷，第293页。

观有的体验决定了他对孔子这句话的本体—宇宙论层面的解读。而在熊十力看来，这样的本体—宇宙论也决定了他的外王学样态。

> 中国孔子的思想，广大精微。他在宇宙方面，是发明了力用刚健的本体。宇宙万化无穷，万变不息，万象昭著，都由这个刚健的力量所发现。这是天地间不易的真理。根据这种宇宙观，来应用在吾人生活上，便是自强不息。原来吾人的生命，与宇宙的大生命，不可分为两片。吾人正于此自强不息的工夫上，认识自己的本性。万人念念自强，念念不息，念念是真实的力量流行。即凡应事接物，一切无有苟且，无有虚诳，无有迷乱，如此则何功不成，何事不办？又复当知，自强不息的力量，是时时向前的，时时求新的，时时求真的，时时自觉而不至倒妄的，决不会为过去的腐旧而不合理的势力所凝滞，所束缚。这种人生态度是应当保持而不可失坠的。[1]

由于力用刚健的本体舍故生新，无有已止，万变不息，万象昭著，“根据这种宇宙观，来应用于吾人生活上，便是自强不息”。而只有这种自强不息的工夫，才能使我们认识自己的本性。这种自强不息的力量有什么特征呢？它是时时向前的，时时求新的，不会凝滞于不合理和腐旧的过去。保任这样一种自强不息、时时向前的工夫，是人生应有的刚健、积极的态度。这样一种人生态度，也可以推出**后来熊十力外王学的根本主张从方法说是革故取新，**

---

[1] 熊十力:《中国历史讲话》,《熊十力全集》第2卷，第624—625页。

从目的说是太平世。

> 《大易》主张裁成天地，辅相万物，是外王学之宏纲。[1]

《泰》卦《彖辞》说：“天地交而万物通也，上下交而其志同也。”《象》说：“天地交，泰；后以财成天地之道，辅相天地之宜，以左右民。”朱熹注“财，裁同”，“财成以制其过，辅相以补其不及”。[2]熊十力概括《彖辞》和《象》的大义，将之精简为“裁成天地，辅相万物”。在熊十力看来，《易》中“裁成天地，辅相万物”的主张，即是孔子外王学之一贯宏纲。

> 《大易》之内圣学，不许离现实世界而别求有所谓超越万有的寂灭实体，如佛氏之涅槃界。要在于现实世界而了悟其有实体。如是者，不起空见，不做虚无想，不生厌离欲故。（原注：释迦氏《阿含经》，便于世间发生厌离之欲。）此即外王学，裁成天地、辅相万物之宏纲，所由立定。而经纬万端之大业，所由开展。天下一家之规划，决定实施。（原注：天下一家见《礼运经》，即建立全世界人类共同生活制度也。）余在前文，言外王之本在内圣学，其要旨在是也。[3]

《大易》所谓实体不是离开现实世界而别有实体，这样不会起空见，不做虚无想，不生厌离欲，就现实世界的实践活动而了悟实

---

[1] 熊十力：《乾坤衍》，《熊十力全集》第7卷，第452页。
[2]（宋）朱熹撰，廖名春点校：《周易本义》，中华书局2009年版，第74页。
[3] 熊十力：《乾坤衍》，《熊十力全集》第7卷，第453页。

体境界，这样的实践活动，就内圣说是体悟天道、道德实践，是了悟实体；就外王说是裁成天地、辅相万物。经纬万端的大业是由此实践活动而开展、形成，所以说，外王之本在内圣学。

> 今从《易经》发现孔子外王学，确是消灭统治，归本“群龙无首”。[1]

某一时代的读者，或许因着时代对于思想（理念）模仿的不幸后果，对于思想的表达或者显得谨慎，或者表现为厌恶。这是因为读者将“意见”而不是“知识”的后果，归因于“知识”，遂对那个他没有清晰概念式理解的思想（理念）产生了怀疑和否定。但是，随着时代对于“意见”和因“意见”造成的事实成为历史而渐渐被遗忘，或者因着反思，对于这一特定历史原因的辨析越来越准确的时候，后来时代的读者在面对这些思想时，虽然不一定完全能回归到因着“知识”的方式去理解之，但也不一定仍然有前代读者那些特定的心境。熊十力说：

> 《乾卦》六爻，从外王学的观点看去，正是通六爻而总明革命、民主之义。此非附会，《易》有《革》《鼎》二卦，“革命”一词即出《革卦》。民主义详在《周官》犹可考。《乾》之初爻曰“潜龙”，《文言》曰：“潜龙勿用，下也。”此言群众卑贱处下，不得展其用，乃受统治者压抑之象。二爻：“见龙在田”，则革命潜力已发展于社会，是为见龙之象。九三：“君子终日乾乾。”大功未成，不得不乾乾也。九四：“或跃

[1] 熊十力：《六经是孔子晚年定论》，《熊十力全集》第6卷，第781页。

在渊。”或跃则几于倾覆统治，而夺其大柄矣，然犹未能遽遂，故曰在渊，仍处下也。九五：“飞龙在天。”则大功意成，主权在民，上下易位矣，故为飞龙在天之象。上九：“亢龙有悔。”明统治崩溃，乃天则之不爽也。（原注：天则，犹云自然规律。）是故通六爻而玩之，由潜而见，而乾乾，而跃，而飞，明明是庶民群起，而举革命行民主之事，无可别生曲解。[1]

“革命”义是永恒的，某个时代的革命事件是具有时间性的，二者不同。熊十力在《原儒》中发挥“革命”义是政治哲学的理论发挥，不是应世的政治行为，更不是提供政治方案。

在《春秋》经的研读中，熊十力反对一切侵略战争（不义之战），而后在《原儒》中发挥“革命”义。在《读经示要》中，熊十力说道：“革命不出于救世之仁心，仅以忿嫉之私，欲取而代之，则以暴易暴，而可成顺天应人之功哉？如是而自谓有志，实则此等意念，正是无志者迷妄之情，私欲之炽然窃发而不自觉耳。以此为志，则是认贼作子，饮鸩自毒，乃以自绝其生生之理而不可复阳，岂不哀哉！”[2]外王学中所谓“革命”是一贯于其内圣学的。熊十力常说，不解内圣，休谈外王。我们可以推论地说，不解内圣，休谈外王中之“革命”义以及从此“革命”义之“知”引申出的“革命”义之“行”。

在《论六经》（1951）中，熊十力明明主张息斗争而达和，后在《原儒》中发挥“革命”义。《论六经》：“故知宇宙为冲和之蕴，

[1] 熊十力：《六经是孔子晚年定论》，《熊十力全集》第6卷，第778页。

[2] 熊十力：《读经示要》，《熊十力全集》第3卷，第699页。

非斗争之府。推此而言群变，则斗争为革命时不得已之方，革命既成，必息斗争而为太和，顺人性之正，确然无疑也。”[1]

林世荣先生引孙中山、梁启超、梁漱溟对于“革命”的解读，概括熊十力的“革命说”为“纵的革命”。梁启超因此说近代以前的中国历史上实际没有革命，“虽亦有人把推翻政府之事一概唤作革命；那太宽泛，非此所云。中国历史所见着，社会构造尽或一时破坏失效，但不久又见规复而显其用。它二千年来只是一断一续，断断续续而已；初无本质之变革。改朝换代不下十数次，但换来换去还是那一套，真所谓‘换汤不换药’。所以说没有革命”。[2]林世荣先生说：

> 不论在外缘考证等细节上，是否如熊氏所言，然在整体内容上，熊氏所言确能得《春秋》之旨。《春秋》之旨，其最终目的即“裁成天地，改造世界”。当然，自董、何以来以至皮氏、康氏，亦皆认为孔子作《春秋》乃欲裁成天地，改造世界，只是彼等所认为孔子所欲裁成改造之天地世界，则与熊氏所认为者不同。董、何及皮氏、康氏等，皆以君臣恩义为言，虽言改制，然只是改朝换代，换人易位，此乃**政权横移**，由此至彼，外表形式虽异，而实质内容不异，君权仍高高在上，并不因而取消，故其所欲裁成之天地，无疑乃一拥护君权之天地，所欲改造之世界，乃一众民臣服之世界。熊氏认为此非《春秋》改乱制之意，而彼等之所以如此，无非因生

[1] 熊十力：《论六经》，《熊十力全集》第5卷，第665页。

[2] 转引自林世荣：《熊十力春秋外王学研究》，林庆彰主编：《中国学术思想研究辑刊》，花木兰文化出版社2008年版，第128页。

于帝制之下而深受影响之故。熊氏认为真正之改乱制，**并非指横地政权转移，而是纵地推翻君权**，不仅外表形式要舍弃，且实质内容必彻底改变，已无君权之说，故君权不再高高在上，而是人民自觉自主，群龙无首之境界，如此所裁成之天地，无疑乃一以民为主之天地，所改造之世界乃一人人平等之世界。[1]

林世荣总结熊十力的外王学论述，并认为熊十力说的"裁成天地，改造世界"（裁成天地、辅相万物）就是《春秋》之旨。"政权横移"就是政权在一个个具体的人身上发生转移，而所谓"纵的革命"则要求推翻君权，"不仅外表形式要舍弃，且实质内容必彻底改变，已无君权之说，故君权不再高高在上，而是人民自觉自主，群龙无首之境界"。这即是承牟宗三在《政道与治道》中对于政权和治权的哲学反思。

所谓"天下者乃天下人之天下"，是说：天下为全集团人员所共有，其共有也，是总持地有、共同地有，非各个人员个别地有或分别地有。依此，天下或国亦既非一动态之具体物，亦非一个人之属性，故既不可以取，亦不可以隶属于个人。[2]

政权是一"形式的实有"，必然含亦是一"定常的实有"，

[1] 林世荣：《熊十力春秋外王学研究》，林庆彰主编：《中国学术思想研究辑刊》，花木兰文化出版社 2008 年版，第 127 页。

[2] 牟宗三：《政道与治道》，广西师范大学出版社 2006 年版，第 18 页。

> 其本性不变不动，恒常如如。一个民族可以被淘汰，亦可以被侵略而丧失其政权（所谓亡国），然只要此民族继续生存而且独立，则政权即是定常不变。政权既是一形式的实有，故就此本性而言之，其本身自为定常不变，一如柏拉图之理型之为定常不变。[1]

牟宗三以概念的方式解读了“天下者天下人之天下”（即“天下为公”义）以及“政权”义，明确其为一“定常的实有”，其本性不变，恒常如如。

牟宗三这种概念式的思考，习得于亚里士多德，而在亚里士多德那里作为思考对象的概念，在柏拉图那里是对之有直觉而清晰的认识的。相似于亚里士多德继承于柏拉图，牟宗三对于“天下为公”义和“政权”义的概念思考，正是继承了熊十力。所谓“革命”义，正是孔子外王学主张的“天下为公”义，以及定常的、共有的政权义。

熊十力认为，革命之义阐发于孔子《易》《春秋》。革之《彖》曰：“革，水火相息；二女同居，其志不相得，曰革。‘巳日乃孚’，革而信之；文明以说，大‘亨’以正，革而当，其‘悔’乃‘亡’。天地革而四时成，汤武革命，顺乎天而应乎人，革之时大矣哉。”[2]鼎之《彖》曰：“鼎，象也，以木巽火，亨饪也。圣人亨以享上帝，而大亨以养圣贤。巽而耳目聪明，柔进而上行，得中而应乎刚，是以元亨。”[3]林世荣结合《杂卦》说：“两《彖》之意，

[1]　牟宗三：《政道与治道》，广西师范大学出版社 2006 年版，第 18 页。
[2]（宋）朱熹：《周易本义》，中华书局 2009 年版，第 177 页。
[3]（宋）朱熹：《周易本义》，中华书局 2009 年版，第 180 页。

即《杂卦》所谓‘革，去故也；鼎，取新也。’”[1]《春秋》文公十八年曰：“莒弑其君庶其。”《公羊传》说：“称国以弑者，众弑君之辞。”《解诂》说：“一人弑君，国中人人尽喜，故举国以明失众，当作绝也。”[2]

外王学之无君，本于内圣学之无神。[3]

熊十力说：“外王学始于消灭统治，中则领导群众，‘开物成务’。终归天下一家。”[4]外王学的这三个进程又跟《春秋》三世义对应起来，即“始于消灭统治”对应据乱世，“中则领导群众”对应升平世，“终归天下一家”对应太平世。熊十力又说：“伏羲随顺初民之信念，故以天帝为万物本原。孔子则废除天帝，而说乾元为万物实体，故曰统天。统者，主义。谓乾元为天帝之主也。”[5]乾元统天，此乾元实“非离自心之外在境界”，是能反求相应而知之德，所以当熊十力说乾元为天帝之主的时候，这个乾元不是又成为一个外在的、超绝而隔离的乾元。

没有理由认为熊十力所说“无君”是就政权形式而言，因为熊十力明确说明“独制论”在特定的政治时期的必要性。此“无君”即政治理想上期望无专制的僭主。

总之，需要持一种谨慎的态度，去理解熊十力的“革命”义、

[1] 林世荣：《熊十力春秋外王学研究》，林庆彰主编：《中国学术思想研究辑刊》，花木兰文化出版社2008年版，第57页。

[2]（汉）公羊寿撰，（汉）何休解诂，（唐）徐彦疏，十三经注疏委员会整理：《春秋公羊传注疏》，北京大学出版社2000年版，第368页。

[3] 熊十力：《乾坤衍》，《熊十力全集》第7卷，第453页。

[4] 熊十力：《乾坤衍》，《熊十力全集》第7卷，第453—454页。

[5] 熊十力：《原儒》，《熊十力全集》第6卷，第616页。

孔子的“革命”义；去理解熊十力的外王学、孔子的外王学。而始终需要知道的是，熊十力的外王学与其内圣学是一以贯之的。

第二节　易体到易用

一、“变动不居”到“三世进化”

（一）“三科九旨”以“三世义”为宏纲

《读经示要》时期，熊十力认为治《春秋》，当根据董仲舒以及何休，而“左氏不传《春秋》，《穀梁》实出《公羊》后”。他说：“孔子作《春秋》，其说既不便于当时天子诸侯，故不著书帛，而口授七十子。公羊高亲授之子夏。世传口义。至玄孙寿乃与弟子胡毋生，著于竹帛。同时董仲舒著《春秋繁露》，广大精微，盛弘公羊。其后何休作《解诂》。虽云依胡毋生条例，而义据亦大同《繁露》。故治《春秋》者，当本之董、何。”[1]

> 孔子《春秋》经、传全亡，公羊氏所传口说，何休以后遂无闻。今从纬书与何氏《解诂》及徐《疏》等，抉择单辞碎义，犹可推见圣人之意。[2]

熊十力在《读经示要》中还没有说孔子《春秋》经亡，只是更看重《公羊传》。到了《原儒》，熊十力认为孔子六经遭篡改的观点更

---

[1] 熊十力:《读经示要》,《熊十力全集》第3卷，第1011页。

[2] 熊十力:《原儒》,《熊十力全集》第6卷，第430页。

坚定了。但无论如何，仍可从纬书、何休的《春秋公羊解诂》以及徐彦的《疏》中发见孔子的《春秋》义理。而对于保存孔子《春秋》义理的何休，熊十力大力表扬。

> 三科九旨多属史家记事与褒贬之法例，通玩其书之大体，可谓史评一类之杰构，殊失圣人经典之内容，幸有何休《解诂》略明孔子三世本义。学者由此可以窥见天纵之圣，远在古代而已立定改造世界之宏规大计，其前识高远，岂不奇哉！何休补救《公羊》，以略揭《孔传》之要领，其功甚大。《公羊传》本为汉制法，确已改变孔子之骨髓与面目。其于《孔传》义旨未尝不欲保存几分，而若干碎义之散见，后人亦难辨识，倘无何休注，则后之学者虽欲于公羊寿之书而寻《孔传》之鳞爪，将何从得乎？[1]

在《春秋》学中，熊十力同于廖平、皮锡瑞等，严分经学与史学[2]，熊十力说：“孔子作《春秋》，虽因鲁《史记》而论次其行事，但取其义，则纯由孔子发抒己意，以制万世法。其说既不便于当时天子诸侯及大夫，故口授七十子之徒，使转相传授。盖孔子所修之《春秋》，与其所因之《史记》原本，绝不相同。……孔

[1] 熊十力：《原儒》，《熊十力全集》第6卷，第421—422页。

[2] 廖平以为：“经学与史学不同：史以断代为准，经乃百代之书。史泛言考订，录其沿革，故《禹贡锥指》《春秋大事表》，皆以史说经，不得为经学。”《知圣篇》，刘梦溪主编：《中国现代学术经典·廖平蒙文通卷》，河北教育出版社1996年版，第164页。皮锡瑞以为：“故《春秋》一也，鲁人记之则为史，仲尼修之则为经。经出于史，而史非经也。史可以为经，而经非史也。”见氏著《经学通论·四·春秋》，中华书局1954年版，第77页。

子制万世法，是为经学。”[1]经学阐发哲学义理，史学考论历史事实，虽然如王阳明所说，在形而上学境界上可以说经史不二，但分别地说，经学与史学的这种差别当然存在。尽管如此，这并不表示熊十力对于史学一味贬低，而只意味着史学的方法不能达经学之义。熊十力于船山史学也有继承，更认为治哲学应同时治史学。[2]

公羊所说“三科九旨”诸义中，熊十力认为“三世义”为《春秋》宏纲，而公羊学“三科九旨”义、“三世义”是什么呢？

《春秋公羊传注疏》徐彦疏：问曰：“《春秋说》云‘《春秋》设三科九旨’，其义如何？”答曰：“何氏之意以为三科九旨正是一物，若总言之，谓之三科。科者，段也；若析而言之，谓之九旨，旨者意也。言三个科段之内有此九种之意。故何氏作《文谥例》云‘三科九旨者，新周故宋，以《春秋》当新王，此一科三旨也’；又云‘所见异辞，所闻异辞，所传闻异辞，二科六旨也’；又‘内其国而外诸夏，内诸夏而外夷狄，是三科九旨也’。问曰：案宋氏之注《春秋说》：‘三科者，一曰张三世，二曰存三统，三曰异外内，是三科也。九旨者，一曰时，二曰月，三曰日，四曰王，五曰天王，六曰天子，七曰讥，八曰贬，九曰绝。时与日月，详略之旨也；王与天王、天子，是录远近亲疏之旨也；讥与贬绝，则轻重之

[1] 熊十力：《读经示要》，《熊十力全集》第3卷，第1005页。

[2] 熊十力说：“吾国古之治哲学者，必精史学。宣圣开千古哲学之宗，而亦千古史家之大祖。司马谈父子，本史家，而《论六家要旨》，则又深于哲学矣。夫哲学者，究天人之故，穷造化之原，而以不忘经世者为是。印度佛家哲学思想，虽高深玄妙，而卒归于宗教，以出世为蕲向。故印度人于历史特缺乏，民族式微，有以也。吾国先哲，于史学，哲学，尝兼治而赅备之。究玄而基于综事，穷理而可以致用，探微而察于群变，极玄而体之人伦，广大而不遗斯世。”《哲学与史学》（悼张荫麟先生），《熊十力全集》第8卷，第168—169页。

旨也。’如是，三科九旨，聊不相干，何故然乎？答曰：《春秋》之内，具斯二种理，故宋氏又有此说，贤者择之。”[1]熊十力在《读经示要》中全引此段文后说道：

> 三科九旨当传自胡毋生。何休《自序》称略依胡毋生条例。当以何氏说为正。然何氏殊无统类。余以为三科九旨，本孔子微言所存，当以三世义为宏纲。余义（原注：谓三科九旨中，除三世义外其余诸义。）随世分疏之，则圣人制万世法之密意，可得而窥矣。[2]

熊十力认为公羊家之“三科九旨”说保存着孔子的微言，他认为三科九旨中“三世义”为宗要，其他义理可随世分疏，则可以窥见圣人制万世法之密意。

> 云何三世？孔子依鲁《史记》而作《春秋经》，起鲁隐公，下讫哀公十四年，凡十二公，分为三世。[3]

孔子据史书而作《春秋经》，起自鲁隐公，经二桓公、三庄公、四闵公，至五僖公，为“所传闻世”；自六文公，经七宣公、八成公，至九襄公，说为“所闻世”；自十昭公，经十一定公，至十二哀公，说为“所见世”。又分别以“据乱世”“升平世”“太平世”配之，是为三世。

---

[1]（汉）公羊寿撰，（汉）何休解诂，（唐）徐彦疏，刁小龙整理：《春秋公羊传注疏》，上海古籍出版社 2014 年版，第 5 页。

[2] 熊十力：《读经示要》，《熊十力全集》第 3 卷，第 1023 页。

[3] 熊十力：《原儒》，《熊十力全集》第 6 卷，第 481 页。

到了《原儒》，熊十力进一步严格区分了两种三世义。

> 何注独传孔子之真，而《公羊传》之三世义确是公羊寿与胡毋生为汉制法，非寿先人所受于子夏之《春秋》学也。今以两说对照如下：
>
> **何休所述孔子三世义：**
>
> 所传闻世　　见治起于衰乱之中，是为据乱世。
>
> 所闻世　　见治升平，是为升平世。
>
> 所见世　　著治太平，是为太平世。
>
> **公羊寿与胡毋生所作《公羊传》之三世义：**
>
> 所见世　　臣当怀君深恩。
>
> 所闻世　　以义绳臣道。
>
> 所传闻世　　世远不以恩义论。
>
> 两说对照，公羊寿、胡毋师弟说三世，明明倡君臣恩义之论，为统治阶级作护符，此与何休所述三世义本如甘辛不同味。[1]

在熊十力看来，前一种三世义，是何休所述；后一种三世义，是公羊寿与胡毋生所作。何休之学承自公羊氏流传之口说，是孔子本义。而公羊寿与胡毋生所作之传，是以私意为汉制法，不敢述孔子本义。第一，据乱世："孔子作《春秋》以衰乱之象，**说为**高祖、曾祖时事，亦谓之所传闻世，此乃记述其高、曾以来传说如此耳。其实，衰乱不始于高、曾时也。"[2]以衰乱之象，说为孔子

[1] 熊十力：《原儒》，《熊十力全集》第6卷，第485—486页。

[2] 熊十力：《原儒》，《熊十力全集》第6卷，第486—487页。

高祖、曾祖时事，其实衰乱不始于高、曾祖时，“人事之不平远过于自然，贫富智愚强弱种种区别，富夺贫，智欺愚，强侵弱，不平惨状无可形容”，“人道之惨，其有止息之一日乎？”[1]第二，升平世：“文、宣、成、襄四公时事，是孔子所闻之世，此时实非升平，而《春秋》寄意于此时革命，以著见升平之治，故说此时为升平世。”[2]第三，太平世：“昭、定、哀三公时，为孔子与其父所见之世而说为太平。所见之世，实非太平，今谓之太平者，孔子盖假托以明其理想，其意以谓，于据乱之世拨乱而起治，（原注：《春秋》言拨乱，即革命之谓。）本欲为全人类开太平，而太平不可以一蹴遂至，故必经过一升平之渐次，诸夏勇于改造，既进升平，决无停滞，太平之治，当及吾身而亲见之矣。此《春秋》所为于所见世，著治太平也。”[3]

熊十力重视何休所述三世义，与廖平的“三世论”观相近，廖平同样认为，三世义为《春秋》要例，“所异以详略政治为主，因乎时变，象乎人事，不如《解诂》唯以高、曾、祖、父恩义深浅为说也。三世为要例，《解诂》所言，多不得其意。支离游衍，使人迷炫，此其失也”。[4]而《解诂》之所以“支离游衍，使人迷炫”，在熊十力看来，正是由于“何注独传孔子之真，而《公羊传》之三世义确是公羊寿与胡毋生为汉制法，非寿先人所受于子夏之《春秋》学也”。《穀梁传》引孔子语：“立乎定、哀，以指隐桓，则隐、桓之（世）[日]远矣。”廖平认为《公羊》真义同此《穀梁》三

[1] 熊十力：《原儒再印记》，《熊十力全集》第6卷，第310页。

[2] 熊十力：《原儒》，《熊十力全集》第6卷，第488页。

[3] 熊十力：《原儒》，《熊十力全集》第6卷，第489—490页。

[4] 廖平撰，李耀仙主编，周开度点校：《何氏公羊解诂三十论》，《廖平选集》下，巴蜀书社1998年版，第147页。

世例，“须知说《春秋》，当就孔子一人说之，不必牵引其先代高、曾作干证也”。[1]

在熊十力看来，公羊家“三科九旨”义，以何休所述为孔子口传真义，而公羊寿、胡毋生传中所作是“为汉制法”，因而是应用于特定时代的、非永恒的；而“三世义”是“三科九旨”义中的核心纲领，是孔子“天下为公”的永恒政治理想所寄，是“为万世制法”，因而不是只能应用于某个特定时代的方案。说“三世义”是孔子“天下为公”的永恒政治理想所寄，在于“三世义”即“圣人之志”。

（二）“变动不居”到“三世进化”

作为乾元性海的宇宙，其实相展现为生生不息、变动不居，熊十力内圣学的这一性质引出了他外王学三世（据乱世、升平世、太平世）进治于“善化”的证悟之见和信仰。

> 孔子依所传闻及所闻，所见，立据乱与升平等三世义。由远而近，群化渐进于美。所传闻世为远，拟之据乱。所闻世稍近，拟之升平。所见世更近，拟之太平。此可见孔子为持进化论者。与《大易》变动不居，创进日新之义，互相发明。[2]

熊十力所谓“孔子为持进化论者”，不是没有哲学根据的西方进化论假说，熊十力明确说：“物竞之论，亦偏曲之见耳。”[3]又

---

［1］ 廖平撰，李耀仙主编，周开度点校：《何氏公羊解诂三十论》，《廖平选集》下，巴蜀书社 1998 年版，第 147 页。

［2］ 熊十力：《读经示要》，《熊十力全集》第 3 卷，第 1024 页。

［3］ 熊十力：《读经示要》，《熊十力全集》第 3 卷，第 1031 页。

说：“虽世运不齐，时有盛衰依伏，如据乱世之长期中，亦伏有向治之几，故得进升平。而升平世之长期中，亦未得全离乎据乱之象，但终必向太平之鹄而趋。果至太平矣，将亦不必有圆满至高之境，而极盛之际，或又有不测之忧患焉。《春秋》终于麟，圣人之意深矣。然人道归于舍黑暗向光明，则为不容疑之事。”[1]所以他所谓“进化”，是指在智仁不二的弘道活动中，一种把握“向治之几”而“强于迁善不息”的志向和行动。而三世的这种升进，正与《大易》不停驻于故旧，时时迁善更新，无有止息的义理相通。熊十力更举《易》之《鼎》《革》二卦论述之。

> 《春秋》立三世之义与《易》之《鼎》《革》二卦，互相发明。[2]

熊十力解释道：“革，去故也。鼎，取新也。《系辞传》曰：‘变动不居’，此虽言天化，而人治实准之。三世义者，明治道贵随时去故取新，度制久而不适于群变，故宜随时变易，以有功也。《易》曰：日新之谓盛德，富有之为大业。乘时兴变，故德业富有日新而无穷也。三世者，通万世无穷之变，而酌其大齐，假说三世，实不可泥执三世之言，而谓万古只此三变也。”[3]

> 三世义，自是孔传之要领。其在《周易》，先天而天弗违，后天而奉天时之大用，实寓诸三世义。裁成天地，辅相

[1] 熊十力：《读经示要》，《熊十力全集》第3卷，第1024—1025页。
[2] 熊十力：《读经示要》，《熊十力全集》第3卷，第1040页。
[3] 熊十力：《读经示要》，《熊十力全集》第3卷，第1040—1041页。

> 万物之无量功能与制度，亦寓诸三世义。革卦曰：“革，去故也”；鼎卦曰：“鼎，取新也”，无不寓诸三世义。同人、大有，亦寓诸三世义。《春秋》之旨与《大易》通。[1]

《易》之乾元有“统天”“御天”之德，所以统、御者，元也。能“先天而天弗违，后天而奉天时”者，摄智、仁之元者能无可无不可。在熊十力看来，《周易》所阐发的这种能“造时”之乾元的德性义相通于外王学中孔子“三世义”，是孔子《春秋传》的要领。内圣学中的“革故生新”，必定会引出外王学中的“裁成天地”“改造世界”的主张。

二、“革故生新”到“裁成天地”

三世说是公羊学中一种重要的理论，前已论及。对于三世说的理解则众说纷纭。熊十力反对将三世说解释为古今之变的三个时代，认为三世只是一事，这一事就是“裁成天地”，“改造世界”，而这样一种外王学主张也同其强调“革故生新”的内圣学主张一脉相承。熊十力对于“三世说”的理解，于皮锡瑞有一定的继承关系，后有蒋庆宗之。

皮锡瑞说：

> 存三统、张三世亦当以借事明义解之，然后可通。隐公非受命王，而《春秋》于隐公托始，即借之以为受命王。哀公非太平世，而《春秋》于哀公告终，即借之以为太平世。故论春秋时世之渐衰：春秋初年，王迹犹存，及其中叶，已

[1] 熊十力：《原儒》，《熊十力全集》第6卷，第421页。

不逮春秋之初。至于定、哀，骎骎乎流入战国矣。而论《春秋》三世之大义：《春秋》始于据乱，即借隐、桓、庄、闵、僖，为据乱世。中于升平，即借文、宣、成、襄为升平世。终于太平，即借昭、定、哀为太平世。世愈乱而《春秋》之文愈治，其义与当世之事正相反。[1]

一是历史事实，一是经学义理。历史上，隐公不是《春秋》真正所谓王者，而《春秋》假托隐公为王。历史上，哀公所在之春秋末年，王迹不存，所谓“骎骎乎流入战国”，而《春秋》经假借之为太平世。所以，论历史事实，从隐、桓至定、哀，是世愈乱；而论《春秋》三世义理，则与历史相反，借隐、桓、庄、闵、僖为据乱世；借文、宣、成、襄为升平世；借昭、定、哀为太平世。所以说，世愈乱而《春秋》之文愈治，其义理刚好与当世之事相反。

依公羊家，此即孔子“我欲载之空言，不如见之于行事之深切著明也”，也就是说天下为公的太平世义理也可以“载之空言”的形式说出来，但不如以“将此义理挂之于历史事实”之形式说出来深切显明、容易理解。

公羊家三世说也为蒋庆所发挥。他说：

据乱、升平、太平三世并非历史事实，而是假托鲁史表达的一种历史演进观念。从鲁国的历史事实来看，恰好相反，从隐至哀十二世的历史一世比一世乱，一世比一世衰，而按照《春秋》的三世说来看，则是一世比一世治，王化一

[1] 皮锡瑞：《经学通论·春秋·论三统三世是借事明义黜周王鲁亦是借事明义》，中华书局1954年版，第22—23页。

> 世比一世更普及，这就是贾逵所说的“世愈乱而《春秋》之文愈治”（注略）。亦即董仲舒所说的“鲁愈微而《春秋》之化愈广”。（鲁至哀公时内有世卿专权，外有强齐迫胁，故国愈微，然于此时凡伐哀者《春秋》书伐我，使鲁无疆界，因其国而容天下，以明王化普被之义。）故定哀之际实不太平，而《春秋》文致太平，《春秋》表达的不是历史已经如此的事实，而是历史应当如彼的信仰。[1]

《春秋》“借事明义”的方法论宗旨在《春秋》学史上一直传承不断，董仲舒所谓“鲁愈微而《春秋》之化愈广”，贾逵所谓“世愈乱而《春秋》之文愈治”，都是“借事明义”在三世说上的运用体现。所以蒋庆也说《春秋》表达的不是历史事实，而是一“历史应当如彼的信仰”，“彼”即太平世。[2]

据乱、升平、太平三世，在熊十力看来，不是说有此三个时代，乃是遵循“借事明义”的方法论阐明一政治志向和政治哲学义理。熊十力说：“自昔以来，治《公羊传》者于何氏所述三世义皆胡乱读过，茫然不求解。若辈以为孔子猜度古今之变，有此三个时代，此乃运会推演之必然，圣人兴治亦只待时而动，非可恃己力以为天下先也，此等见解直是铸九州铁以成大错，何可悟《春秋》三世义乎？”[3]

---

[1] 蒋庆：《公羊学引论》（修订版），福建教育出版社2014年版，第216页。

[2] 不过和蒋庆将太平世看为信仰不同，熊十力仍将太平世的义理化归为理性范围，可见两人对于理性和信仰的看法不同，蒋庆的“信仰”在概念层次上即相当于熊十力的“理性”，而在熊十力的“理性”之上，并没有一个更高的“信仰”。

[3] 熊十力：《原儒》，《熊十力全集》第6卷，第490页。

> 夫三世本为一事。一事者，拨乱世，反之正也。拨乱世者，革命之事。（原注：拨者拨去。拨去据乱世之乱制，非革命而何？……）反之于正者，明天下为公之道，创天下一家之规，为全人类开万世太平之治，《易》云“开物成务”，“先天而天弗违”是也。[1]

这里说三世本为一事之“事”，不是公羊家“借事明义”之“事”，后者是被借用以阐明义理的史事，而这里强调三世说的都只是一件事，即以天下为公之道而举行革命之事，进而“创为天下一家，为全人类开万世太平”。而此种公羊学三世说实际上是一贯于孔子内圣学的。

> 三世之义，余已疏释如前，学者试详究之，当可推见《春秋》原书必为三大部分。第一部，论拨乱起治。第二部，论进升平之治。第三部，论进太平大同之治，拨乱造其端，太平极其盛，三世本一事。一事者何？**裁成天地，改造世界也**。[2]

这里，熊十力推想《春秋》分为三部，进而归纳三世本一事，即裁成天地，改造世界。而“裁成天地，改造世界”，工夫论地讲，还是“创”的工夫；从体上讲，是一贯于乾元之生生不息、革故生新，即《易》云“开物成务”“先天而天弗违”之意。

---

［1］ 熊十力：《原儒》，《熊十力全集》第6卷，第490页。

［2］ 熊十力：《原儒》，《熊十力全集》第6卷，第502页。

> 三世之说，明示革命成功与社会发展，实由斗争而归和同。[1]

三世本一事，即，于乱世革命，而归于天下为公。革命是从方法上说，天下为公是从目的上说。革命不是目的，在熊十力那里，革命就是《易》所谓“开物成务”，也是“革故生新”。熊十力的外王学是一贯于其主变、因而主创、主仁的内圣学的。不同于从不主张革命的完全的保守主义者，也不同于唯斗争是务者，熊十力的政治主张显得张弛有度、唯变所适。

熊十力说：“《礼运篇》虽入《小戴礼记》，确是《春秋》外传，其言小康之治，颇赞禹、汤、文、武、成王、周公之体绩。（原注：宋儒诋其薄禹汤诸圣，只是所见不广耳。）六君子于据乱世得致小康，其事诚不易，其功未可薄，而孔子所当之世，犹未离据乱，亦不便遽舍六君子之礼教，故删定《尚书》，以存六君子之绩，使来者得有所考鉴。孔子之教，有大义，有微言。（原注：六经皆有大义、微言二派之说，得此枢要，便于圣言无疑滞。）其大义者，即六君子在据乱世而能致小康之礼教也。问曰：《尚书》若只存六君子之事，而托始尧舜何耶？答曰：六君子在据乱世，有小康之绩矣，千里始于跬步，后之离据乱而进升平，由升平而趣太平，皆自小康始也，此所以存六君子也。**然圣人之意，存六君子之绩，而未可以六君子之礼制为后世法也。**”[2]

熊十力又说：“六君子之为礼也，其要归在信义仁让，诚为生人常道不可或渝者。但其礼制犹未能荡除阶级，此乃据乱世之制

[1] 熊十力：《原儒》，《熊十力全集》第6卷，第499页。
[2] 熊十力：《论六经》，《熊十力全集》第5卷，第745—746页。

度，非天下为公之大道也。故孔子之书首尧舜，因尧舜不以天下为一家私产，故托尧舜之事用明天下为公之道，以此开宗明义，然后叙六君子之绩，则知六君子者大都因时立制，非可为万世不易之常法。”[1]

又说：“后仓、小戴改窜《礼运》当有所本。七十子之徒宗法三代之英，而不肯为无君之论者，如孟、荀二家之书尚在，可考见也。孟、荀虽并言革命，而只谓暴君可革，却不言君主制度可废，非真正革命论也。惟《礼运》言‘天下为公、选贤与能’，而深嫉夫当时之大人世及以为礼，此乃革命真义。”[2]

总之，从熊十力“革故生新”的易体观可以引出其“改造世界”的外王学观点。他认为公羊三世说实际上就是假托三世而说一事，这一事就是“裁成天地”“改造世界”。

第三节　仁体到仁用

一、“天下归仁”到“群龙无首”

熊十力用“见群龙无首”为吉象来形容太平无君之世。乾卦六爻皆阳，必人人有士君子之行，才可以说太平世、“天下归仁”。

在《读经示要》中，熊十力对乾元“用九”义，即“见群龙无首”义有着内圣学方面的详细解释。

> 见群龙无首者，于大用流行，而特举乾之方面以言，则

---

[1] 熊十力：《论六经》，《熊十力全集》第5卷，第747页。

[2] 熊十力：《原儒》，《熊十力全集》第6卷，第449页。

见众阳俱为君长，更无有超越众阳而为首出之上神者，故以群龙无首象之。如《乾卦》，自初九、九二，乃至上九，是谓众阳。且不独《乾卦》而已，坤之元即乾元，是《坤卦》六爻所表之一切动端，或一切物事，皆乾阳隐为之主。坤阴非离乾阳而独在也。六十二卦，皆阴阳相待成变，而凡阴皆以阳为主。故《乾卦》众阳，已统摄六十三卦之阳。易言之，六十四卦，三百八十四爻，所表一切动端，或一切物事，莫非乾元也。故以群龙象众阳焉。既于一切动端，或一切物事，而皆见为乾元，则非独不承认有超越万有之上神，即亦不可离现象而觅本体，乃即于一切现象而识本体，故为群龙无首之象。呜呼！斯义微矣，至矣！[1]

熊十力对于天道易体的体悟深刻，他对于《易》之阐释主要即以此洞见为根本。《乾卦》六爻皆阳，即象征人人有士君子之行，有士君子之德而为君长，并没有士君子之上的君主之行，或者君主之德。他总结说，六十四卦，三百八十四爻，所表示之一切动端或一切物事，都就其见乾元。这样的话，不仅不承认有超越万有之上的神，也要求不能离开现象而独寻本体。

复次，以治化言，则人道底于至治之休。其时，人各自治，而亦互相为理也。人各自尊，而亦互不相慢也。人各自主，而亦互相联系也。人各独立，而亦互相增上也。（原注：增上者，扶助义，借用佛典名词。）人皆平等，而实互敦伦序也。全人类和谐若一体，**无有逞野志，挟强权，以劫制众庶**

[1] 熊十力：《读经示要》，《熊十力全集》第3卷，第945—946页。

者。此亦群龙无首之众。《春秋》太平，《礼运》大同，皆自乾元之义推演而出。[1]

如果从政治方面解释此“群龙无首”义，在熊十力看来，是对太平世状况之描述。这时，人人自治、自尊、自主、独立、平等，而同时互助、相尊、比辅、有序。全人类和谐一体，没有逞野心，挟强权而劫制百姓之人。人人为有德之士君子。《春秋》太平义，《礼运》大同义，都是从乾元之义推演而出的。

熊十力说：“世进太平，天下之人人有士君子之行。此《春秋繁露》说也。士君子之行云何？”[2]接着，熊十力择取《礼记》之《表记》（九条）以及《缁衣》（一条）来述之：

（1）君子庄敬日强，安肆日偷，君子不以一日使其躬儳焉，如不终日。

（2）仁之难成久矣，唯君子能之。是故君子不以其所能者病人，不以人之所不能者愧人。

（3）君子之所谓义者，贵贱皆有事于天下。天子亲耕，粢盛秬鬯，以事上帝。

（4）是故君子恭俭以求役礼。不自尚其事，不自尊其身。

（5）无欲而好仁者，无畏而恶不仁者，天下一人而已矣。是故君子议道自己，而置法以民。

（6）仁之为器重，其为道远。举者莫能胜也。行者莫能

[1] 熊十力：《读经示要》，《熊十力全集》第3卷，第946—947页。
[2] 熊十力：《读经示要》，《熊十力全集》第3卷，第1051页。

致也。去数多者仁也。夫勉于仁者，不亦难乎？是故君子以义度人，则难为人。以人望人，则贤者可知已矣。

（7）子不以辞尽人，故天下有道，则行有枝叶，天下无道，则辞有枝叶。

（8）君子不以色亲人。情疏而貌亲，在小人则穿窬之盗也欤？

（9）情欲信，辞欲巧。

（10）王言如丝，其出如纶。王言如纶，其出如綍。

凡此，都是从内圣角度之修身、言行之谨来讲。所以熊十力所谓的“群龙无首”，是指人人都有“龙德”，即人人都有士君子之德。如此之太平世才“吉”。所以熊十力说：“盖所谓士君子之行者，虽万德纯备，难以具称，而握其体要，略如上述。夫万行本乎仁，立乎强，归乎中和。士君子之行，如是而已。天下之人人皆如是，则大同之基已固，而太平之运日新。”[1]

可以肯定的是，人人都有士君子之行的太平世是熊十力的政治理想。而这样的高远政治理想，往往被以现实为据者怀疑、反对，认为这样的政治理想难以企及、不现实。所以就有难者问曰：“《春秋》之义，期于天下归仁，恐理想过高。达尔文物竞之论，明与《春秋》反，先生将何以释之？”熊十力则答曰：

物竞之论，亦偏曲之见耳。《春秋》与《易》相表里。《易》之比卦，明万物互相比辅而后得生。《春秋》所以贵礼义而恶战斗，非迂也，盖亦有科学思想为其根据，非空谈仁

[1] 熊十力：《读经示要》，《熊十力全集》第3卷，第1055页。

道而已。（中略）《春秋》记日食、星陨等变，欲人之审察物理也。记水旱等灾，欲人之修备也。《易·系辞传》曰：“智周万物。”又曰：“备物致用，立成器以为天下利。”又曰：“开天下之物，成天下之务。”[1]

达尔文进化论假说被熊十力认为是偏曲之见。他的根据仍是其一贯的主张，即《易》与《春秋》。《易》之比卦，明万物互相比辅而后得生。而《春秋》经同样贵礼义而恶战斗。熊十力认为“天下所以致患，实有人智未启，人力未尽”，假使能解析自然而利用之，就没有所谓灾异。所以他接着说：

圣人所贵乎智周万物，与立成器为天下利者，将使人类互相比辅，而遂其生，享其乐。以人智之日进，利用自然之丰富，则所以养人之欲，给人之求者，本无忧其匮乏。而人类必出于争竞，以取自毁之祸者，**此非生齿过庶，不足于养之患**，而实斯人之自迷其本，自丧其真，自凿其天性，自昧其与天地万物同体之实理，私其形骸，而过逞私欲，恃其机智，而遂趋颠狂。《易》《春秋》之仁学不明，而思人类有善治，是犹缘木求鱼也。庄周曰：“人之生也，固若是芒乎？其可悲也。”《春秋》始于元，而终于麟，伤夫人之长迷而不知返也。[2]

熊十力认为，在《易》之生生不息的本体—宇宙论下，人亦当生生不息，强健不息，“智周万物”而开拓不已，“备物致用，立成器

[1] 熊十力：《读经示要》，《熊十力全集》第3卷，第1031—1032页。
[2] 熊十力：《读经示要》，《熊十力全集》第3卷，第1032页。

以为天下利”，“开天下之物，成天下之务”。所以人智日进，利用自然之富，以养人之欲，不会不足。

《周礼·考工记》说：“粤无鎛，燕无函，秦无庐，胡无弓车。粤之无鎛也，非无鎛也，夫人而能为鎛也；燕之无函也，非无函也，夫人而能为函也；秦之无庐也，非无庐也，夫人而能为庐也；胡之无弓车也，非无弓车也，夫人而能为弓车也。知者创物，巧者述之守之，世谓之工。百工之事，皆圣人之作也。烁金以为刃，凝土以为器，作车以行陆，作舟行水，此皆圣人之所作也。天有时，地有气，材有美，工有巧，合此四者，然后可以为良。”[1]粤之无块铁，非定无块铁，人而能创造、制作出块铁以为民用也。其他准此。

熟知历史的熊十力并不认为人类的战争、争夺，是出于表面的“生齿过庶，不足养之患”，即人口过多，食物、财用供不应求，乃是出于更根本的“人之自迷其本，自丧其真，自凿其天性，自昧其与天地万物同体之实理，私其形骸，而过逞私欲，恃其机智，而遂趋癫狂”。

熊十力说：“太平世，天下之人人皆有天地万物一体之量。盖皆有以反己，而证悟其本有浑全之性体。故能超越小己，而冥于无待也。**此等境界，绝非意想安立，乃法尔本然**。更非如赤子之混沌，若不能分别物我者。孟子言大人不失赤子之心，非谓大人之心果如婴孩之混沌不自觉也。”[2]熊十力外王学中的太平世对于他来说，正是其内圣学中的翕辟成变的法尔本然之境。熊十

[1]（汉）郑玄注，（唐）贾公彦疏：《周礼注疏》下册，上海古籍出版社2010年版，第1523—1526页。

[2] 熊十力：《读经示要》，《熊十力全集》第3卷，第1072页。

力之所以在外王学中如此强调太平世，正如在内圣学中强调天道易体之翕辟成变之生生不已的境界。所以，“群龙无首”是指太平世人人有龙德，即有士君子之行，那么，就没有一个实际在上的统治者存在之必要，而不是指一种混乱的、斗争的局面。

二、“仁统”到“通三统”

以现实政治为重心，而不先在义理上评判此现实政治的正当性，继而径直用一套政治哲学理论来解释之，这种政治论说，在哲学上说是一种实在论；在派别上说一种功利主义。不同于公羊家将三统说拿来应用于现实、解释现实的“通三统”说，熊十力对于公羊家“三统说”的解说更倾向于抽象的义理。

> 董子言《春秋》先正王。《公羊传》曰：“王者孰谓，谓文王也。”此云文王，实非主谓周昌，乃假以明含育天下万世之仁道。（原注：假者，假借。如《易·乾卦》之龙，假以明乾元。《春秋》即假文王，以明仁道。）孟子学《春秋》，其七篇言仁政，每称文王，即《春秋》之旨也。[1]

在《公羊传》看来，《春秋》经中孔子所谓文王不是指代历史中实际存在的周文王，而是假借之以明含育天下万世之仁道。所以《春秋》是假借文王以明仁道。孟子学《春秋》，《孟子》七篇说仁政，每每称及文王，也是对于《春秋》仁道的发挥。

> 孔子曰：“文王既没，文不在兹乎？”是孔子以素王自居

---

［1］ 熊十力：《读经示要》，《熊十力全集》第3卷，第1012页。

> 之证也。故《春秋》言王，有二义：一曰假文王以明仁道。二曰孔子自居素王，制万世法，亦假文王以明己志也。[1]

孔子说实际的文王“既没”，仁道当时不是在孔子那里吗？这是孔子以素王自居之证。所以在熊十力看来，《春秋》言王，有两义。一是假借文王以明仁道。一是孔子自居素王，假借文王以明“制万世法”。

熊十力认为公羊家的三统说，实际上可以归为一统，即仁统。

> 世进太平，虚君将废，而犹有存三统之说，使民群信仰有所系也。三统者何？《繁露》《三代改制质文》曰：“《春秋》作新王之事，绌夏，亲周，故宋。”庄二十七年杞伯来朝。经何氏注：杞，夏后，不称公者，《春秋》黜杞，新周，而故宋，（原注：按：“新”当为“亲”。）以《春秋》当新王。案：统之为言，宗也，一也。言其统一天下众志，而为天下之所共宗也。统以三，《春秋》当新王，一也。仲尼祖述尧舜，宪章文武，周之道为《春秋》所直接，故亲周，二也。宋者，商后，商汤承尧、舜、禹之道，而传至于周，以逮《春秋》。故亲周而不得不上及商。是以故宋，三也。三统元是一统，一者仁也。[2]

“存三统”说，或者“通三统”之说，其目的是使民群信仰有所系，即对于实际存在的政治共同体在归为一新的共同体之后，保留群众所系于原来共同体之信仰和习惯、风俗，而在新的共同体中得

[1] 熊十力：《读经示要》，《熊十力全集》第3卷，第1013页。
[2] 熊十力：《读经示要》，《熊十力全集》第3卷，第1049页。

到安顿。熊十力接着引《春秋繁露》和何休注来说明“三统”。他自己认为，“统”之为言，即宗义，一义。这里的“一”作动词解，也就是即孟子所谓“天下定于一”。以《春秋》当新王，此时的《春秋》就不仅是书名，而且还是国体之称。《春秋》能统一天下众志，为天下所共宗。也就是说先王经世之志，皆能被统于《春秋》。而所言“三统”，一是《春秋》当新王，为一统。二是周道为《春秋》所承接，为二统。三是宋为商后，商汤承尧舜禹之道，所以故宋，是为三统。而这种使得民群的政治信仰有所维系的三统之说，实际是一以仁心而说之。所以熊十力说：

> 《春秋》始于元，元即仁。虽随世改制，而皆本仁以为治。（原注：治起于据乱之中，用仁道也。驯至太平，治制当屡变，要皆本于仁以行之。）《春秋》当新王，即以仁道统天下也。由《春秋》而上溯周之文、武，亦以仁道统天下也。又上推宋之先王成汤，亦以仁道统一天下也。故《春秋》以仁垂统，而又推其统之所承，于是而亲周，而故宋。明《春秋》之统，绍于周先王，周之统又绍于宋先王，依次相承，**假说三统**。其实，一以仁为统而已。仁道，真常也，不可易也。所以通三世之万变，而皆不失其正者，仁为之本故也。故曰三统实是一统。一者，仁也。[1]

《春秋》始元，即始于仁。三世都本仁以为治法。《春秋》当新王，新周、故宋，都是本仁道以统一天下，而假说三统。所以说，三统，其实一以仁统，而假说为三统。所以熊十力说：“《春秋》以

[1] 熊十力：《读经示要》，《熊十力全集》第3卷，第1049页。

元统天，元者，仁也。仁道至大。（原注：此大不与小对，乃绝待之辞也。）无量诸天，乃至尽未来际，无量众生，皆仁道为之统驭。至哉仁也！《春秋》作新王之事，此承周、宋先王，皆以仁道垂统，但依行仁之人，而说三统。**其实，三统一于仁而已矣**。”[1]“三世之治，皆以仁为本。据乱世，所以内治其国者，仁道而已。升平世，所以合诸夏而成治，抑……亦仁道而已。太平世则仁道益普，……进于诸夏，治化至此而极盛，仁体于是显现焉。”[2]

无独有偶，认为“三统为一统、一统就是仁统”的还有段熙仲，他说：

> 三统可以通，而周之一统不可不大，不大则恐民之惑矣。圣人别嫌疑于《春秋》之始，书“元年春，王正月”，所以为大一统也。[3]

> 颜渊问仁，则告之曰：“克己复礼为仁。一日克己复礼，天下归仁焉。”此真《春秋》自近者始，正始之义也。王者，天下所归往也，道“一日克己复礼而天下归仁焉”者，《春秋》所以大一统，言本正则末正也。[4]

段熙仲说：“大一统之传，《解诂》释之曰：‘统者，始也。’据此，则大一统者，大一始也。”[5]三统可通，而以周统为大，说三统为

[1] 熊十力：《读经示要》，《熊十力全集》第3卷，第1051页。
[2] 熊十力：《读经示要》，《熊十力全集》第3卷，第1031页。
[3][4] 段熙仲：《春秋公羊学讲疏》，南京师范大学出版社2002年版，第433页。
[5] 段熙仲：《春秋公羊学讲疏》，南京师范大学出版社2002年版，第426页。

一统，而此一统即仁统。所以，段先生认为夫子“一日克己复礼，天下归仁”为《春秋》自近者始，正始之义。《春秋》所以大一统，以仁为统、以仁为始也。

段熙仲详引包慎言以《中庸》说《春秋》之辞，其辞也传述了一统为仁统之旨：“五始，一曰元，二曰春，三曰王，四曰正月，五曰公即位。子思赞述祖德，曰：‘仲尼祖述尧舜，宪章文武；上律天时，下袭水土。’祖述宪章者，制作之事也；上律、下袭者，制作之文也。而推其德，譬之于天地。郑氏康成曰：唯五始足以当之。初莫解其故，既而思之：元者天命之性也，春者率性之道也，王者修道之主而政教由之出焉。王奉天而出教，诸侯奉行之以治其国，各以岁时述职于王，所以大一统也。”[1]这就是以《中庸》解孔子之制作，以《中庸》首三句解《春秋》五始。在包慎言看来，大一统应如此解。

包慎言又说：

> “王褒曰：‘恭惟《春秋》五始之要，在乎省己正统而已。’统者何？本也。正本在乎省己；省己者，省所睹所闻于《春秋》而反之于己，则本正。王自正其本，则其聪明睿智足以有临，宽裕温柔足以有容，发强刚毅足以有执，齐庄中正足以有敬，文理密察足以有别。所谓溥溥时出，见之正教者，一如日月之代明，四时之错行，故尊亲徧于凡有血气之区。然至圣之所以如此者，无他，至诚焉而已。至诚者，戒慎恐惧之要于独者也。以其独见之明，独运之智，为天下经纶。大经立大本。夫是以肫肫其仁也，渊渊乎其深也，浩浩

[1] 段熙仲：《春秋公羊学讲疏》，南京师范大学出版社2002年版，第438页。

乎其天也。尧舜文武以至圣至诚在天位，故身备其事。”[1]

王褒，字子渊，西汉人，《汉书》有传。包慎言认为，“正统”之“统”即“本”意，又认为正本在于省己，那么，《春秋》五始之要，就在于省己了。省己工夫在于“省所睹所闻于《春秋》而反之于己”。王者能省己而至其极者，则能达至《中庸》对于一有“有临”“有容”“有执”“有敬”“有别”之理想人格和能力之描述。包慎言认为，“至圣”之所以能如此，在乎“至诚”而已。又认为“至诚者”之戒慎恐惧工夫的关键在于“独”。肫肫其仁、渊渊其深、浩浩其天，圣者以其独见之明、独运之智为天下经纶。

我们在这里关注的是包慎言关于“王”和“圣”的关系的理解，在他看来，“王”如果正本省己，进而能达诸“有临”“有容”“有执”“有敬”“有别”，“王”就是“圣”了，而“圣”之所以能如此，在于其“至诚”。从其语脉分析，他并不认为“王”和“圣”指示两个不同对象，即“王”“圣”一致。《中庸》说“性之德也，合外内之道也”。“王”是就外说，“圣”是就内说。“王有所成”，“圣有所生”，皆原于一。外宜王，内宜圣，能合外内之道，才是性之德，亦即庄子“内圣外王”。

从外王方面说，不能在政治事业中有“圣”心（亦即仁），那么这样的政治事业不是真正的、理想的、永恒的政治事业；从内圣方面说，不能在为仁工夫中有“王”事，那么这样的为仁工夫必须向真正的、理想的、至极的道德实践努力。通三统是有一仁心而能通之。总之，熊十力认为，孔子通三统为一统，一统即仁统。

[1] 段熙仲：《春秋公羊学讲疏》，南京师范大学出版社2002年版，第438—439页。

第四章　制万世法的外王学

第一节　政治判断与抉择

一、哲人与政治

苏格拉底断言，除非哲人成为城邦的君主或者君主真诚地热爱智慧，否则城邦的祸患就不会终止。苏格拉底将这一设想形容为“古怪的”。并说他料想到自己会“被嘲笑所淹没”[1]。何休也称《春秋》经有“非常异义可怪之论”。如果我们注意到熊十力的《原儒》序言，他同样认为自己的著作会被嘲笑所淹没。而且事实上梁漱溟也说，熊十力的外王论招致了各派的一致嘲笑，甚至弟子徐复观都对熊十力的政治观及出处抉择表示极大的不理解。

可以发现，中西政治哲人对于其政治主张（政治著作）的遭遇是如此清楚地预见到的，而且他们的预见又是如此惊人地一致。

古今中西的政治哲人，除了有他们的政治哲学著作之外，其一生往往都实际参与了政治事务，而他们的政治活动除了这一政

[1]［美］史蒂芬·B.史密斯著，贺晴川译：《政治哲学》，北京联合出版公司2015年版，第68页。

治事务之外，另外一项就是教育（教化）。

就中西政治哲学著作说，孔子之“太平世”，柏拉图之“理想国”，以及康德之《永久和平论》，都是经典世界中的理念，是哲人之政治理想。现实层面永远向之趋近。《礼运》有大同、小康之分，犹如柏拉图有《理想国》《法律篇》之不同。

> 我们很容易把《理想国》和僭主的秘术混为一谈，很多人也确实有这样的看法。**整个20世纪都被那些自立为哲人王的人搞得乱七八糟：希特勒……就是个中典型。但是这样的人皆非哲人，他们对正义的信仰只不过表达了他们的虚荣和野心**。对柏拉图来说，哲学首先是一剂治疗我们激情的药方，是一种为我们欲望设下限制的方法。这恰恰是僭主的反面，柏拉图将僭主描述为一个拥有无尽欲望却缺乏最基本的治理能力的人，这种治理能力就是“自我治理”。[1]

> 哲人与僭主的区别，阐明了两种十分不同的哲学观念。对某些人来说，哲学代表一种从混乱、野性难驯的激情与偏见中得到解放的方式，一种能带来安宁与满足的治疗。对另一些人来说，哲学是统治欲的源泉，是一切形式的僭主制的基础，也是我们刚刚经历过的那个意识形态岁月的基础。[2]

柏拉图在《政治家》篇中也说：“若有某一个统治者，其行事既不

---

［1］［2］［美］史蒂芬·B.史密斯著，贺晴川译：《政治哲学》，北京联合出版公司2015年版，第76页。

依法律，又不合惯例，他还装作是一个有知识者，自称，‘至善必将实现，哪怕有悖于已有之成文规则’，但是，主宰这一摹仿的，乃是某种欲望与无知，那末，这一类型，不应被称作僭主吗？”[1]

人们可能将哲学王同僭主混淆起来，原因之一在于人们可能将哲学家的思想和僭主“虚荣和野心”的所谓哲学表达相混淆。具体于熊十力，人们也可能将《原儒》视为对政治合法性的论证，以至于熊十力的《原儒》多被视为与其前期思想相矛盾之作。事实并非如此。

二、政治判断与政治抉择

（一）政治判断力

西方政治哲学中，亚里士多德较早地关注到政治判断力。他延续柏拉图，将政治科学建立在将实践的知识同理论理性的知识以及技艺的知识区别开来的基础上。“实践知识是关于正确行动的知识，在此，行动的目的就在于行动自身‘做得好’。它并不需要某种工具性的推理活动，即知道实现一个目标的最有效的手段。相反，行动需要某种鉴识力，是要知道在特定处境中做什么事才是正确的。”[2]以赛亚·伯林的《现实感》和《政治判断力》两文谈的也是政治判断力的问题。

史密斯说：“实践判断与理论知识和创制知识的区别，就在于一种合适或适当的意识，一种对特殊处境的细微差别或具体细节的关注。明智的人（phronimos）能从一个处境的纷繁复杂的布局之中，捕捉到最合适或适当的东西。最重要的是，这样的人

---

[1] ［古希腊］柏拉图著，洪涛译：《政治家》，上海人民出版社2006年版，第88页。

[2] ［美］史蒂芬·B.史密斯著，贺晴川译：《政治哲学》，北京联合出版公司2015年版，第97页。

具有洞察力和辨识力这样的特殊才能，这就使他们与那些更具有纯粹理论或推理的性情的人区别开来。”[1]

政治中的良好判断力，就像我们判断个人身上的良好品质的能力一样，并不一定要拥有更多信息或知晓更多事实。相反，**它是一种在其他人做事之前就能看清的某些东西，知道谁值得信任、谁不值得信任的能力**。[2]这种政治判断力并不只是被西方人看重和讨论的，在中国思想和经典中也有其突出的位置。就本体论讲，这是一种至诚之道的“前知”；就政治哲学讲，这是董仲舒所说的“贵微重始”。董仲舒说：“是小者不得大，微者不得著，虽甚末，亦一端。孔子以此效之，吾所以贵微重始是也。因恶夫推灾异之象于前，然后图安危祸乱于后者，非《春秋》之所甚贵也。”[3]又说：“夫览求微细于无端之处，诚知小之将为大也，微之将为著也，吉凶未形，圣人所独立也。”[4]这就是说在没有端倪显现的地方能察看到细微之处，确实能知道小的将要变成大的，细微的将要变成显著的，在吉凶尚未形成之前，只有圣人能够看见。举例言之，古代师傅看到太子有一德性上不好的苗头，知道不好的苗头将来发挥于国家政事上将产生莫大的影响，师傅便会端正而教育之。这就是“贵微重始”。

（二）政治抉择

政治抉择是有政治判断力的人在特殊政治时刻作出的抉择。佛教中“即地狱界而成佛”的义理以及柏拉图的洞穴之喻，很能

[1] [美]史蒂芬·B.史密斯著，贺晴川译：《政治哲学》，北京联合出版公司2015年版，第97页。

[2] [美]史蒂芬·B.史密斯著，贺晴川译：《政治哲学》，北京联合出版公司2015年版，第99页。

[3] （汉）董仲舒：《春秋繁露·二端第十五》，中华书局2012年版，第174—175页。

[4] （汉）董仲舒：《春秋繁露·二端第十五》，中华书局2012年版，第174页。

表达有德性的哲人的政治抉择。

在佛教哲学中，地狱法界是十法界之一。在天台宗看来，要成圆满的佛，不能离开任何一法界而成佛。所以即使是最苦的地狱，也是成佛者不可舍弃的一个法界。舍之，就法力说，即表示法力有限；就圆满程度说，即表示尚未圆满。一个成佛者，当他作出了不舍弃地狱法界的抉择后，即表示其勇力无边。

柏拉图的洞穴之喻也是对于哲人政治抉择的最好比喻。尽管看见阳光者再次回到洞穴，会招来洞穴里只是靠着影像生活者的敌意和仇视，但这毕竟是他作出回到洞穴中这一抉择必然会产生的结果。

蒋庆说：“孔子干七十余君而不用，游列国而不纳，浮海居夷而不忍。”[1]孔子所不忍的是父母之邦、周文荟萃之地的衰乱凌替，也就是政道不行。政道不行，人道也将不浹。

三、熊十力的判断与抉择

学界对于熊十力先生的外王学有肯定，也有批评。[2]而且，有越来越多深入熊十力外王学研究成果的出现。尽管如此，熊十

[1] 蒋庆：《公羊学引论》（修订版），福建教育出版社 2014 年版，第 93 页。

[2] 郭齐勇肯定了熊十力的外王学从群俗层面上升到哲学层面，为传统向现代的过渡找到了接榫的根据，批评熊十力的外王学杂乱无系统，对于概念的应用和解释不精确，认为熊十力误解了唯物史观。见郭齐勇：《熊十力哲学研究》，人民出版社 2011 年版，第 150—170 页。高秀昌对熊十力民主政治理想多有肯定，同时批评“他的自由平等的社会理想仍然是封建式的、乌托邦式的空想”。见高秀昌：《晚年熊十力先生的“外王”论》，《天津社会科学》2006 年第 6 期以及《试论梁漱溟、熊十力、冯友兰的自由民主之思》，《北大中国文化研究》第三辑，社会科学出版社 2013 年版。刘小枫就熊十力的《韩非子》的解读有所批评，且尝试理解熊十力的外王学。见刘小枫：《共和与经纶——熊十力〈论六经〉〈正韩〉辨正》，生活 · 读书 · 新知三联书店 2012 年版。李祥俊深入熊十力著作，对其外王学有深入解读。见《儒家外王学体系的现代建构——熊十力〈读经示要〉“群经治道九义”阐微》，《人文杂志》2011 年第 2 期。

力外王学之本原形态仍值得进一步探究。如果要恰当地理解熊十力的外王学，必须更加深入其学本身，进而进行相应的理解[1]。

（一）"根仁察变"的政治识见

对于政治可以有两种看法，一种是实际参与了政治事件并始终参与政治事件，才是政治的；一种是实际参与了政治事件，继而对政治事件作出反省并以一种反省之后的行为参与才是政治的——尽管持前一观点的人不认为这"反省之后的政治行为"是一种政治行为。前一种是当世的政治，后一种不仅仅是当世的政治。后一种又可以分为两种，当其以当世的为否定的、恶的和无价值的，而以基督宗教为超越之肯定的、善的和绝对价值的，它是神学政治；当其就当世就能发见神学政治中所肯定的价值而不附带神学政治的消极后果，它是仁学政治。熊十力的外王学特点是"根仁察变"。

熊十力年仅十七岁（1902年）"即与王汉、何自新诸先烈图革命，旋入武昌兵营当一小卒"[2]，二十一岁加入秘密革命团体日知会，与革命同志在军中秘密组织"黄冈军学界讲习社"，密谋兵变。[3]武昌首义成功后，熊十力欢欣鼓舞，意气激昂。随后帝制复辟，熊十力加入护法运动，终而，熊十力认为"念党人竞权争利，革命终无善果"，自始"欲专力于学术，导人群以正见"。[4]专门致力于学术，并不是熊十力政治活动的结束，以学术"导人

[1] "相应"在这里有两个意思，一是以外王学为中心的客观地相应；一是以熊十力的政治思想为中心的主观地相应。客观地相应，保证合理地评价熊十力的外王学；主观地相应，保证合情地理解熊十力的政治思想理路。

[2] 熊十力：《论六经》，《熊十力全集》第5卷，第761页。

[3] 刘小枫：《共和与经纶——熊十力〈论六经〉〈正韩〉辨正》，生活·读书·新知三联书店2012年版，第5页。

[4] 景海峰：《熊十力哲学研究》，北京大学出版社2010年版，第25页。

群以正见”，在他看来是比实际政治活动更为根本的政治行为。正如《论语·为政》篇所说：或谓孔子曰：“子奚不为政？”[1]子曰：“《书》云：‘孝乎惟孝，友于兄弟，施于有政。’是亦为政，奚其为为政？”[2]

熊十力从实际政治活动中，反省出政治的根本义，并希冀以学术引导人群的方式参与政治活动。如果说熊十力的外王学特点是“根仁察变”，那么必须承认是待熊十力作为哲学家特有的生命体验和苦心参究儒家学问有所得之后才可以成立的。熊十力论道：“凡政治哲学上大思想家，其立论足开学派者，必其思想于形而上学有根据，否则为浅薄之论，无传世久远价值也。”[3]

李祥俊总结出熊十力一生中有六次对“人的存在的超越性的直接觉知”之生命体验[4]，其中第六次发生在其三十四岁左右，“及民六七，桂军北伐，余曾参预民军。旋与友人天门白逾桓先生同赴粤，居半年，所感万端，深觉吾党人绝无在身心上作工夫者，如何拨乱反正？吾亦内省三十余年来皆在悠悠忽忽中过活，

---

[1][2]（宋）朱熹：《四书章句集注》，中华书局2012年版，第59页。

[3] 熊十力：《韩非子评论》，《熊十力全集》第5卷，第306页。

[4] 熊十力第一次生命体验是在十三岁时，“年十三岁，登高而伤秋毫，（时喟然叹曰：此秋毫始为茂草，春夏时，吸收水土空气诸成分，而油然滋荣者也。未几零落为秋毫，刹那刹那，将秋毫且不可得，求其原质，亦复无有。三界诸有为相，皆可作如是观。）顿念万有皆幻。由是放荡形骸，妄骋淫佚，久之觉其烦恼，更进求安心立命之道”。第二次是在十六七岁读明儒陈白沙《禽兽说》时，“顿悟血气之躯非我也，只此心此理方是真我”。第三次是在二十岁左右读《易传》时，“鼓万物而不与圣人同忧”，“忽尔引生无限灵感，兜上心头”。第四次是在二十五岁左右，读《列子》时，引发对阳明与《大学》的理解。第五次是在二十八岁时，“忽而眼见街道石板如幻如化”，“吾视商店两人对话时，口动，面带笑容，皆幻化人也”。见李祥俊：《熊十力思想体系建构历程研究》，北京师范大学出版社2013年版，第111—113页。

实未发真心，未有真志，私欲潜伏，多不堪问。赖天之诱，忽尔发觉，无限惭惶。又自察非事功之材，不足领人，又何可妄随人转？于是始绝志学术一途，时年已三十五矣”。[1]

熊十力“根仁察变”政治哲学的第二个根本要素就是对于儒学的深入研究。《读经示要》中“群经治道九义”第一要义便是“以仁为体”。[2]“天地万物之体原，谓之道，亦谓之仁。仁者，言其生生不息也。道者由义，言其为天地万物所由之而成也。圣人言治，必根于仁。易言之，即仁是治之体也。本仁以立治体，则宏天地万物一体之量，可以节物竞之私，游互助之宇。塞利害之门，建中和之极。行之一群而群固，行之一国而国治，行之天下而天下大同。”[3]这是熊十力外王学一以贯之的根本原则和不变态度，而所谓“一以贯之”，就是这一根本原则和不变态度贯彻至包括《原儒》在内的所有著作。

“根仁察变”的外王学确立后，可以说在熊十力这里，政治理想与学术理想合一了。熊十力几乎放弃了所有的现实政治实践活动，而投入“导人群于正见”的学术教育活动中，但这并不表示熊十力对于政治实践活动的厌弃，也不表示他对自己政治识见

---

[1] 熊十力：《十力语要》，《熊十力全集》第4卷，第425页。实在说来，这是熊十力对于自己所参与的政治活动的反省，因为“深觉吾党人无在身心上作工夫者”，进而更反省到自己“三十余年来皆在悠悠忽忽中过活，未发真心，未有真志”，而且“私欲潜伏”。他所说“赖天之诱，忽尔发觉”，并不是此次又有在深度上超过前几次那样的生命体验，而是说重新开始重视自己生命中前几次对于生命的独特体验。因为之前没有重视这样独特的生命体验，而且没有发真心，依旧私欲潜伏，所从事之政治活动又不能达其心意，故而后悔，所以颇觉“无限惭惶”。

[2] 李祥俊认为熊十力在《读经示要》中建立起了其外王学体系。参见李祥俊：《儒家外王学体系的现代建构——熊十力〈读经示要〉“群经治道”九义阐微》，《人文杂志》2011年第2期。

[3] 熊十力：《读经示要》，《熊十力全集》第3卷，第581页。

能力的否定。政治态势作为一个态势，在哲学家那里同其他态势并没有什么差别，敏锐的哲学家都能对其有准确的把握。极力推崇儒家《大易》的熊十力精察群变之风谲云诡，正如《系辞·上》所说“极深而研几”，“唯深也，故能通天下之志；唯几也，故能成天下之务；唯神也，故不疾而速，不行而至”。

熊十力外王学的察变表现在他对于公羊家的肯定上。

熊十力说：“中国独有《春秋》公羊家言为得孔门宗旨，而宋儒何足语于是耶？虽辨王伯、明义利，未始不通太平义，然但诵法陈言耳，非精瞀群变之纷纭奇诡，终不足与言真常道理。宋儒反身工夫甚密，其于察世变，皆极肤也，至今诵其政谈，鲜不感其迂钝。”[1]“宋儒虽谈政事，大抵食古不化。二程、朱子委之吏事，不患无济，唯其能以诚心作实事故也，但欲其翻天动地，创制易俗，开物成务，以前民用，则其学与识皆不足。”[2]在政治识见和察变的能力上，熊十力不偏袒宋儒，大力肯定公羊家的政治识见和察变能力。

熊十力外王学的察变表现在他对政治家诸如张居正、王阳明等人察变能力的重视上。

他说：“江陵是思想家，而尤是一大政治家。彼于孔氏之仁、佛氏之慈，颇能反求自心而得之，故愿舍身救世，不肯作学问家。”[3]他引张居正《对策》曰：“刘孔才有云：‘聪明秀出谓之英，胆力过人谓之雄。有英而不雄者，有雄而不英者。智勇并异，则英雄兼焉。’《淮南》解曰：‘才过千人谓之豪，万人谓之杰。’此英雄豪杰之辨也。总之，皆以其智力绝殊，不可以寻常尺

[1][2] 熊十力：《十力语要》，《熊十力全集》第4卷，第268页。
[3] 熊十力：《与友人论张江陵》，《熊十力全集》第5卷，第572页。

度论耳。自古迄今，所以树立人纪，纲维世运，决大疑，排大难，建大功，立大节，必此四人者为之。”[1]

熊十力和张居正在这里注重的都是大政治家“决大疑，排大难，建大功，立大节”的能力。张居正又有真正大政治家之察变与识见：“上焉者，智周万物而不自用其明；勇盖万夫而不自任其力；随事而应，弗胶于成心；循理而行，弗牵于功利。征兆未萌，法象未著，渊然独虑而百姓莫见其迹；不世之功，永世之泽，蓦然丕建而百姓莫知其然。天下所谓智者勇者，举莫得而妄焉。此朱子所谓真正英雄豪杰而圣贤者也，品之上也。”[2]英雄豪杰进而达诸圣贤者，是大政治家的目标，“不世之功”“永世之泽”是大政治家的功绩，而“征兆未萌，法象未著，渊然独虑而百姓莫见其迹”正是大政治家的察变能力。熊十力特别引用张居正《对策》此数语，亦在于他对这样一种能力的重视，也可以说他熟知此能力。[3]

熊十力对张居正视孔子之“学”“力”以及“慷慨奇节”的一面也予以阐发。

他引张居正《对策》曰：“其孔子乎！学殚累世而不以智闻，力扶门关而不以勇闻，在乡党而恂恂，居朝廷而唯谨，固俨然儒者也。及其劫莱兵，反郓、讙，堕三都，诛正卯，即慷慨奇节之士。决眥奋臂，极力而不能办者，乃不动声色，徐引而振之，既振，油然而退，无矜容，无盛气，此岂世之君子所可与量尺寸哉？”[4]孔子之“学”常为学者称道，孔子之“力”以及“劫莱兵，

[1][2]　熊十力：《与友人论张江陵》，《熊十力全集》第5卷，第562页。

[3]　见丁为祥：《十年再读熊十力》，《人文杂志》2007年第6期。

[4]　熊十力：《与友人论张江陵》，《熊十力全集》第5卷，第562—563页。

反郓、讙，堕三都，诛正卯”之政治事件也不能不被留意。

针对世儒对王阳明形成的心学家和善于用兵的固有印象，熊十力大力突出王阳明的政治家身份。

他说：“阳明深达治本。吾国历来对于边民，只知对其内侵时予以挞伐，绝不知注意教养。阳明于西南诸夷，汲汲为乡约及学校以教之，又为区处其农田水利以养之；凡中朝被谪之官吏，皆访其贤者而随宜起用；凡地方敦品励行之儒生，皆优礼存问，以扬风化；凡廉吏告老在籍，贫不能存活，反为人所笑者，则命州县官亲临致敬，并赡其生事，以劝廉洁。阳明深知治起于下，故其乡约，极有精意。世儒第知阳明善用兵，而不知其为吾国有数之政治家也。”[1]

如果说政治家的察变能力在于对将发生之政治事态有所预知因而可以提前有所行动的话，那么教养民众则是这种行动的具体化。熊十力认为阳明深达治理之本在教养的道理，所以，称王阳明为我国历史上可数的政治家。

就赞同宋儒来看，熊十力说：“圣人言治，必根于仁。易言之，即仁是治之体也。本仁以立治体，则宏天地万物一体之量，可以节物竞之私，游互助之宇。塞利害之门，建中和之极。行之一群而群固，行之一国而国治，行之天下而天下大同。”[2]“夫不见道，则张己以宰物，将仁天下，而天下早披其毒。功名之徒，所以为世祸也。”[3]就赞同公羊家来看，熊十力认为“唯公羊家得孔门宗旨”，而宋儒不能“精察群变之纷纭奇诡”。此是熊十力

[1] 熊十力：《十力语要》，《熊十力全集》第 4 卷，第 271 页。
[2] 熊十力：《读经示要》，《熊十力全集》第 3 卷，第 581 页。
[3] 熊十力：《读经示要》，《熊十力全集》第 3 卷，第 577 页。

之识见不同于宋儒之处，也不同于公羊家之处。善看熊十力此两语，则告之于宋儒而为苦心矣，参核于精于公羊学之为外王学者而为莫逆也；不善看，习于宋儒者或贬为霸道，或疑为虚伪，精于公羊者或蔑为愚钝。虽然能精察群变之“纷纭奇诡”，却又不以精察群变为能事，而有高尚理想与仁心寄焉。虽然能精察群变之“纷纭奇诡”，却又秉持“临财不勾得，临难不勾免”的人生信条。凡此，正是熊十力“内圣外王”体系下外王学的用心良苦的殊特之处。

（二）熊十力的判断与抉择

熊十力在《庸言》发表的一篇文章中说道：

> 居乱世而行柳下惠之行，君子以为不恭。岂惟不恭，抑不肖甚矣！**士不幸而当乱世，须保持恻隐之良、刚健之德，以涉险而济险**。或出而任事，力排大难。处则讲学，维持世运。是故“飞龙在天”“见龙在田”，皆为天下所利见也。三国时，诸葛仕蜀，持汉命于将倾。管宁居华山，读《诗》《书》，习俎豆，非学者勿见，**存孤阳于群阴之日**。[1]

这是熊十力对于士居乱世的出处原则的表达。他认为柳下惠之行在乱世是不恭，也是不肖。士人不幸而处乱世，必须持恻隐之心和刚健之德，涉险而济险，而不是柳下惠之不涉险而和，也不是离开而不能济险。这险不仅仅是个人的，同时也是共同体的。或者出而任事，或者处而讲学。无论出处，都是利见于天下，孔子所谓无可无不可。诸葛仕蜀即“出”，持汉命于将倾；管宁居华

[1] 熊十力：《健庵随笔》，《熊十力全集》第8卷，第10页。

山即“处”，存孤阳于群阴之日。

> 年近古稀，可了即了耳。道之晦明，学之兴废，亦有天运。吾愿不当馁，而意不可期，必任重道远，仁也。道之将废也欤？命也。乐天安命故不忧。智以济仁之穷也，智不穷而仁亦不穷矣。吾已衰年，犹未至“仁守”之境，遇事不能无计虑，然不以俗虑常扰于心，或易吾守，此则可自反无疚耳。[1]

他说自己年近古稀，可了即了耳，不会因惧死而丧其所守。他反省自己到衰年之境，仍未达至“仁守”之境，这就是说遇事不能没有计算考虑，但是所计算、考虑者不是俗算、俗虑，更不会因此而丧其所操守者。对于这一点，熊十力认为自我反省过后，仍可以是问心无愧的。而他所计算、所考虑的，其实就是道之兴废，是文化传统和群体的治化。

在熊十力给张丕介、唐君毅、胡秋原的信中，熊十力说道：

> 又告君毅，评唯物文，固不得不多作，而方正学、王洙、所南、船山、亭林、晚村诸先贤提倡民族思想之意，实切要。此一精神树不起，则一切无可谈也。东汉以来，名士习气不破除，民族思想也培不起。名士无真心肝，不求正知、正见，无实力量。何有同类之爱、独立之望乎？此等话说来必人人皆曰“早知之”，其实确不知。陶诗有曰：“摆落悠悠谈。”此语至深哉！今人摇笔弄舌，知见多极，实皆悠悠谈耳。**今各**

[1] 熊十力:《复叶石荪》,《熊十力全集》第8卷，第583页。

上层名流，有族类沦亡之感否？[1]

这是熊十力对于名士无真实力量的叹息，敬告唐君毅多发挥方正学等人的民族思想，同时又抒发了社会上层名流对于时局没有判断力的愤恨。

汝侪于吾精神一毫不感觉，而以私意相猜，成何话！[2]

这句话极其重要，可以说是熊十力对徐复观等人对自己出处误解的无奈和愤懑。

熊十力对于庄子"知其无可奈何而安之若命"之感叹深有所契，是以庄生之玩世思想自慰，还是以《易》"安土"作为抉择？熊十力内心深有所触，最终他提醒自己：

> 圣人之学，体人道而立人极，成人能而赞天化，（原注：《易》曰"圣人成能"，又曰"赞天地之化育"。）明于天下之险阻，（原注：详玩《大易》〈坎〉〈否〉〈困〉〈明夷〉〈剥〉诸卦。）健动以建鼎革之功，（原注：《易·说卦》云"革，去故也；鼎，取新也"，〈无妄〉卦曰动而健，非有健动之力，何以革故取新欤？）**虽陷险中而不失其刚，履虎尾而无畏于咥，极知未济而不舍倾否之宏愿与强力，**（原注：《易》六十四卦以〈未济〉终，此义深微，详吾《新论》。〈否〉卦之上九曰倾否，否运已

[1] 熊十力：《致张丕介、唐君毅、胡秋原》，《熊十力全集》第8卷，第629—630页。

[2] 熊十力：《与唐君毅、钱穆、徐复观、胡秋原、牟宗三、张丕介》，《熊十力全集》第8卷，第610页。

极，必倾覆此局而更新之，人间世不得常泰而无否，即终古是未济；而人类终古努力于倾否之大业，生命元是行健无息，唯其未济而生命乃健进不已也。）恶容付之“无可奈何而安之若命”，以生为玩，甘自颓废而不恤哉？《易》曰“安土，敦乎仁，故能爱”。安土者，安于所遇，如当否运，行健以济，不震不沮，是谓安土。仁者，己欲立而立人，己欲达而达人。（原注：“立”“达”二字，意义深广，详吾《语要》卷三。）……**余平生之学，冥符《大易》，老当世乱，而托庄生无可奈何之云以自遣，是犹养之未至、学之未充，而未能自践其所知所信也。今以漆园名吾居，明吾所据之实地犹未越庄生之域，将于世道不足为有无，是余之所恐惧而不容不自警者也。**[1]

在《明心篇》，熊十力对于《易》之“安土”仍有解释：“土，犹言境也。安土者，言吾人常保持仁心而不敢放失，故随其所处之境而皆安之。如处患难之境，则守义以赴患难，不以死生动心，何况其他？是谓安土。明儒吴康斋长江遇风，舟将覆，乃正襟危坐。事定，人问之，曰：‘守正以俟耳。’是能安土也。（原注：**临死地而泰然不惧，则一切利害、得失、毁誉皆不足以扰之矣**。）学者常习于安土，则其仁心日益敦笃淳固，不可摇夺，不至放失。仁心周流乎天地万物为一体，故能爱。”[2]土即境，境即界也。“安土”义可与天台“十界互具”义相参，即成佛必即九法界而圆满，唯此，法性方彰显于整个法界。不拘是什么土，皆能安，即表明心力大，愿力大，因而实践力也大；不拘是什么法界，地

[1] 熊十力：《十力语要初续》，《熊十力全集》第5卷，第46—47页。

[2] 熊十力：《明心篇》，《熊十力全集》第7卷，第222页。

狱界，或佛界，皆能就之成佛，方是圆满之佛。

行则行，止则止，知进退存亡。《乾卦·文言》曰："其唯圣人乎？知进退存亡，而不失其正者，其唯圣人乎？"

第二节　进言三书

熊十力早年参加过政治实践，进而转入了学问之途。早年的政治实践当然可以算作政治行为，而在其后来的学问之途中，如果不考虑广义的政治之教育义（教化义），也有一次重要的政治行为。这就是他篇幅较短的进言三书，即：《韩非子评论》（简称《正韩》）（1949）、《与友人论张江陵》（简称《论张江陵》）（1950）、《与友人论六经》（简称《论六经》）（1951）。

一、进言三书的内容概括

（一）《正韩》

《正韩》分为九大部分。第一部分论述韩非之学从荀卿转手，乃原本道家而参申、商之法术，而为霸术之宗。第二部分论述韩非为法术家，不是真正的法家。在熊十力看来，真正的法家本于《春秋》，持民主思想。第三部分辨韩非之志为"致国家于富强以兼并天下"。第四部分引《定法篇》以证韩非修霸王之业而特崇法术而资取于申、商。第五部分论述韩非"去偃王之仁，息子贡之智，循徐、鲁之力"为韩非"自毁反智而一归于暴力"之思想根核。第六部分论述韩非之人性论承荀子之性恶论。韩非专从坏处看人，本未尝知性。第七部分论述韩非之术，"必有道者而后可行，无道而恃其阴鸷以用之，虽逞志当时，而祸害之中于苍生者无已也”。第八部分详论韩非之法。第九部分论述韩非之一孔政策。

熊十力转述《韩非子》著作的意图和思想大要时说：“《韩非书》随处用法术一词，此词实以两义连属而成，然虽法术兼持，而其全书精神毕竟归本于任术，稍有知识者细玩全书，当不疑于斯言。人主无术以御群臣，则权移于下，奸盗之门四辟，而法何所存乎？故人主必有术而后能持法，无术则释法用私，国之大柄旁出于群邪众盗之门，斯法纪荡然矣。”[1]“极权之治，人主不可无术；无术则不能督率臣下使之各举其职。术非苛察之谓也，苛察可偶行于细务，不可以持大体。”[2]由此可见，熊十力对于韩非政策的实际效用是清楚的，且没有完全否定这一政策存在实际作用的可能性。

对于韩非著作目的在于侧重论述主权者之政治实践所应当注意的方面，熊十力十分清楚，因而他对于《韩非子》的解读是准确的。但是解读韩非的思想并不是熊十力《正韩》的主要目的，其目的在于参政议政。

因而，将熊十力的《正韩》解读为其不能理解“实际的政治实践和认识到现实政治中法术的必要性”固然不能成立，同样，认为熊十力“取消了政治”“凭靠自己的心性本体论从形而上学的‘玄极’高度勾销庶众与君子甚至圣人的本体论差异”之类的解读也不能成立的。所谓“本体论的差异”这一说法本身就是有问题的。庶众和圣人在本体论上看，是非一非异的。孔子说：“上者尊严而危，民者卑贱而神。爱之则存，恶之则亡。”[3]虽然这

[1] 熊十力：《韩非子评论》，《熊十力全集》第5卷，第294页。

[2] 熊十力：《韩非子评论》，《熊十力全集》第5卷，第325页。

[3]《孔子家语·入官第二十一》，中华书局2011年版，第266页。清陈士珂辑本作：“故上者尊严而绝，百姓者卑贱而神。民而爱之则存，恶之则亡也。”见氏著《孔子家语疏证》，上海书店1987年版，第145页。

是就政治方面说，但孔子对于民之“卑贱而神”的看法则与此类圣凡观明显不同。

熊十力说：“六经，圣人之言也。圣人之言，发于其志。学者在由圣人之言，以通其志，非徒诵其言而已。通圣人之志者，必自有其志者也。所以者何？**一言乎志，则众人与圣人同也**。”[1]熊十力是从志的层面说、教育的层面说。从志的层面说，“众人与圣人同”。

（二）《论张江陵》

该文首先阐明江陵学术宗本在儒，而融摄佛、老、法，以成一家之学。熊十力解释《慈寿寺碑文》以明江陵深得佛家大旨。又就其《得道长生颂》明江陵于道家亦得其宗要。同时，知老子知几之学。而论证江陵得法家思想者，在于熊十力认为真正的法家继承的是从《春秋》而来之民主思想。这就是说真正法家是承于儒家的，而张江陵养才之论深得儒家的真精神，不是申、商、韩之徒所谓的法家。

其次阐明张江陵作为思想家和政治家之法治思想。其法治思想以“尊主”和“庇民”为两大基本观念。“尊主”即其关于政体之主张，欲置皇帝于纯粹无为之地，而以宰相总览全国政权。如此，庶几天下之人人皆有法守，而祸乱可以不作。“庇民”即“法以庇民，锄豪强之巨凶，佑勤苦之大众”。

再次，熊十力总结张江陵的政策为三大要点。一是“以崇法为扶衰救弊之本”。二是“以保民为立国之本”。三是“以整军为图强之本”。

最后，熊十力总结其观点为：“江陵以儒为宗，而融摄道、

[1] 熊十力：《读经示要》，《熊十力全集》第3卷，第704页。

法，而佛法究归出世，而道家以虚静显道体，近于佛法空寂，而惜乎未臻乎究竟。又论江陵见摈于中国社会，故中国所以衰落。”

（三）《论六经》

《论六经》赞同《天下》篇以“《诗》以道志，《书》以道事，《礼》以道行，《乐》以道和，《易》以道阴阳，《春秋》以道名分”概括六经宗旨，而熊十力的论说顺序为：《易》《春秋》《乐》《礼》《诗》《书》。其中，《礼经》于《周官》经特详。

于《易》言“宇宙为冲和之蕴，非斗争之府。推此而言群变，则斗争为革命不得已之方，革命既成，必息斗争而为太和，顺人性之正，确然无疑也”。

于《春秋》言庄生之“道名分”，乃所以破除之，而后小民解缚。于《乐》明其究天人之际、著万物之理之宏阔深远义。于《礼》中详言《周官》，明“实行社会主义，犹须参证此经”。于《诗》明革命之志以及《关雎》为全经之核心。于《书》言“孔子之书首尧舜，因尧舜不以天下为一家私产，故托尧舜之事用明天下为公之道，以此开宗明义，然后叙六君子之绩，则知六君子者大都因时立制，非可谓万世不易之常法”。[1]

二、进言三书的写作意图

进言三书从辨正韩非为法术家而非法家，到辨正张江陵为思想家、政治家，以儒家思想为根本，再到《论六经》辨明六经为中国文化与学术思想之根源，是试图以儒家思想为共同体奠定精神基础。

（1）在共同体精神上主张儒家六经。就道家思想讲，老氏崇

[1] 熊十力：《论六经》，《熊十力全集》第5卷，第747页。

无，易投入空寂之教，且老氏于世间法有诃毁而无经纶。就佛家思想讲，佛氏同为出世法，孔子六经与佛法为两不相容之物。故熊十力主张以儒家六经为共同体精神之本。

（2）明“反智尚力，以法为教，而禁绝学术”之失。熊十力说：“韩非偏重国家而轻人民，故亦偏重群体而轻个人。”[1]

董仲舒说：“爱人之大者，莫大于思患而豫防之。”[2]又说：“凡百乱之源，皆出嫌疑纤微，以渐寖稍长，至于大。圣人章其疑者，别其微者，绝其纤者，不得嫌，以蚤防之。圣人之道，众堤防之类也。”[3]又说：“然则观物之动，而先觉其萌，绝乱塞害于将然未形之时，《春秋》之志也。”[4]

（3）明“禁讲学、废书院”文化政策之失。熊十力说：“彼恶理学家空疏，遂禁讲学，毁书院，甚至赞同吕正（政）、元人毁灭文化，矫枉不嫌过直。虽理学家有以激之，要是江陵见地上根本错误。……江陵身没法毁，可见政改而不兴学校之教，新政终无基也。”[5]

熊十力说：

> 庄子悼百家众技各察一偏，暗于大道，故欲弘宣孔子内圣外王之道，以总揽众学，而示以会归，卓哉**前识**！[6]

[1] 熊十力：《韩非子评论》，《熊十力全集》第5卷，385页。
[2] （汉）董仲舒：《春秋繁露·俞序第十七》，中华书局2012年版，第186页。
[3] （汉）董仲舒：《春秋繁露·必仁且智第三十》，中华书局2012年版，第289页。
[4] （汉）董仲舒：《春秋繁露·必仁且智第三十》，中华书局2012年版，第316页。
[5] 熊十力：《与友人论张江陵》，《熊十力全集》第5卷，第553页。
[6] 熊十力：《原儒》，《熊十力全集》第6卷，第380页。

> 庄子智足以知圣人，已叹内圣外王之道，暗而不明，郁而不发，**其为当时与后世虑也深矣**。[1]

前识者，即前知。至诚之道，可以前知。《中庸》说：“国家将兴，必有祯祥；国家将亡，必有妖孽。见乎蓍龟，动乎四体。祸福将至，善必先知之；不善，必先知之。故至诚如神。”董仲舒也说：“智者见祸福远，其知利害蚤，物动而知其化，事兴而知其归，见始而知其终。”[2]

熊十力说：“世言思想反映现实，古人不能前知未来。其实古圣识量，尽有包通万世者”，“谓思想家之思想衹是反映其当时所处之社会，都无超出时代的远见，吾诚愚钝，不敢苟同”。[3]又说：“乾知未来，何耶？乾有刚健、生生、炤明、升进等性。云何知未来？乾道主创造。易言之，生命力至大、至健、故创造性强。”[4]

熊十力发明孔子之内圣外王之道，“其为当时与后世虑也深矣”。

第三节 《原儒》

一、《原儒》之宗《春秋》

《新论》宗《易》，《原儒》宗《春秋》。

---

[1] 熊十力：《原儒》，《熊十力全集》第6卷，第382页。
[2] （汉）董仲舒：《春秋繁露·必仁且智第三十》，中华书局2012年版，第328页。
[3] 熊十力：《答友人》，《熊十力全集》第6卷，第790—791页。
[4] 熊十力：《存斋随笔》，《熊十力全集》第7卷，第877页。

马一浮先生论曰："董生云：不明乎《易》，不能明《春秋》。《易》本隐以之显。《春秋》推见至隐。《易》以天道下济人事，《春秋》以人事反之天道。实则隐显不二，天人一理。故《易》与《春秋》者，圣人之全体大用也。用处难知，只为体上不了，故非义精仁熟不容轻说《春秋》。"[1]类比地说，不明乎《新唯识论》，就不能明《原儒》。作为"用处"的《原儒》难知，在于读者"体上不了"。

在熊十力看来，六经是孔子晚年定论。六经中的《易》《春秋》最为重要。所以他说："孔子之道，内圣外王。其说具在《易》《春秋》二经。余经（原注：《诗经》《书经》《礼经》《乐经》[即《乐记》]）皆此二经之羽翼。"[2]

就著作说，《读经示要》（1945年）是熊十力的政治哲学之始，而进言三书代表其政治行动，《原儒》（1956年）则是其"内圣外王"体系下的政治哲学大作。《乾坤衍》则熔内圣、外王于一炉，以《易》乾坤两卦推衍其"内圣外王"体系。熊十力先造《新唯识论》，后造《原儒》。《新唯识论》宗《大易》，《原儒》宗《春秋》。

"孔子之道，内圣外王"是熊十力沿用庄子的说法，是对孔子之学宗旨的概括。这也是熊十力自《孔子内圣外王之学》一文以来，对孔子外王学宗旨的一贯主张。所谓"内圣外王"，就是仁智一贯，内外一贯，圣王一贯。独智而不能仁固然不用说，即使能知"同体之仁"之为内圣者，而不能具体地知道各个领域内智之应用层面的知识——例如政治领域里对于政治人物的判断、政权

---

[1] 马一浮：《马一浮全集》第1册上，浙江古籍出版社2013年版，第118—119页。

[2] 熊十力：《读经示要》，《熊十力全集》第3卷，第1015页。

正当性、政治形势的判断的知识，也不是内圣外王一贯之道。

梁漱溟先生说：“熊先生在儒学中有其惊俗骇众的特殊见地，他的议论我虽不敢苟同，却又不敢抹杀。在这里，我是期望读者不轻易否定他的价值的。这就是指熊著各书在谈到儒家外王学的那方面。熊先生根据《大易》《春秋》《礼运》《周官》各经，以‘革命’‘民主’‘社会主义’之义阐明孔子的外王学，确有许多惊世骇俗的议论招致新旧各方一致的非笑。”[1]可以说，这些著作不仅招致“非笑”，还招致了轻易的评价，尽管梁漱溟先生提醒过不能这么做。[2]在熊十力这里，他也早知道他的外王学著作可能会招致这些对待方式，他在《原儒》的序言里，已经表明了自己对待可能出现的非难的态度。熊十力说：“余造《原儒》，宗经申义，言所欲言，上酬先圣，他非所计。老子不云乎，‘道大，似不肖。夫唯大，故似不肖；若肖，久矣其细也夫！’”[3]道大，似不肖，不笑不足以为道。熊十力显然已经给出他的态度。他说“造《原儒》”，这个“造”不是编造、乱造，而是创造，而且这个“造”字也出现在他的内圣学著作《新唯识论》的开篇：“今造此论，为欲悟诸究玄学者，令知实体非是离自心外在境界，及非知识所行境界，唯是反求实证相应故。”[4]此处说明“造此论”的目的十分明确，而在《原儒》中，这个目的却没有说得很明确，只是一句“言所欲言，上酬先圣”，似乎并不能让我们知道有什么

---

[1] 梁漱溟：《读熊著各书书后》，《熊十力全集》附卷上，第727页。

[2] 梁先生说：“好比披沙拣金，先清出一些沙石后，再看看是否还有金在其间。不然的话，若使金随沙去，则损失者固不在熊先生也。”“我不敢苟同于他。另一面，我更不能全然否定它（按：指熊十力的外王学著作），相反地，我将反对那些全然否定它的人。”梁漱溟：《读熊著各书书后》，《熊十力全集》附卷上，第727、734页。

[3] 熊十力：《原儒》序言，《熊十力全集》第6卷，第313页。

[4] 熊十力：《新唯识论（文言文本）》，《熊十力全集》第2卷，第10页。

微言。

然而，熊十力在《〈原儒〉再印记》中或多或少地表明了自己的写作意图：“《周官经》乃《春秋》拨乱之制，所以为太平世开辟弘基，其化源在礼乐。乐本和而忘人我，仁也；礼主序而人我有别，然治人必先治我，义也。礼乐修而仁义行，万物齐畅其性，方是太平之鸿休，人道之极盛。”[1]

二、《原儒》之借事明义

（一）《原儒》非为当世立法

1. 从造《原儒》时其心境看，《原儒》非为当世立法

《原儒序言》末记为：“夏历丙申，立秋日。公历一九五六年八月七日漆园老人序于沪西寓舍。”[2]《原儒再印记》末记为：“夏历丙申年冬，公元一九五六年十二月吉日，漆园老人记于上海淮海中路苍莽之楼。”[3]可见熊十力此时以漆园老人自号。

早在之前，《漆园记》就表明了熊十力循庄子的处世之道，然而其心志不同于庄子。在《原儒》中，熊十力也对庄子的宇宙论进行了反思，认为庄子“本以大化为外界独存的力量，而以人为小。由其说，吾人与大化根本不一”，“庄子之宇宙论实只承认外在大力，司造化之机耳，吾人或万物皆出于机，皆入于机，直同大造之玩具，无足算也”。[4]可见，熊十力判定庄子精于《易》《春秋》，为儒学之支流，但对于庄子的宇宙论和人生论的最终归宿不甚赞同，所以他又说：“庄子天才甚高，而于道未澈在。吾有时

---

[1] 熊十力：《〈原儒〉再印记》，《熊十力全集》第6卷，第309页。

[2] 熊十力：《原儒》序言，《熊十力全集》第6卷，第313页。

[3] 熊十力：《〈原儒〉再印记》，《熊十力全集》第6卷，第310页。

[4] 熊十力：《原儒》，《熊十力全集》第6卷，第354页。

称庄子语盖节取之以达吾旨耳。其实，吾与庄子究判天渊。”[1]因此，可以判定，熊十力此时以“漆园老人”自号，不是由于庄子与其学术志向相契，而是熊十力对于时代的感怀而契于庄子之心境。

2. 从其外王学发展进程看，《原儒》非为当世立法

当以当世为重心，进而去审视《原儒》，认为《原儒》所造是为现实提供政治方案，提供“膏肓药”，不论评价其提供的方案效果如何——即或者完全无效、或者部分有效、或者完全有效，这样的读法，都难理解熊十力“造”《原儒》的苦心。从逻辑上说，这是诉诸后果的谬误推理，即“以某命题为真或我们相信某命题为真时可能导致的后果的好坏来判决命题是否为真”[2]。

如果说“进言三书”的性质为《春秋》之治的应用，那么《原儒》的性质则是《春秋》之志的继承。在熊十力这里，志治不二。

3. 从熊十力外王学的一贯宗旨看，《原儒》非为当世立法

《易》《同人》卦曰：“惟君子为能通天下之志。”《系辞》曰：“夫《易》，圣人之所以极深而研几也。唯深也，故能通天下之志。”又曰：“是故圣人以通天下之志。”所以说圣人重志，而唯君子能极深而通天下之志。

董仲舒说：“《春秋》论事，莫重于志。”[3]

在董仲舒看来，礼之所重者，也在于志。他说：“礼之所重者，在其志。志敬而节具，则君子予之知礼；志和而音雅，则君子予之知乐；志哀而居约，则君子予之知丧。故曰‘非虚加之’，

[1] 熊十力：《原儒》，《熊十力全集》第6卷，第354页。

[2] 翟振明：《迷失在“诉诸后果”谬误中的中国哲学学术》，《学术月刊》2007年第10期。

[3] （汉）董仲舒：《春秋繁露·玉杯第二》，中华书局2012年版，第25页。

重志之谓也。志为质，物为文，文著于质，质不居文，文安施质；质文两备，然后其礼成。”[1]

重志而知政的熊十力对于是否能继承孔子的政治志向极其关切。在熊十力看来，皮锡瑞在权衡理想政治和现实政治之间发生了些微犹豫，并出于政治关切而选择了现实政治。熊十力以义度人，尽管在《春秋》学上，学之于皮锡瑞，但仍对皮锡瑞进行了严厉批评。

> 皮锡瑞曰：“《春秋》为后王立法，虽不专为汉，而汉继周后，即谓为汉制法，有何不可？且在汉言汉，推崇当代，不得不然。今人生于大清，大清尊孔教，即谓为清制法，亦无不可。”锡瑞此解，卑陋邪缪已极。《春秋》之道，归于去尊以伸齐民，（原注：贬天子、退诸侯、讨大夫，是不容有统治阶级也。人民皆得自治自由自尊自主，所以致太平。）诛暴以兴灭绝。（原注：吴楚及秦，皆持侵略主义，《春秋》皆狄之。兴灭国，继绝世，《春秋》大义也。）汉之帝制，清人覆二帝三王之统，皆《春秋》之所必诛绝而不容宽假也。而云《春秋》为彼制法乎？圣人制万世法，将使群生随时进于善，万物各得其所，岂为专制或凶猘之徒制法，以鱼肉兆庶乎？[2]

可以说《春秋》为后王立法，也可以说《春秋》为万世立法，即《春秋》表达了孔子政治哲学的理想，或者说表达了孔子的“志”。

---

［1］（汉）董仲舒：《春秋繁露·玉杯第二》，中华书局2012年版，第27页。

［2］熊十力：《读经示要》，《熊十力全集》第3卷，第1014—1015页。

在皮锡瑞那里，志和政的轻重未分，当必须在现实政治和圣人政治理想之间作一个抉择，是要选择现实政治的。在皮锡瑞看来，大前提是“《春秋》为后王立法”（或者是“《春秋》为万世立法”），小前提是“汉王是后王”（或者是“汉为万世中之一世”），那么结论“《春秋》为汉制法”是可以成立的。同理，说《春秋》为清制法，也是可以成立的。皮锡瑞还给出了两个补充论证：（1）“在汉言汉，推崇当代，不得不然。”（2）“大清尊孔教。”

熊十力极力反对皮锡瑞的上述观点。他认为《春秋》之道是“去尊以伸齐民，诛暴以兴灭绝”，而汉是帝制，清颠覆二帝三王之统，为凶猾之徒，因此，汉、清是“《春秋》之所必诛绝而不容宽假”者。皮锡瑞以《春秋》为清制法被熊十力批为不善学《春秋》，察今之不善学公羊者之言，则亦在其批评范围内，诚“若孔巽轩之去‘王鲁’而主时王，则诚俗学”[1]。

> 有难余者曰：“《周官经》的制度可以说是圣人为后世悬想一个民主制度的草案，然而后世毕竟不能完全仿造他的，亦何用？”余答之曰：此个草案不是要后世完全仿造，圣人只是欲树一规模唤起后人改造世界的勇气与智虑，其原理则毕竟为后世所莫能外。[2]

同理，熊十力作《原儒》，不是欲模仿《周官经》所述之民主方案而欲实行之于当下。熊十力造《原儒》“只是欲树一规模唤起后

---

[1] 廖平撰，李耀仙主编，周开度点校：《何氏公羊解诂三十论》，《廖平选集》下，巴蜀书社1998年版，第140页。

[2] 熊十力：《原儒》，《熊十力全集》第6卷，第775页。

人改造世界的勇气与智虑”，这是为万世制法，是申发“《春秋》经世，先王之志”。

重政治之“志”是古今中外政治哲学大家一贯的表现，这不仅在孔子《春秋》经中“太平世”之志、庄子的“《春秋》经世，先王之志”的话语中有直接的表现，在柏拉图那里也有着很好的体现。从《理想国》经《政治家》到《法律篇》，虽然柏拉图论述的重点从政治理想转向了政治现实，但其所论述之政治现实仍是以其政治理想为根本预设和最终归宿的。柏拉图在《政治家篇》论政治之“志”(“政治理想”)时说道：

> 在一定的意义上，国王的统治技艺显然包括立法的技艺。但政治理想对法律并不具有充分的权威，或者倒不如说政治理想对一个懂得国王的技艺和拥有国王的统治能力的人来说具有充分的权威。[1]

这里，柏拉图说的“国王”并不是现实中的君主或者政治领袖，而仍是理想中的哲人王。一般人们会认为柏拉图的理想国是过于理想的、空幻的，因而抱有怀疑的态度。但是在柏拉图那里，政治理想是真实的，是对其个人的思考和著作具有权威的。在柏拉图这里，不是政治理想以是否符合政治现实，为其是否有价值的评判标准，而是政治现实在多大程度上接近于其政治理想，而为现实政治好坏的评价标准。真正的政治家是哲人王，真正的政制是哲人王实施的政制。柏拉图说：“其他政制的保存都依赖于

---

[1] [古希腊]柏拉图：《政治家篇》，《柏拉图全集》第3卷，人民出版社2002年版，第145页。

对法典的遵循，取决于严格坚守一条规则。我们承认这些东西是需要的，但并不是理想的。”[1]这就是说，柏拉图承认了次好的政制的必要性，但理想国的政治理想并没有放弃。依赖于法典的次好政制之所以是次好的，就是因为它“并不是理想的”——不是哲人王理想的政制。

因此可以发现，在古今中外的政治哲人那里，政治之“志”（“政治理想”）都具有真实性，是其评判现实中所有政制的最高标准。所以柏拉图说：“只要他们（统治者）按照基本正义的原则合理地工作，以尽可能改善国家生活为目的，那么按照我们的标准，我们就应当称他们为真正的政治家，只有在他们的统治下，国家才能得到良好的治理，才会有真正的政治体制。我们还要进一步说，其他所有被称作政制的国家组织都不是真正的，而是一种仿制品，是对真正的政制的模仿。那些所谓有法可依的政制要模仿得好些，而其他政制或多或少模仿得很笨拙。”[2]

因此，认识到了政治之“志”实在性的熊十力，才会以庄子“《春秋》经世，先王之志”判定庄子知圣心。《原儒》作为一部政治哲学著作，是要发明孔子为万世制法的政治理想。

综上可见，《原儒》不是为当时立法，而是申发孔子外王学之宗旨。

（二）《原儒》之“借事明义”

1.《春秋》“借事明义”之方法论

如果能明了《原儒》的方法论为“借事明义”，那么对理解

---

[1]［古希腊］柏拉图：《政治家篇》，《柏拉图全集》第3卷，人民出版社版2002年版，第151页。

[2]［古希腊］柏拉图：《政治家篇》，《柏拉图全集》第3卷，人民出版社2002年版，第145页。

《原儒》会有不小的帮助。公羊家发挥《春秋》借事明义之方法，熊十力继之而后运用于《原儒》。《春秋》"王鲁说"是公羊学的重要思想之一，也最能反映《春秋》"借事明义"之旨。下面即以"王鲁说"为例，来讲《春秋》的"借事明义"的方法论。

《礼运》记孔子之语说："我欲观夏道，是故之杞，而不足征也，吾得夏时焉。我欲观殷道，是故之宋，而不足征也，吾得坤乾焉。坤乾之义，夏时之等，吾以是观之。"又记孔子之语说："呜呼哀哉！我观周道，幽、厉伤之，吾舍鲁何适矣？"这是孔子"缘鲁以见王义"的历史原因。蒋庆解释道："夏、殷、周皆王迹所存之地，历史上曾表现过王道王义，故欲观王道王义，当往杞宋周而观之。但杞宋远久，文献不足征，只得夏时、坤乾而已。周虽未亡，天子尚在，然幽厉以后，降为列国，王迹已熄，王政不行，欲之周观王道王义已不可得。在此王迹已熄无所表现的情况下，鲁乃孔子父母之邦、周文荟萃之地，虽已衰乱凌替，然尚可一变而至于道。孔子干七十余君而不用，游列国而不纳，浮海居夷而不忍，茫茫天地，舍鲁何适？孔子在当时情况下除'缘鲁以见王义'外别无选择。"[1]

董仲舒说："《春秋》缘鲁以言王义，杀隐桓以为远祖，宗定哀以为考妣，至尊且高，至显且明。"[2]康有为对此解释说："'缘鲁以言王义'，孔子之意专明王者之义，不过缘托于鲁，以立文字。即如隐桓，不过托为王者之远祖，定哀为王者之考妣。"[3]

皮锡瑞说："《春秋》借事明义，且非独祭仲数事而已也，存

[1] 蒋庆：《公羊学引论》(修订版)，福建教育出版社2014年版，第93页。
[2] (汉)董仲舒：《春秋繁露·奉本》，中华书局2012年版，第361页。
[3] (清)康有为：《康有为全集》第2卷，上海古籍出版社1990年版，第778页。

三统、张三世，亦当以借事明义解之，然后可通。”[1]

蒋庆说：“《春秋》王鲁，是一极简略的说法，如果不深知其义蕴，很容易造成误解，即以为《春秋》真以鲁为王。其实，《春秋》王鲁，并非真以鲁为王，而是托王于鲁，即假借鲁国的历史来说明孔子外王之义。”又说：“《春秋》王鲁说最能说明《春秋》一经的性质是借事明义，或者说托事明义。”[2]

熊十力也曾接着皮锡瑞说整个《春秋》都是借事明义。他说：

> 《春秋》**假事以明义**，孔子已自言之。（原注：孟子引孔子曰：其事则齐桓、晋文，其文则史，其义则丘窃取之矣。）而汉、宋两派之儒，罕能得其旨。皮锡瑞曰：“孔子自明作《春秋》之意曰：‘载之空言，不如见之行事，深切著明。’后人亦多称述，而未必人人能解。《春秋》一书，亦止是载之空言，如何说是见之行事？即后世能实行《春秋》之法，见之行事，亦非孔子所及见，何以见其深切著明？此二语，看似寻常之言，有令人百思而不得其解者。必明于《公羊》借事明义之旨，方能解之。盖所谓见之行事，谓托二百四十二年之行事，以明褒贬之义也。孔子知道不行，而作《春秋》。斟酌损益，立一王之法，以待后世。然不能实指其用法之处，则其意不可见。即专著一书，说明立法之意如何，变法之意如何，仍是托之空言，不如见之行事，使人易晓。犹今之大

[1] （清）皮锡瑞：《经学通论·春秋·论三统三世是借事明义黜周王鲁亦是借事明义》，中华书局1954年版，第22页。

[2] 蒋庆：《公羊学引论》（修订版），福建教育出版社2014年版，第88页。

清律，必引旧案，以为比例，然后办案乃有把握。**故不得不借当时之事，以明褒贬之义，即褒贬之义，以为后来之法。**如鲁隐非真能让国也，而《春秋》借鲁隐之事，以明让国之义。祭仲非真能知权也，而《春秋》借祭仲之事，以明知权之义。宋襄非真能仁义行师也，而《春秋》借宋襄，以明仁义行师之义。所谓见之行事，深切著明，孔子之意盖是如此。故其所托之义，与其本事不必尽合。孔子特欲假借之，以明其作《春秋》之义。使后之读《春秋》者，晓然知其大义所在。较之徒托空言而未能徵实者，不益深切而著明乎？三《传》，惟公羊家能明此旨。”又曰：“《春秋》初年，王迹犹存。及其中叶，已不逮《春秋》之初。至于定、哀，骎骎乎流入战国矣。而论《春秋》三世之大义，《春秋》始于据乱，即借隐、桓、庄、闵、僖，为据乱世。中于升平，即借文、宣、成、襄为升平世。终于太平，即借昭、定、哀为太平世。**世愈乱，而《春秋》之文愈治，其义与当世之事正相反。**”[1]

不仅如此，在《论六经》中讨论孔子之《书》经时，熊十力认为《书》也运用了“借事明义”的方法。他说：

孔子之《书》必终于周公成王时事者，以三义推知之。一、《礼运》谈小康，专举三代之英，所谓六君子是也。故知周公摄王位，立成周一代之典礼，开八百年之基，而《书》即以是终。二、《论语》称古帝王之德，唯尧舜禹汤文武周公是“子所雅言”，此与《书》之始终相应。三、《诗》首《关雎》，

[1] 熊十力：《读经示要》，《熊十力全集》第3卷，第1015—1016页。

> 刺康王之衰也。家天下与封建制度，自禹始奠之，至成王周公而盛已极，极则不可不革也，故《书》终于周公、成王，而《诗》始康王，发抒革命思想，《诗》《书》二经终始之脉络可寻也。明乎**孔子之《书》是经非史**，是**借**二帝六君子之**事**以立己**义**，则不当妄计孔子必详于成康以后王朝与列国之事也。[1]

“借事明义”是《春秋》的重要方法，可以说不明“借事明义”之旨就难以理解《春秋》经。比如，所谓文王，不是指历史中实际的周文王，而是指仁道。如果说《原儒》宗《春秋》，则《春秋》的方法论也是《原儒》必然要遵从的。

2.《原儒》之“借事明义”的方法论

《原儒》运用了《读经示要》中已经阐发的“借事明义”的方法论。在《原儒》中，熊十力认为“借事明义”是六经，特别是《易》《春秋》都遵循的方法论。

> 如《易经》之卦辞、爻辞，大概为上古卜辞。孔子乃别为《彖》《象》《文言》《系辞传》《说卦》《序卦》等，以发挥己之哲学思想。（原注：己者，设为孔子之自谓。）如是，则卦辞、爻辞完全改变古代卜辞之意味，而另赋以新义，则卦爻辞已成为孔子之自作，不得视为占卜家遗文也。又如《春秋》，其经文则鲁史之文，其事则鲁国与列国之大事皆载焉。孔子则借鲁史所记之事，而发挥自己对于政治社会之高远理

[1] 熊十力：《论六经》，《熊十力全集》第5卷，第751页。

> 想。如是，则《春秋》已不是史，而实为孔子创作。[1]

孔子于《易经》，借古代占卜遗文，“另赋新义”，发挥自己的哲学思想，这是“借事明义”之表现于《易经》。于《春秋》，孔子则借鲁国与列国之事，发挥自己对于政治社会之高远理想，这是“借事明义”之表现于《春秋经》。可见，同皮锡瑞一样，熊十力也认为“借事明义”的方法论是理解六经的关键，而《原儒》如果说得上“造”，能达到同于《新唯识论》在其内圣学中高度的话，必然要能够继承和应用“借事明义”这一方法论。

> 《原儒》只印百部，而见者皆谓余以社会主义说《周官》，为太附会，年高之旧好尤不谓然。《周官经》自古为儒生所不肯道，老人厌闻犹可说也，今之有新知识者犹轻《周官》，此何故耶?《周官经》以“均”与“联”，为参赞化育，造起万事之最高原则。[2]

《原儒》的读者认为熊十力以社会主义说《周官》是牵强附会，而他的忘年好友尤其不赞同其观点。熊十力说“今之有新知识者”，则表明了熊十力考虑到了《原儒》的读者有一部分，或者说很大一部分，是有“新知识”这一背景的。这“新知识”是什么呢？其实就是社会思想界流行的关于“社会主义”的知识。我们可以推出，熊十力是想呼应当时的社会主义知识来阐发《周官》的义理，而非相反。可见，熊十力的《原儒》确实应用了“借事明义”的方

[1] 熊十力:《原儒》,《熊十力全集》第6卷，第394页。
[2] 熊十力:《原儒》附录之《答友人》,《熊十力全集》第6卷，第791页。

法论。

至《乾坤衍》，则借当时传入中国之西方思想中关于青年黑格尔派与老年黑格尔派的划分的讨论，将孔子三千弟子分为孔门青年派与孔门老年派。青年派为大道学派，老年派为小康学派。

> （刘）歆以为七十子皆能恪守大义，及其丧亡则异论滋多。犯上作乱，不为无道，则大义始乖矣。“乖”，犹反也。明孔门中，有与大义相反之别派也。歆虽不肯明言大道学派，而其意实以为孔门老成凋谢，而后三千中之少年揭大道之帜，唱革命之论，是乖反乎大义也。余推考大道诸贤，是孔门青年派。[1]

这明显是呼应当时社会主义革命之事件来阐明《春秋》之革命义。

总之，不仅《原儒》运用了“借事明义”的方法论，且这一重要的方法论原则在熊十力此后的，特别是外王学著作中，一直被应用。

（1）《原儒》言“革命”是借革命之事明孔子“太平世”的政治理想之义

> 孔子因公山、佛肸二子之召而皆欲应之，其志在领导民众以行革命，改乱制而开民主之局。[2]

熊十力认为孔子图举革命之事，废统治，除阶级，开创民主之新

[1] 熊十力：《乾坤衍》，《熊十力全集》第7卷，第439页。
[2] 熊十力：《原儒》，《熊十力全集》第6卷，第480页。

制。他认为孔子不尚空言而重视行事。

> 夫三世本为一事。一事者，拨乱世反之正也。拨乱世者，革命之事。[1]

> 《春秋》说“三世”是革命而薪进太平盛治之总略，其以所见世为太平世，可见孔子之志期于在据乱世举革命之事，而及身亲见太平盛治之成就，故曰“我欲载之空言，不如见之行事”。知行合一，确乎其不可拔也！[2]

熊十力认为，公羊三世说即总说一事，即拨乱世而反之正，而“拨乱世”，就是所谓革命。

然而，熊十力所说的“革命”究竟是什么意思呢？

熊十力所说的“革命”，是能继承孔子体天道、示仁爱的内圣学而发挥出来的外王学意义上的“革命”，这是一事。现实世界中，由政治人物领导的政治、军事活动而进行的“革命”，是另一事。

熊十力说：“六经之外王学，实不容许有少数人宰割天下最大多数人之统治阶级存在。吕政已吞六国，统一天下，即焚书坑儒，当是儒生有反抗帝制之思想，吕政闻而患之，故严为镇压，否则何故独坑儒乎？余观《礼记·儒行篇》有曰：‘适弗逢世，（原注：儒者之所蕲向，与昏世不合，云弗逢世。）上弗援，（原注：不为居上位者所援救。）下弗推，（原注：下民不能了解其志

---

［1］ 熊十力：《原儒》，《熊十力全集》第6卷，第490页。

［2］ 熊十力：《原儒》，《熊十力全集》第6卷，第490—491页。

事，亦弗推戴。）谗谄之民有比党而危之者，（原注：凡革命志士之所遇，皆如以上所说。）身可危也，而志不可夺也。虽危，起居竟信其志。’（原注：郑玄注：起居犹言举事动作。信，读伸。此言儒者虽遇危难，而行事举动，犹能伸己之志谋不变易也。）据此所云，当是有革命行动之儒，故虽身危而能伸其志也。《儒行》一篇盖出于六国时，七十子后学所作。《儒学篇》所说，有十五儒。惟上文所引者是革命之儒，上弗援，下弗推，谗谄之民比党而谋危害，在革命运动尚未为群众所了解时，正如此耳。六国昏乱，惟儒家有革命一派，**能继述孔子之志**。而诸子百家之后学不闻有此，是可以观学术得失矣。”[1]

《春秋》成公十七年：“晋杀其大夫郤锜、郤犨、郤至。”《左传》云：“晋厉公侈，多外嬖，反自鄢陵，欲尽去群大夫而立其左右。一朝而杀三大夫。”董仲舒说：“晋厉公行暴道，杀无罪人，一朝而杀大臣三人。明年，臣下畏恐，晋国杀之。”[2]熊十力说：“文十八年经：莒弑其君庶其。《传》曰：称国以弑何？称国以弑者，众弑君之辞。何氏注曰：‘举国以明失众，当坐绝也。’详此所云，盖以人民久受专制之毒，宜行**革命**，以争自由。”[3]

可见，《春秋》对于行暴道的统治者是否定的、批判的。《原儒》宗《春秋》，因此不可能违背《春秋》此条宗旨。

（2）《原儒》言“民主”是借“民主”之事明孔子“天下为公”的政治理想之义

在《读经示要》中，熊十力已经申发公羊家“天子为爵称”之

[1] 熊十力：《原儒》，《熊十力全集》第6卷，第384—385页。
[2]（汉）董仲舒：《春秋繁露·王道第六》，中华书局2012年版，第124页。
[3] 熊十力：《读经示要》，《熊十力全集》第3卷，第1072—1073页。

说。熊十力说：

> 《公羊》说天子为爵称，乃承孔子创作之义，本非历史事实也。余尝以《易》《春秋》二经，皆宣圣亲作，二经相为表里。言《春秋》者不徵之《易》，必难通其微旨。《易乾凿度》云："孔子曰：'《易》有君人五号也。帝者，天称也。王者，美行也。天子者，爵称也。大君者，与上下异也。大人者，圣明德备也，变文以著名。题德以别操。'"[1]

在熊十力看来，公羊家"天子为爵称"说，是承自孔子所创作之义，而并非历史事实。此义于《易》也有证。《周易乾凿度》就有天子为爵称的明文。此说孟子、董子皆认同。《春秋繁露·顺命第七十》说："故德侔天地者，皇天右而子之，号称天子。其次有五等之爵以尊之。"[2]熊十力又说："董子《春秋繁露》以天子为爵称，其说适与孟子相同。孟子本深于《春秋》者。其书盖以孔子作《春秋》，为乱后之一治。观其答北宫之语，与其民为贵之主张，（原注：国之主权，操之民众。人各自主自治，而大君不敢独裁于上，故曰民为贵。）原为一致。**民贵，故天子有爵，**与百官之有爵无异。不过其爵居第一位，为百官之首长而已。"[3]

熊十力说："穀梁氏虽未达三世义，而其尊重人民公共意力，以除暴乱，则犹承《公羊》之旨。如隐四年经：九月，卫人杀州吁于濮。《穀梁传》曰：'称人以杀，杀有罪也。'（原注：案：称国人，

---

［1］熊十力：《读经示要》，《熊十力全集》第3卷，第1046—1047页。

［2］（汉）董仲舒：《春秋繁露》，中华书局2012年版，第557页。案：《读经示要》标为"故德侔天地者皇"。

［3］熊十力：《读经示要》，《熊十力全集》第3卷，第1047—1048页。

以明众讨之也。）庄九年经：春，齐人杀无知。《穀梁传》曰：‘称人以杀大夫，杀有罪也。’文九年经：晋人杀其大夫毂及箕郑父。《穀梁传》曰：‘称人以杀，杀有罪也。’大夫盗柄祸国，人民必起而杀之，所以伸众讨，警独夫窃权坏法，而固民主之基也。”[1]

熊十力说：“宣十五年经：夏五月，宋人及楚人平。《传》曰：‘外平不书。（原注：平者，和平也。外国和平之约，无关鲁国内事者，每不书。）此何以书？大其平乎己也。’何氏注曰：‘己，二大夫。’案：二大夫，谓宋华元、楚子反也。宋、楚交战，楚军粮将尽也，宋人至易子而食，战祸深矣。二国之民，何为而自毁如此，必将觉悟其为当国者逞欲所致，而有悔祸之心也。故华元、子反能以己顺从二国民意，而成平约。此《春秋》所以大之也。《传》又曰：‘其称人何？贬。曷为贬？平者在下也。’何氏注：‘言在下者，讥二子在君侧，不先以便宜反报，归美于君。而生事专平，故贬称人。’案：何注曲解《传》意。《繁露·竹林》明子反之行，不当以常礼责。《韩诗外传》嘉华元之诚。何得以轻君贬之乎？夫《传》言贬者，非贬二大夫之专平也，乃贬二国之君未能修睦于平时耳。《传》曰‘平者在下也’，明此平约，乃二国人民之公意，而战祸实由二君开之，故言平者在下，而二君为战祸主犯不待言。以是知贬二君也。……《春秋》于宋楚之平，而书宋人楚人，明其为二国民众公共意力之表现，即隐贬二君。”[2]

“天子为爵称”的观点，在《原儒》中继续得到贯彻。

何休特明天子为爵称，盖据公羊高所亲受于子夏者，展

---

[1] 熊十力：《读经示要》，《熊十力全集》第3卷，第1073页。

[2] 熊十力：《读经示要》，《熊十力全集》第3卷，第1073—1074页。

> 转传来之义。是乃孔子创说，非历史事实也。夫以天子为爵称，则天子与百官之有爵无异，不过其爵列第一位，为百官之首长而已。[1]

“天子为爵称”，那么天子与百官有爵没有什么不同，只是其爵列第一位。《易》之《乾凿度》也说天子为爵称，与《春秋》一贯。孟子承《春秋》之说，顾亭林《日知录》也发挥了此义，这都是继承了孔子之义。

熊十力认为，《周官经》假托周代制度，其在政治上主张实行民主。

> 《周官》之政治主张在取消王权，期于达到《春秋》废除三层统治之目的，而实行民主政治。[2]

熊十力认为，《周官》经中王者徒有虚号，是取消了其王权，将之置之于无为之地，“且小司寇外朝三询之法，有‘询立君’一条，据此，则王之得立，必询诸万民公意，否则不得立，是王由民选，固已将据乱世大人世及之礼制根本革除”。[3]而《周官》经地方制度严密，也是为了巩固民主之本。

无论是“天子为爵称”之旨，还是孟子“民贵”之旨，以及《春秋》于宋楚之平书宋人楚人，都是熊十力对于《春秋》经重视“民主”义的阐发。《原儒》宗《春秋》经而作，故对于《春秋》之

---

[1] 熊十力:《原儒》,《熊十力全集》第6卷，第549页。
[2] 熊十力:《原儒》,《熊十力全集》第6卷，第519页。
[3] 熊十力:《原儒》,《熊十力全集》第6卷，第520页。

“民主”义必定坚持。

（3）《原儒》言“社会主义”是明孔子“大同”的政治理想之义

> 《周官经》之社会理想，一方面本诸《大易》格物之精神期于发展工业。一方面逐渐消灭私有制，一切事业归国营，而蕲至乎天下一家。[1]

在《原儒》中，这都是熊十力借用来以表明其继承孔子“为万世制法”外王志向的。熊十力此时的重心不是实际的政治，而是孔子为万世制法外王志向的继承。要理解熊十力的《原儒》就不能以《原儒》的言说是否满足当世的要求为判断标准，而要以能否理解熊十力所欲发扬的孔子太平理想为标准。熊十力说：“孔子删定《诗经》未尝为周室讳，其作《春秋》**志在改乱制**。”熊十力宗《春秋》而造《原儒》，申发孔子内圣外王之道，所志必同。

> 夫天子、诸侯、大夫既皆倾覆，自然是民主，自然是趋进社会主义。《周官经》为拨乱开基之制，其作动民众自主力量，与严密地方制度，及注重各种生产事业之联系，一切都是化私为公，易散为群，如何不是社会主义的造端？（原注：有难余者曰：“《周官经》的制度可以说是圣人为后世玄想一个民主制度的草案，然而后世毕竟不能完全仿照他的，亦何用？”余答之曰：**“此个草案不是要后世完全仿照，圣人只欲**

[1] 熊十力：《原儒》，《熊十力全集》第6卷，第530—531页。

> **树一规模唤起后人改造世界的勇气与智虑，其原理原则毕竟为后世所莫能外。”）**[1]

在对《周官》无用的问难的回答当中，熊十力明确表示了圣人作《周官》，不是要后世人完全仿照，而只是唤起后人改造世界的勇气和智虑。这表明了《原儒》之作也不在于为当世立法，而是发挥圣人为万世立法之志。这在文中已经论述过。熊十力力辩《周官经》是趋进社会主义的经典。

何以见得？

《春秋》重民、爱民，不敢有君民之心。董仲舒《春秋繁露·十指》就有“同民所欲”这一条。[2]“驱民而残贼之”不是重民、爱民。《春秋繁露·竹林第三》：“夫庄王之舍郑，有可贵之美，晋人不知其善，而欲击之；所救已解，如挑与之战，此无善善之心，而轻救民之意也，是以贱之，而不使得与贤者为礼。秦穆侮蹇叔而大败，郑文轻众而丧师，《春秋》之**敬贤重民**如是。是故战攻侵伐，虽数百起，必一二书，伤其害所重也。”[3]

> 《春秋》之法，凶年不修旧，意在无苦民尔；苦民尚恶之，况伤民乎？伤民尚痛之，况杀民乎？故曰：凶年修旧则讥，造邑则讳，是害民之小者，恶之小也；害民之大者，恶之大也。**今战伐之于民，其为害几何！**考意而观指，则《春秋》之所恶者，不任德而任力，**驱民而残贼之**；其所好者，

[1] 熊十力：《原儒》，《熊十力全集》第6卷，第775页。

[2] （汉）董仲舒：《春秋繁露·十指第十二》，中华书局2012年版，第162页。

[3] （汉）董仲舒：《春秋繁露·竹林第三》，中华书局2012年版，第47—48页。

设而勿用，仁义以服之也。《诗》云：“驰其文德，洽此四国。”此《春秋》之所善也。夫德不足以亲近，而文不足以来远，而断断以战伐为之者，此固《春秋》所甚疾已，皆非义也。[1]

所以说《春秋》重民。战伐之于民，《春秋》甚疾之。“驱民而残贼之”为《春秋》所恶，不论是驱民以战于他国，还是驱民自战，都是《春秋》甚疾痛而批判的。真正哲人，都是对现实之事具有清楚判断力的，甚至能因着一些征兆，而预先判知一些可能发生的事而提前预防之，所谓圣人为后世人忧虑也深。熊十力可称为真正的哲人。

熊十力说：“云何诛战祸罪魁？《孟子·离娄篇》曰：‘故善战者，服上刑。’（原注：服，加也。上刑谓杀之。）此《春秋》大义也。《繁露·竹林》云：‘是故战攻侵伐，虽数百起，必一二书。（原注：卢注：一二，言次第不遗也。）伤其害所重也。（原注：所重谓人民生命，战则害之。）《春秋》之法，凶年不修旧，意在无苦民耳。（原注：庄二十九年经，新延厩。《传》云：‘修旧也。何以书？讥。何讥尔？凶年不修。’）**苦民尚恶之，况伤民乎？伤民尚痛之，况杀民乎？《春秋》之所恶者，不任德而任力，驱民而残贼之也**。’据此，可见《繁露》阐述《公羊》义，与《孟子》同。夫好战者，鸟兽相争相食之余习也。鸟兽之形躯，犹未能发达至可以开启其灵性生活之度。其相争相食，因无足怪。然犹不伤其类，足徵鸟兽天性本仁。其至于相争相食者，乃缘形骸而后起之恶习

[1]（汉）董仲舒：《春秋繁露·竹林第三》，中华书局2012年版，第48页。

也。人类已能超越形限，而有灵性生活，则不当复存鸟兽相食之恶习而以战攻为能事也。"[1]因此，苦民、伤民为《春秋》所恶，而杀民为《春秋》所极恶，因此，《原儒》言社会主义，只是假托当时社会主义之事件而已。

《原儒》宗《春秋》，《春秋》恶"驱民而残贼之"，重民爱民是《春秋》大志。熊十力造《原儒》，不可能不知、乃至违背重民爱民之志。所以说，《原儒》言社会主义是明孔子天下为公之志。

综上所述，熊十力说自己"造"《原儒》，这个创造性主要就体现为他经义纯熟，能以自身所处的时代发生的事件为材料，运用《春秋》"借事明义"的方法论，申发了孔子"天下为公"之政治理想。

三、《原儒》之制万世法

（一）制万世法即"太平世"义

《周礼》"致太平"的意图在熊十力看来，和《春秋》三世说中的"太平世"义是一贯、相通的，是孔子外王学为万世制法志向的表达。

王通说："《周礼》其敌于天命乎！"[2]可见其对《周礼》的重视。对于《周礼》为万世制法的观点，彭林也是赞同的，他说："《周礼》作者的立意，并非要实录某朝某代的典制，而是要为千秋万世立法则。作者希冀透过此书表达自己对社会、对天人关系

[1] 熊十力：《读经示要》，《熊十力全集》第3卷，第1084页。
[2]（隋）王通著，张沛校注：《中说校注》，中华书局2013年版，第209页。

的哲学思考，全书的谋篇布局，无不受此左右。”[1]又说：“《周礼》的制度有相当的理想化的成分。将国都建在‘地中’，其理论色彩十分鲜明，实际上是无法操作的。整齐划一的九畿制度、居民组织、沟洫道路系统，遑论古代中国，就是移山填海的时代也没有实现过。因此，我们说《周礼》是理想国的蓝图。”[2]在彭教授这里，说《周礼》是理想国的蓝图，其中“理想国”还只是形容词，形容《周礼》的制度不具有现实可操作性。而我们要说，《周礼》确实可以和柏拉图的《理想国》相比拟，因为这一类著作的价值性不在于其中所说的具体制度是否在后来具有现实可操作性，而是在于具体制度的设定所展示的圣人之心志。该类著作是重在哲学义理的展现，而不是某个时间段的特定时代之具体制度的实施。所以熊十力说《周官经》“不是要后世完全仿照，圣人祇欲树一规模唤起后人改造世界的勇气和智虑，其原理原则毕竟为后世所莫能外”。[3]

（二）熊十力“太平世”义的表现

《原儒》之宗《春秋》“制万世法”，不是仅仅在《原儒》中出现的，而是一贯于熊十力对于儒家经典的理解，这突出地体现在他对《周官》《礼运》篇的理解中。

1.《周官》观

> 《周礼》一书，今人或以为汉人作，或以为六国时人作。吾向者以为此书本出儒家，但融汇法家思想。后来自知有误。此书确出孔子传授无疑。《论语》记孔子曰“吾其为东周

[1][2] 彭林：《中国古代礼仪文明》，中华书局2013年版，第75页。

[3] 熊十力：《原儒》，《熊十力全集》第6卷，第775页。

乎”。其全副经纶，具见此书。今人也多知道此书的价值。其于国计民生，一切计划，周到而又广远。直是上天下地，无所不包罗，没有纤毫遗漏处。此书的组织，以官为经，以事为纬。大概原本周制，而推演精详，以成一部大典，待之后人。**决定是孔子口说流传下来，其后学记录成书。大概在孔子没后五六十年间，不能再向后说去**。后来的儒家，如孟子及荀卿的文字，看来都与《周礼》不相似，此意容当别论。吾初疑《周礼》受法家影响者，以为《周礼》似将民间万事，都加以严密的组织，故似法家。实则儒家政治思想，本不是任人民各自散漫，不相为谋的。果尔，则何政治可言？儒家思想，本来细密。即举一部《仪礼》来说，其条文何等详密。[1]

尤复当知，《周礼》的政治思想，其根本则在以向三物，教万民。向三物者，六德、六行、六艺是也。六德，智仁圣义忠和。六行，孝友睦姻任恤。六艺，礼乐射御书数。[2]

这是较早的《中国历史讲话》时期，熊十力对于《周官》的理解。此时，熊十力还称其为《周礼》，而在深入研究之后，已经改称《周官》。熊十力早前认为《周官》夹杂法家思想，后来认为是孔子太平之治的“全副经纶”，并认定此书是孔子口说，后学整理成书的。

《礼经》据今存者，约有三：曰《仪礼》、曰《周官》、曰

[1] 熊十力：《中国历史讲话》，《熊十力全集》第2卷，第678—679页。
[2] 熊十力：《中国历史讲话》，《熊十力全集》第2卷，第679页。

> 《大小戴记》。《仪礼》当是周公之制作。《周官》余认为孔子所创，盖与《春秋》相发明。《大小戴记》却是七十子后学辗转传授，其中多记孔子口义，亦有杂采古礼籍者，其由记述者以己意增益处当复不少。[1]

> 《周官经》不能无改易，而大体犹可识，此与《春秋》之思想为一贯。[2]

在《论六经》中，熊十力已经对《周官》的宗旨和内容有较详细的解读，到了《原儒》，熊十力更就《周官》《礼运》篇发挥孔子的“制万世法”。在熊十力看来，《春秋》为拨乱、革命而作，《周官》为离据乱而进升平之制度设计，《礼运》篇则是圣人之太平世理想之体现。在《原儒》中，熊十力详细解读了《周官》，并总结了《周官》三义。

> 《周官经》假托周制，从表面观之，不过为“设官分职”之条文。试穷其底蕴，确是包通大宇而创制，远瞩万世以造端，其大无遗，其细悉备，纲举目张，宏通可久。《易》曰“裁成天地”“曲成万物”，此经有焉。[3]

“假托周制”即“借事明义”的方法论。熊十力认为《周官》表面看起来是“设官分职”，但实际与《易》“裁成天地”“曲成万物”的

---

[1] 熊十力：《原儒》，《熊十力全集》第6卷，第335页。
[2] 熊十力：《原儒》，《熊十力全集》第6卷，第444页。
[3] 熊十力：《原儒》，《熊十力全集》第6卷，第517页。

精神相通，是远瞩万世而创制，广大悉备，纲举目张。所谓“创制”，即“王”为虚号，且“询立君”一条即表明王之得立，是由民选，革除了据乱世的大人世及之礼制。

接着，熊十力总结了《周官》三义。

> 一义，《周官》之治道，大要以均为体，以联为用。[1]

> 二义，《周官经》为拨乱起治之书。承据乱世衰蔽之余，奋其革命而开升平之运，将欲为太平造其端，立其基。[2]

> 三义，《周官》之政治主张在取消王权，期于达到《春秋》废除三层统治之目的，而实行民主政治。[3]

对于第一义，熊十力认为，均即平。“平天下之不平，以归于太平，此治化之极则也。”[4]他认为“均平”的原则是贯通《周官》的一大原则。《周官》“天官冢宰”的职责是“均邦国”，是《周官》开宗明义指出的。对于“以联为用”，熊十力认为“万物万事皆互相联系，无有独化者”，“凡图治者，必注意百职事之联系，而统筹其本末先后之序”。[5]第二义和第三义，我们也曾分析过，不再赘言。

2.《礼运》观

梁漱溟在转述熊十力的外王学思想的时候说：“其（按：指孔

[1]　熊十力：《原儒》，《熊十力全集》第6卷，第517页。
[2][3]　熊十力：《原儒》，《熊十力全集》第6卷，第519页。
[4]　熊十力：《原儒》，《熊十力全集》第6卷，第518页。
[5]　熊十力：《原儒》，《熊十力全集》第6卷，第518—519页。

子。）治道即在‘天下为公’之大道，于《易》为‘群龙无首’，于《礼运》为‘大同’，于《春秋》三世为进升平于太平之世，其云‘贬天子、退诸侯、讨大夫’者正是要实行革命，消灭统治阶级之‘微言’也。”[1]也有学者论曰：“熊十力对于儒家外王学的认知与体悟，正是源于儒家经典的新的诠释而获得的。而他心中真正的民主政治，无疑是以天地万物为一体之仁为体，以天下大同太平治世为用，并由此体用不二所建构的政治制度。”[2]

熊十力的政治理想也可以用“天下为公”来概括。熊十力说：“夫天下者，天下人共有之天下，非一人或少数人可得而私有也。天下人一律平等，各得自由，互相和爱，互相扶助，是为公。天下之利，天下人共开之，共享之，是为公。天下事，天下人共治之、共主之，是为公。”[3]“共有”“共享”“共治”比“民有”“民享”“民治”在“天下为公”的政治理想的表达上更具有彻底性，因为后者主要针对历史上的“君”而提出自己政治理想所关切之“民”。熊十力这一“天下为公”的政治理想不是虚的、可有可无的，而是他“万物一体”之仁学政治必有的内容。

可以发现，熊十力正是有了这样表现为其真正志向的政治理想，才有了他后来的政治实践。考察他的政治理想和实践，又可以发现其政治理想和政治实践是一致的。知行合一，“言顾行，行顾言”，熊十力作为一个归宗儒家的哲学家，名副其实。他说：“唯志士仁人，真正自识我与天地万物一体，善自保养仁心，而不敢且不忍失之，是以骤逢生死难关，便能夷然顺从仁心之启示，直突破

[1] 梁漱溟：《读熊著各书书后》，《熊十力全集》附卷上，第729页。

[2] 周良发：《现代新儒家外王学探略——基于梁漱溟、熊十力的考察》，《中共济南市委党校学报》2013年第3期。

[3] 熊十力：《乾坤衍》，《熊十力全集》第7卷，第417页。

难关而从容就义也。”[1]可以说，这也是他自己的真实写照。

（三）《原儒》之制万世法

> 孔子作《春秋》，本为万世制法。[2]

> 昔孔子成《春秋》，制万世法，对于君权时代之乱制，力主改革，故有知我罪我之叹。[3]

熊十力说：“阳明直就本心恻隐之端，显示仁体，最极亲切。善发《易》《春秋》乾元之旨者，莫如阳明。然阳明亦自孟子所谓不忍之心，体会得来。孟子善《春秋》，与《公羊》家传授不异。七篇虽不明言《易》，而实深于《易》。故能上承孔氏，下启宋儒以逮阳明也。治化之大原，厥在天下之人人，能自节其欲，抑其私，以复其固有之仁体，而后人人有天地万物一体之乐，而后知互相尊亲，互相比辅，以谋相生相养之均安。此《春秋》所为始于元，以建王道之皇极也。（原注：皇者，大义。极者，至义。识得仁体，即是宇宙本体，即是万化真源。穷理至此，便称极至。故赞之曰皇极也。内圣外王，元是一贯。而不明儒家之本体论者，即未足与言儒家之政治理想，学者不可不知。）”[4]

> 孔子作《春秋》，张三世义，要在离据乱，以进升平、太平，非以据乱世之度制为可久也。七十子后学多无远略，每迁就当时社会现状，弥缝缺失。此派犹笃守宗法社会之德

[1] 熊十力：《明心篇》，《熊十力全集》第7卷，第218页。
[2][3] 熊十力：《读经示要》，《熊十力全集》第3卷，第1013页。
[4] 熊十力：《读经示要》，《熊十力全集》第3卷，第1030—1031页。

> 律，虽曾闻孔子《春秋》，明知民贵君轻，而不欲遽废君主制度，常思依附王侯以行仁政，如孟子游齐、梁，荀卿仕于楚，皆为畏惮大变革之迂想所误也。[1]

“孔子周游列国，即爱人一念驱之也；及乎不得行其志，而作《春秋》诸经，主张消灭天子、诸侯、大夫三层统治，倡导天下为公、天下一家、群龙无首之学说，为万世制太平，皆爱人一念驱之也。”[2]董仲舒即说《春秋》表达的核心思想是“爱人”。

熊十力说：“余既不获修《易传》，因欲写一极简略之小册为儒学粗具提要，名曰《原儒》，约为三分：一原学统，二原外王学，三原内圣学。每下一义，必有依据，不敢逞臆妄说，余诚弗忍负所学以获罪于先圣也。”[3]《新唯识论》宗《大易》，《原儒》宗《春秋》，内圣外王一贯。

> 熊先生根据《大易》《春秋》《礼运》《周官》各经，以“革命”“民主”“社会主义”之义阐明孔子的外王学，确有许多惊世骇俗的议论招致新旧各方一致的非笑。[4]

熊十力说：“非常异义及可怪之论，大抵皆夫子掊击当时乱制，及为未来世人类之利乐计者，必多甚深高远之理想，为当时人所震骇而不易喻者。”[5]上一小节已经论述过，这是熊十力以当时

[1] 熊十力：《原儒》，《熊十力全集》第6卷，第388页。
[2] 熊十力：《明心篇》，《熊十力全集》第7卷，第277页。
[3] 熊十力：《原儒》，《熊十力全集》第6卷，第327页。
[4] 梁漱溟：《读熊著各书书后》，《熊十力全集》附卷上，第727页。
[5] 熊十力：《读经示要》，《熊十力全集》第3卷，第1014页。

"革命""民主""社会主义"之事阐明孔子"革命""民主""社会主义"的外王学之义。

熊十力说:

> 汉之帝制,清人覆二帝三王之统,皆《春秋》之所必诛绝而不容宽假也。而云《春秋》为彼制法乎?圣人制万世法,将使群生随时而进于善,万物各得其所,岂为专制或凶猘之徒制法,以鱼肉兆庶乎?[1]

在熊十力看来,汉为帝制,这样一种实际存在的政权形式,并不是孔子理想的政权形式。要问为什么不符合孔子理想的政权形式,熊十力会说,因为不符合仁道,不符合尧舜之制。而清人则根本颠覆华夏二帝三王之仁政之统,直为法术(钱穆语),根本无政治可言。熊十力说,这都是《春秋》所必诛绝而不容宽假者,所以根本不能说《春秋》经是为其制法。孔子《春秋》所制是万世法,目的是使群生随时进于善,人人有士君子之行,万物各得其所。

(四)次好的政制之开启

牟宗三在其外王学著作《政道与治道》中提出了"政道"与"治道"一对概念。所谓"政道""此即将政权由寄托在具体的个人身上转而为寄托在抽象的制度上"[2]。关于抽象的制度之思考,即牟宗三所谓理性之架构的表现。我们也可以说,"政道"的概念来自牟宗三对于西方,特别是亚里士多德开启的理性之架构的表现之习得与运用。牟宗三说:"政道是一架子,即维持政权

[1] 熊十力:《读经示要》,《熊十力全集》第3卷,第1015页。

[2] 牟宗三:《政道与治道》,广西师范大学出版社2006年版,第46页。

与产生治权之宪法轨道，故是一‘理性之体’；而治道则是一种运用，故是一‘智慧之明’。”[1]

牟宗三的外王学引领了中国在哲学层面反思、会通中西政治思想的步伐。牟宗三的外王学也被更多的后来学者所习得并予以运用，比如，任剑涛就充分运用牟宗三“政道”与“治道”一对概念，对中国政治思想史作出了清晰的梳理。[2]

然而理解了理性之架构的思维方式以及“政道”之概念，并不表示一切问题都可以解决了。亚里士多德在《政治学》第三卷第十章中讨论一个城邦的最高统治权的归属问题时说：“因此，最好是把统治权寄托于法律。[但是这也不能解决疑难之处。]”[3]亚里士多德还说：“一种政体若想长久维持下去，那么城邦的所有组成部分必须都参与进来而且愿意看到它的存在和维持。”[4]故而需要所有参与者的不断的努力。熊十力说：“宇宙无量，不能有各方面达于圆满之一日，设有圆满之期，则将停滞于是，而不圆满之患又至矣。《大易》终于《未济》，人道不宜以《既济》而忘忧也。《春秋》终于获麟，道穷而体道者终不穷也。”[5]宇宙无量，无有圆满之日。这种不圆满，在熊十力这里却正是生生不已的宇宙实相。

---

[1] 牟宗三：《政道与治道》，广西师范大学出版社2006年版，第22页。

[2] 任剑涛：《天道、王道与王权——王道政治的基本结构及其矫正功能》，《中国人民大学学报》2012年第2期。

[3] （古希腊）亚里士多德著，高书文译：《政治学》，九州出版社2009年版，第117页。

[4] （古希腊）亚里士多德著，高书文译：《政治学》，九州出版社2009年版，第72页。

[5] 熊十力：《原儒》，《熊十力全集》第6卷，第706页。

第五章 “内圣外王”思想之践行

第一节 宗儒之立场

一、辨玄奘“讥孔子不见体”

1924年，熊十力四十岁，他为自己更名为“十力”，[1]或是以佛力自我期许。

窥基大师由于对佛学有深入研究和感悟，故而对佛学和释迦赞叹有加。他在《因明入正理论疏》开篇说道：

> 详夫空桑启圣，资六位以明玄，苦赖兴仙，畅二篇而显理。岂若智圆十力，陶万像以凝视；悲极三轮，廓五乘而垂范。是以应物机于双树，至教浃于尘洲；归真寂于两河，余烈光于沙劫。大矣哉，固难得而名也！[2]

空桑，传说为孔子出生地[3]。六位，指《易经》中的六爻，指孔子

[1] 丁为祥：《熊十力学行年表》，《熊十力思想评传》，北京图书馆出版社1999年版，第341页。

[2][3] （唐）窥基撰，梅德恩校释：《因明大疏校释》，中华书局2013年版，第1页。

作《易》而发明玄理。“苦赖兴仙，畅二篇以显理”指老子作《道德经》上下篇以发明玄理。而孔、老其实都没有具备十力[1]之佛的道理玄大难名。窥基对儒释道三家的看法承自其师玄奘，而在熊十力看来，玄奘也“讥孔子不见体”。

以熊十力后来的学术观点看，他对此肯定是不满的，所以晚年的熊十力力辨玄奘、窥基非孔子之失。熊十力以《易》《春秋》为见体之作，他说：“《易》《春秋》并主体用不二，迥异佛氏求体而废用。玄奘守一家之言而蔽焉，故不达圣意也。”[2]“玄奘法师于大乘有宗，最为显学。其上唐太宗表有云：‘盖闻六爻深赜，拘于生灭之场。百物正名，未涉真如之境。’宜黄大师谓儒家只谈用，其说实本之玄师。夫玄师讥孔子不见体，而独以证见真如归高释宗者，此非故意维持门户。奘师本承印度佛家之学，只以寂静言真如性体，决不许说即寂静即生化、即生化即寂静。奘师所承之学，只可以孔德言体，而不可以生德言体，只可以艮背来形容体，而不可以雷雨之动满盈来形容体。玄奘习于印度佛家之说，宜其不悟孔子之道。”[3]

在《乾坤衍》和《存斋随笔》这最后两部著作中，熊十力仍旧严辨儒佛不同，可见其宗儒立场之坚定。

---

[1]《大智度论》第二十四卷：“问曰：佛有无量力，何故但说十力？答曰：诸佛虽有无量力，度人因缘，故说十力，足成办其事。以是处不是处力，分别筹量众生是可度是不可度。以业报智力，分别筹量是人业障是人报障是人无障。以禅定解脱三昧智力，分别筹量是人著味不著味。以上下根智力，分别筹量众生智力多少。以种种欲智力，分别筹量众生所乐。以种种性智力，分别筹量众生深心所趣。以一切至处道智力，分别筹量众生解脱门。以宿命智力，分别筹量众生先所从来。以生死智力，分别众生生处好丑。以漏尽智力，分别筹量众生得涅槃。”见（唐）窥基撰，梅德愚校释：《因明大疏校释》，中华书局2013年版，第2页。

[2] 熊十力：《体用论》，《熊十力全集》第7卷，第54页。

[3] 熊十力：《体用论》，《熊十力全集》第7卷，第53—54页。

二、儒家工夫之实践

(一)重视阳明的立志、责志之说

熊十力说:

> 昔者阳明有示弟立志说云:“夫学莫先于立志,志之不立,犹不种其根,而徒事培拥灌溉,劳苦无成矣。世之所以因循苟且,随俗习非,而卒归于污下者,凡以志之弗立也。故程子曰:‘有求为圣人之志,然后可与共学。’人苟诚有求为圣人之志,则必思圣人之所以为圣人者安在,非以其心之纯乎天理而无人欲之私欤?圣人之所以为圣人,唯以其心之纯乎天理而无人欲。则我之欲为圣人,亦惟在于此心之纯乎天理而无人欲耳。欲此心之纯乎天理而无人欲,则必去人欲而存天理。务去人欲而存天理,则必求所以去人欲而存天理之方。求所以去人欲而存天理之方,则必正诸先觉,考诸古训。而凡所谓学问之功者,然后可得而讲,而亦有所不容已矣。夫所谓正诸先觉者,既以其人为先觉而师之矣,则当专心致志,惟先觉之为听。言有不合,不得弃置,必从而思之,思之不得,又从而辨之,务求了解,不敢辄生疑惑。”[1]

熊十力对此接着发挥说:

> 夫立志亦不易矣。孔子圣人也,犹曰“吾十有五,而志于学,三十而立”。立者,志立也。虽至于不逾矩,亦志之不

[1] 熊十力:《读经示要》,《熊十力全集》第3卷,第694—695页。

逾矩也，志岂可易而视哉！夫志，气之帅也，人之命也。犹木之根也，水之源也。源不浚则流息，根不植则木枯。命不续则人死，志不立则气昏。是以君子之学，无时无处而不以立志为事。正目而视之，无他见也。倾耳而听之，无他闻也。如猫捕鼠，如鸡伏卵，精神心思，凝聚融结，而不复知有其他。然后此志常立，神气清明，义理昭著。一有私欲，即便知觉，自然容住不得矣。故凡一毫私欲之萌，只责此志不立，即私欲便退听。一毫客气之动，只责此志不立，即客气便消除。或怠心生，责此志，即不怠。忽心生，责此志，即不忽。懆心生，责此志，即不懆。妒心生，责此志，即不妒。忿心生，责此志，即不忿。贪心生，责此志，即不贪。傲心生，责此志，即不傲。吝心生，责此志，即不吝。盖无一息而非立志责志之时，无一事而非立志责志之地。[1]

“余谓阳明立志、责志之说，精警至极。学者宜奉为师保。”[2]“故志字有二义：曰存主，曰向往。二者实亦相资，必能反诸内所固有天理之心。存持不懈，涵养充实，即中有存主，大本已立，则其器量日益宏远，睿智日益盛大而无疑，其精神乃与古之圣人相通，所歆慕向往者，一惟圣人之克尽天理，而思竭其力以与之齐，所谓当仁不让是也。”[3]

（二）对宋明儒学修身工夫论之重视

《春秋繁露·通国身》说：“气之清者为精，人之清者为贤。治身者以积精为宝，治国者以积贤为道。身以心为本，国以君为

[1] 熊十力：《读经示要》，《熊十力全集》第3卷，第695—696页。
[2] 熊十力：《读经示要》，《熊十力全集》第3卷，第698页。
[3] 熊十力：《读经示要》，《熊十力全集》第3卷，第701页。

主。精积于其本，则血气相承受。”[1]熊十力在《示仲光》中说：“人心本自乐，自将私欲缚。私欲一萌时，良知还自觉。一觉便消除，人心还自乐。”[2]无论是对徐复观做学问当能在安顿好妻儿、家庭的同时抽身出来的告诫，还是对牟宗三的告诫，都反映了熊十力对修身、养身工夫的重视。

虽然马一浮“宽以居之，仁以行之”的劝告，熊十力即使在晚年也未做到，并且这种不足也使他的著作、文字难以通过更为纯熟的方式表达，但熊十力却始终将此语记在心，实际做工夫，时而不能，则反省、自责。

三、孤守儒家

> 梁与马均信佛，尤信轮回。[3]

梁漱溟和马一浮信佛，而且尤信轮回，这对于晚年的熊十力来讲，显得孤苦。在熊十力的政治事业和学术事业中，他辟佛最严，且孤守儒家的立场十分鲜明。

第二节 重“学”之义之践行

一、儒家之重“学”

《鲁论语》首“学”次“孝”，不无由也。蕺山谓：“学字是孔

[1] （汉）董仲舒：《春秋繁露》，中华书局2012年版，第220页。

[2] 熊十力：《示仲光》，《熊十力全集》第8卷，第852页。

[3] 熊十力：《致唐至中并转唐君毅、牟宗三》（1962年6月5日），《熊十力全集》第8卷，第829页。

门第一义，时习一章是二十篇第一义。孔子一生精神，开万古宫墙户牖，实尽于此。”[1]如果将“仁”看作儒家内容上的特质，那么可以将“学”看作儒家动力上的特征。要使自己成为一个无忧的“仁”者，必须重视“学”。如果说孟子特别呈现了孔子的“仁”，那么可以说荀子特别呈现了孔子的“学”，所以牟宗三称：“闻道尊孟轲，为学法荀卿。”当代研究者们也把握到了“学”之于《论语》有特别重要的意义，并作出了内在的解释[2]，同时也有从哲学层面进行思考的[3]。以下将主要从儒家重“学”之简史、重“学”之原因、重“学”之殊胜义以及重“学”之启示这四个方面来讨论，以期更全面和更突出地展示儒家重“学”的特征。

殷商时期，傅说勉励高宗而训道：“念终始典于学”(《尚书·说命》)，卓娜在详细考察了历代注疏后将其译为：念始念终不忘学习经籍。[4]结合孔子一生好学的实际经历看，孔子确实实践和传承了傅说这句训诫的精义。《论语》编纂者，以《学而》为首，首先强调“学”，其次强调“孝”，这是出于对孔子重视“学”的真切把握。“孝”为仁之本，本立而道生。道生以后，保任、扩充此道，则必须以“学”为精进方式而自强不息，所以孔子曰：“操则存，舍则亡，出入无时，莫知其乡。”(《孟子·告子上》)孟

[1] (明)刘宗周：《论语学案》，见《刘宗周全集》第一册，浙江古籍出版社2007年版，第270页。

[2] 参看张杰：《释〈论语〉之“学”》，《孔子研究》2008年第6期；陆信礼：《〈论语〉“学”解》，《孔子研究》2009年第5期。

[3] 参看周海春：《〈论语〉“学”的哲思》，《武汉科技大学学报(社会科学版)》2008年第2期；陈赟：《“学而时习之”与〈论语〉的开端》，《华东师范大学学报(哲学社会科学版)》2012年第3期。

[4] 卓娜：《“念终始典于学”的“典”字释义》，《内蒙古大学学报(哲学社会科学版)》2009年第6期。

子称孔子之为“学”之集大成者，孔子实以“终始典于学”为其途径。荀子也同样知道“学”之重要，故有《劝学》篇。《礼记·学记》又引“念终始典于学”强调“学”之重要。

及至扬雄，对汉代儒学之纯粹应用的路向有所反思，进而重视儒学之根本精神。《法言·学行卷第一》题注为：“夫学者所以仁其性命之本，本立而道生。是故冠乎众篇之首也。”唐之韩愈，是开启宋之儒学的先驱人物，他的《进学解》中“业精于勤荒于嬉，行成于思毁于随”的名言源于他对儒家之重“学”精神的把握。

下逮两宋，儒学则又有所发展。周敦颐《通书·志学第十》言：“圣希天，贤希圣，士希贤。伊尹、颜渊，大贤也。伊尹耻其君不及尧舜，一夫不得其所，若挞于市。颜渊不迁怒，不贰过，三月不违仁。志伊尹之所志，学颜子之所学。”朱子以“效”释“学”[1]，相对于以“觉”释“学”，实亦提醒“学问门”之重要性，而儒家之重“学”特征亦在朱子的“道问学”得到体现和传承。及至阳明，以及龙溪、近溪，又重视“学”之“觉”义，所谓“学是学去人欲、存天理”。[2]“学，觉而已。自然之觉，良知也。觉是性体。”[3]“学，觉也；觉，灵知也。人心之灵，动于感应，其是非得失，微渺纤细，罔不自知。循其知而致焉，是圣贤之关钥也。”[4]如果说，朱子在“学问门”中看到了孔子“学”之精义，

[1] “学之言效也。人性皆善，而觉有先后，后学者必效先觉之所为，可以明善而复其初也。”见（宋）朱熹：《四书章句集注》，中华书局1983年版，第47页。“或问：学之为效，何也？曰：所为学者，有所效于彼而求其成于我之谓也。”（宋）朱熹：《论语或问》，朱杰人、严佐之、刘永翔主编：《朱子全书》第6册，上海古籍出版社，安徽教育出版社2002年版，第607页。

[2] （明）王守仁：《王阳明全集》，上海古籍出版社1992年版，第31—32页。

[3] （明）王畿：《王畿集》，凤凰出版社2007年版，第132页。

[4] （明）罗汝芳：《罗汝芳集》，凤凰出版社2007年版，第377页。

那么阳明、龙溪、近溪等则以是否进入“觉悟门”来定义学。在“学问门”中可以看到孔子“学”之精义，“学”固然也有觉悟义，然而孔子之重“学”，则是说要在广博的“学问门”中进入“觉悟门”后，仍不停驻于“觉悟门”，而又返回“学问门”。方以智把握了孔子之所以重“学”之精义，他说：“不迷则死，不如迷学。”又说：“天与地交，人与天交，天生人是顺，人学天是逆，交则为爻，爻即是学。故孔子只说学字，而不以悟道挂招牌。此是孔子大悟处。”[1]

到现代，马一浮承阳明说：“学须是学圣人。”[2]新儒家之熊十力也说：“为人不易，为学实难。”[3]

可以说，重视“学”，乃是儒家一以贯之的特征，也是儒者之精神相传不息之原因。以“仁”为其内容上之特质的儒家，何以如此重视“学”呢？

就儒者自己而言，首先，他有一种关切，他需要理解这个世界，他需要了解他所遇到的事件，不管这些事件属于什么种类，所谓“入太庙，每事问”(《论语·八佾》)，所以孔子说：“学如不及，犹恐失之。”(《论语·泰伯》)“学”之不及，在儒者那里，则有一种恐慌之感。但是，这恐慌之感不是来源于他人知而自己不知的攀比心理，而是源于他“好学”的实然状态，故曰：“十室之邑，必有忠信如丘者焉，不如丘好之学也。”(《论语·公冶长》)其次，就其个人成德之学来讲，他是学之为己。“朝闻道，夕死可也。”(《论语·里仁》)从广博的学问门中深造而入“觉悟门”，进

---

[1] (明)方以智：《一贯问答》,《方以智著作选》，九州出版社2015年版，第757页。

[2] 马一浮：《马一浮集》，浙江古籍出版社1996年版，第183页。

[3] 牟宗三：《生命的学问》，广西师范大学出版社2005年版，第94页。

而以“学”保任此道。如果说孔子以“学”为操存此道之法，阳明、龙溪等以与人交谈论学为保任之法，那么方以智又以博学保任此道，故而他强调“藏悟于学”。

就他者而言，儒者自觉地以天下苍生为念[1]，所以说：“德之不修，学之不讲，闻义不能徙，不善不能改，是吾忧也。”(《论语·述而》)儒者要把他的关爱和照顾进行到底，儒者在有为政之能力和智慧的基础上，尽量掌握那些能帮助和惠及民众的方法。这时，儒者就是王者。王者的仁心不泯灭，学习就不会停止。孔子实是自觉地以天下苍生为念，一生好学不已，所以“学而不厌，诲人不倦”，然而不能得位行政，故后人以素王称之。

庄子是能理解孔子何以如此重视“学”的，所以觉浪道盛和方以智认为庄子是“尧孔真孤”。《德充符》篇谓：无趾语老聃曰：“孔丘之于至人，其未邪？彼何宾宾以学子为？彼且蕲以諔诡幻怪之名闻，不知至人之以是为己之桎梏邪？”[2]庄子在这里没有表明他的立场。他的立场既不同于无趾，也不同于以“胡不直使彼以死生为一条，以可不可为一贯者，解其桎梏，其可乎”为解脱的老聃，实则庄子理解孔子之大幽默。孔子是不逃避“諔诡幻怪”之名与“天刑”之桎梏的，孔子是知之无可奈何而安之若命。孔子的幽默，用牟宗三的话来说即是：孔子有沉重之感而不露其沉重，有其悲哀而不露其悲哀，承受一切责难与讽刺而不显其怨

[1] 儒者以天下苍生为念的思想也体现在以下一段对话中：“耆老曰：‘君不为社稷乎？’大王曰：‘社稷所以为民也，不可以所为民者亡民也。’耆老曰：‘君纵不为社稷，不为宗庙乎？’大王曰：‘宗庙者，私也。不可以吾私害民。’”《孔丛子·居卫第七》，中华书局2011年版，第131—132页。

[2] (晋)郭象注，(唐)成玄英疏：《南华真经注疏》，中华书局1998年版，第119页。

尤，这就是幽默。[1]故曰：“不怨天，不尤人，下学而上达。知我者其天乎！”(《论语·宪问》)

下面从哲学层面和圣人修行层面来看儒家重“学”之殊胜义。

从哲学层面看，重“学”是对哲学的最高追求的进一步提升。

设若一个可行、完满且可以实现的哲学体系为 a，重“学”为 B，那么 B 是可以使得 a 成为更完满的 A 的必要条件。哲学以实现一个可以解释一切对象的体系为最终追求，可以称这样的门路为“觉悟门”(“顿悟门”)。无论是批判哲学的审慎和求真，还是思辨的黑格尔哲学，甚至费希特的道德形上学，重“学”对于这些体系都是进一步的提升。说提升，不是说这些体系是不完善的，乃是说，即使是最完善的体系，重“学”都是对于体系的提升。各种分门别类的学问的有效性，只存在于它的门、类之中，越出这个门、类，这门学问就不足以帮助我们理解对象和说明对象了。因此，需要以一种抽象的学问来把握对象，这就是哲学。因此，就有了从“学问门”向“觉悟门”的跨越。如果说在学问门中重“学”，是理所当然的，那么在“觉悟门”中，所重的就不是“学”而是“觉”了。但是儒家一定要讲，即使是“觉悟门”，仍然要重“学”，而这个“学”就是学问门中的“学”而不是“觉”，即不是阳明心学或禅学中所讲的“觉”“悟”。

好泛观博览而不能深入自得，没有一以贯之之道，则往往是肤浅俗学。真正称得上学问者必须是专深之学，即所谓专家之学。从专家之学再进一步，则是哲学。用现在的话来说，要求已经进入觉悟门的哲学家博览，就是儒家之重“学”在哲学层面的

[1] 牟宗三：《生命的学问》，广西师范大学出版社 2005 年版，第 98 页。

体现。佛教哲学中对于一切种智的强调可以帮助我们理解儒家这种重“学”。佛教哲学中对智慧有三种区分：一切智，道种智，一切种智。一切智，或曰根本智，即朝闻而昔可死之“道”，在佛教，即般若智；道种智，即关于对象的知识和处理之智慧。一切种智，即综合了一切智和道种智之智。对于一个哲学家或者对于一个儒者来讲，在其闻道之后，即进入了“觉悟门”之后，必须继续重“学”，即必须进一步提升其道种智。儒者之道种智即其仁心要求他去实践且是最合适作用于对象的行为的智慧。

康德说哲学家不能不有知识，因而我们必须重“学”。费希特的道德内圣学实只是“一切智”，若添之以“学”，则更广大。所谓“转变”，是从俗转真。“转变”有“学”，则“转”而又“转”。及黑格尔哲学，若重“学”“道种智”，而不是直接以其“一切智”杂糅传闻之材料，安能有轻视孔子学问之谬哉？此哲学家不识圣人之面目也。莱布尼兹重“学”，故其不全污中世纪哲学，其对待中世纪哲学之审慎态度过后世之科学哲学家远甚。

理学排斥词章、训诂，其实虽有原因，但不重“学”，那么自身即汩没于语录，因而与汉儒汩没于训诂无异；禅宗排斥理学，而自身又汩没于机锋。此方以智哲学之苦心，而告之以重“学”。他说：“理学怒词章、训故之汩没，是也；慕禅宗之玄，务偏上以竞高，遂峻诵读为玩物之律，流至窃取一橛，守臆藐视，驱弦歌于门外，六经委草。礼乐精义，芒不能举；天人象数，束手无闻。俊髦远走，惟收樵贩。由是观之，理学之汩没于语录也，犹之词章、训故也。禅宗笑理学，而禅宗之汩没于机锋也，犹之词章、训故也。所谓切者槁木耳，自谓脱者野兽耳。夫岂知一张一弛、外皆是内之真易简，绝待贯待、以公统私之真无碍乎？夫岂知《华严》一乘，即别是圆，无一尘非实光，无一毛非海印乎？”[1]

理学家若更有词章、训诂之学，则能引有得于词章、训诂之学者入理学之门，而只以语录教人，则六经不熟、礼乐不通、象数不闻，这乃是不重“学”之失；禅宗单提一悟，而上根者少，故法门亦闭。且不知禅悟之外相对的学问、事业皆是绝对的天道所贯之对象。所以方以智认为，禅宗也需要从其单重禅机的进路上，以重“学”来更进一步。

从“圣人”层面看，重“学”是对圣人之修、行的进一步提升。

圣人自体察天道之后，他即就他自身的条件展现道。这展现就是圣人之圣行，他一直处于这展现活动之中，他便已经尽了他之为圣人之责。因为面对世间，他的责任就是展现道，单只是这需要向无穷的对象展现之行动本身，已经占满了他的所有工作目标，且是他所有工作目标中最有价值和值得去完成的工作目标。要说“修”，这“行”本身就是他的“修”。他的无限性和永恒，他的力量，就在他的展现中得到体现。自他者观之，是目击道存；自自身而言，是天降斯命。所以圣人是可以停在他分定的格上，展现其自己。如若他不能守住他的格，他便亏欠了他圣人的分。

然而孔子在进入这一格后，仍好学不已，这便是儒家之殊胜处。就他自己来说，朝闻道，夕死可矣。闻道，便是进入了圣人之格。故在展现自己圣人的分定的责任上，可以随时赴死。方以智也说，真悟人本无一事。然而孔子仍学、仍教，“其为人也，发愤忘食，乐以忘忧，不知老之将至云尔”(《论语·述而》)。孔子不自称圣人，苏格拉底自称无知者，两者不给自己的最高位

[1]（明）方以智：《东西均》，中华书局1962年版，第83—84页。

设限。这看上去增加了众人理解他们的难度，然而实际是他们重“学”的实然状态要求他们必然这样呈现自己。子曰：“若圣与仁，则吾岂敢？抑为之不厌，诲人不倦，则可谓云尔已矣。”公西华曰：“正唯弟子不能学也。”（《论语·述而》）不敢说自己已经入圣和成仁，正因为成圣或成仁是一个无限的过程，而这不是夫子的谦辞。“君子之道，费而隐。夫妇之愚，可以与知焉；及其至也，虽圣人亦有所不知焉。夫妇之不肖，可以能行焉；及其至也，虽圣人亦有所不能焉。天地之大也，人犹有所憾。”（《中庸》）圣人见到为仁是个无限的过程，及其至也，虽圣人亦有所不知、不能，所以不敢说自己已经入圣或成仁了。无论在觉悟门中和学问门中深造到何种程度，倘若宣称自己入圣或成仁了，这便是给自己设限了，这便是不圣、不仁。然而在好学和体仁的为之不厌、诲人不倦的修、行过程中，孔子当然有所得，有所得，但不恃其所得而停驻。不停驻，却不是因为展现其私心、胜心、矜心、傲心、狂心。正因为如此，公西华才感叹这是自己难以企及和学到的地方。

因此，儒家在哲学系统和圣人修行两个层面都灌注了“学”的成分，“学”确实是儒家之为儒家的动力方面的特征。其实，何止在哲学层面和圣人层面有儒家之苦心灌注，百姓之日用层面，儒家又何尝舍弃？安顿世事人心，人伦、政治、经济、学问，无一可以舍弃，无一可以忽略。有未知孔学之广大精微者，往往轻视之，然而孔子只是“人不知而不愠”。

熊十力说：“吾国人于《论语·学而》章，皆能读诵训诂。然试问‘学’是何等义？”[1]可见，在熊十力看来，“学”十分重要，

---

[1] 熊十力：《佛家名相通释》，《熊十力全集》第2卷，第349页。

它有超出诵读训诂的义理在。方以智说：“顿悟门自高于学问门，说出学字，则似个未悟道地。”[1]似个未悟道，其实已经悟道，然而悟道后仍强调一个“学”字，这便是孔子的特别之处，也是儒家的特别之处。

在儒家看来，“仁学”不是仅仅只有为仁之学这一个意思，“仁”和“学”首先都可以解作两个独立的概念，如前所说，“仁”是儒家之内容上的特质，而“学”是儒家之动力上的特征。能志于学者少，志于学者而知见广博者又少，较之知见广博者，能约于礼而入“觉悟门”者又少，不停驻于“觉悟门”而仍“宾宾以学”者，其唯圣乎？理解了他们这样一种“天行健，君子以自强不息”的真精神，不管我们学人处于什么位置，都能被这样一种精神感召而振奋，从而真实地向往，乃至自觉地续接儒家之真精神，令其绳绳不绝。勇于学方有智；学仁并济，是为儒。

二、熊十力之重“学”

熊十力之天道生生不已的本体—宇宙论观决定了他的工夫论为主创的工夫，而主创的工夫必然重视学。熊十力在《新唯识论》的文言文本和语体文本中最后一句话都是：“欲了本心，当重修学。”其中，在语体文本的附录《与张君》的信中又重申了“学”之重要性。不过这里还是侧重于学的“觉”义，所以他说：“学之为言，觉也。学以穷理为本，尽性为归。彻法源底之为穷，无欠无余之谓尽。性即本来清净之心，理即自心具足之理，不由外铄，不假他求。”[2]又说：“学者，觉义，即证体之谓学。思者，

[1]（明）方以智：《东西均》，中华书局1962年版，第89页。

[2] 熊十力：《新唯识论》（文言文本），《熊十力全集》第2卷，第142页。

理智思辨。斯二者不容偏废，如只求证，则一直向上，而于大用流行中一切事物散著者，未尝析观，即于事物不能无迷罔，故曰‘学而不思则罔’，若只任理智思辨，将长困于支离破碎之中，而丧吾固有周圆不滞之神，易言之，即丧吾所以生之理，天下之至殆，孰有甚于此乎？故思矣，而必要归于学。学之言觉，即反己自识本体，乃独立而无匹，周行而不殆，惟其神也。”[1]可见，此时熊十力已经进入了“学”的“觉悟门”。儒家重“学”的重要一个步骤即要求能在广博的知识门中返回来，寻找到觉悟门，这样才能认识到“学”之“觉”义，才是所谓“学而能思，思而有得”。

到了“儒家学问研究”之阶段，熊十力对于“学”的理解又进了一个层次，即从“觉悟门”再次返回到“学问门”。这体现为他对阳明“格物说”的精熟，进而对于朱子“格物说”的赞同。熊十力说：

> 朱子以致知之知为知识，虽不合《大学》本义，却极重视知识，而于魏晋谈玄者扬老庄反知之说，及佛家偏重宗教精神，皆极力矫其弊。且下启近世注重科学知识之风。[2]

> 余以为致知之说，阳明无可易。格物之义，宜酌采朱子。[3]

> 朱子不悟致知之知是本体，而训为知识，此固其错误，而注重知识之主张，要无可议，但知识本在格物处说，经义

[1] 熊十力：《新唯识论》（语体文本），《熊十力全集》第3卷，第547页。
[2] 熊十力：《读经示要》，《熊十力全集》第3卷，第666页。
[3] 熊十力：《读经示要》，《熊十力全集》第3卷，第667页。

> 极分明。朱子训格物为即物穷理，知识即成立。此则宜采朱子《补传》，方符经旨。[1]

熊十力认为朱子极重视知识，将致知之知训为知识，能纠正持反知识态度的魏晋老庄之学和佛家重于宗教精神之偏失，而且下启近世注重知识之风。所以熊十力主张致知之知当从阳明训为良知、性体，而格物之义宜采朱子，这才符合《大学》的经旨。“夫经言致知在格物者，言已致其知矣，不可以识得本体便耽虚溺寂而至于绝物，亡缘返照，而归于反知。此经之所以归结于在格物也。”[2]所以又说：“夫唯孔子，格物而本乎致良知。”[3]熊十力在阳明和朱子的格物致知说上兼取二者，训致知之知为良知，而格物说取朱子之说，是结合自己的为学经验说的。熊十力在其哲学体系下，或者说在天道易体生生不已的宇宙观下，主张创的工夫，而这样一种工夫主张即蕴含着先立大本、识得性体的工夫。但识得良知本体后，又不能耽虚溺寂，所以要继续务学。

熊十力对于科学的重视和哲学之理解也体现了他重视“学”。

> 泥于一曲者，不堪闻至道。蔽于一方者，无可识大化。夫中外异势，而精神之运，各有独到，则资人之长，以弥吾所短可也。古今异变，而理道之公，元无隐蔽。析之至微，研之至精，固后人所胜。至于开物成务，含宏万有，则古人所发，固有贯百生而不弊者。大辂始于椎轮，其可察流而忘源乎？夫经学之于科学，本有可融摄，而不待强为凑合者。

[1][2] 熊十力：《读经示要》，《熊十力全集》第3卷，第668页。
[3] 熊十力：《明心篇》，《熊十力全集》第7卷，第252页。

《大学》之教，注重格物，其源甚古。《易》之为书，名数为经，质力为纬。自然科学，靡不包通，而制器尚象，则工程技术，于是造端。[1]

熊十力对于西人所长，主张资取。科学研究至后来，愈析愈微，愈研愈精，此则后人胜过前人。至于说到开物成务，含宏万有，则古人已发者，也有可以贯穿于后世百代而不弊者。

科学纯是格物之学，(原注：格字，朱子以穷究释之，是也。)为此学者，于物质宇宙中划定一领域而从事，运思之锐，方法之密，固可练达而日知其所无。若乃昭旷神悟，则未免埋没于无何有之乡矣。虽有大天才之科学家，能于其所业之外游心宇宙人生诸大问题，而不敢持科学万能之见者，盖亦罕矣。吾言至此，似涉枝蔓，然所以枝蔓者，则以心体微妙，科学格物之方法无从认识心体。学者不当以科学之所不获徵明者，遂断定心体本无有也。[2]

科学家运思锐利，方法精密，在一定的领域中可创新而达至“日知其所无”之境。科学纯是格物之学，科学格物之方法无从认识心体。不能因为科学还未发现或探究明白，就断定是心体所没有的。

中国科学思想，自伏羲画八卦，已启萌芽；至孔子作六

[1] 熊十力:《读经示要》,《熊十力全集》第3卷，第726页。
[2] 熊十力:《原儒》,《熊十力全集》第6卷，第714页。

> 经，天道、物理、人事皆备焉。《中庸》赞之曰：“致广大，尽精微。”又曰：“大哉圣人之道，洋洋乎发育万物，峻极于天”云云。庄生称孔子之学有内圣、外王两方面，余甚赞同其说。……孔子首倡科学，实从其内圣学中体用不二之根本原理而来。[1]

熊十力将中国科学思想追溯至伏羲画八卦，至于孔子作六经，则天道、物理与人事皆备。《中庸》所说的“致广大，尽精微”就是对这种天道、物理与人事皆备之状态的描述。而孔子所倡导的开物成务之科学，实以其内圣学之体用不二的原理为本。

第三节 儒家生死观之践行

一、儒家生死观

“食其食，死其事”是孔子之前君臣关系的一条准则，而在政治关系中，下级对于上级之服从也具有普遍性。董仲舒说：“人臣之行，贬主之位，乱国之臣，虽不篡杀，其罪皆宜死。”[2]可是孔子说君子不器，君子是不限于一个具体的职业的，包括政治家。君子还有超越于具体器的志，因此儒家的生死观随着这个志的因素的加入而变得不同。对此，《说苑》是这样记载的：

> 子路问于孔子曰：“管仲何如人也？”子曰：“大人也。”

[1] 熊十力：《明心篇》，《熊十力全集》第7卷，第201页。

[2]（汉）董仲舒：《春秋繁露·楚庄王第一》，中华书局2012年版，第4页。

子路曰：“昔者管子说襄公，襄公不说，是不辩也；欲立公子纠而不能，是无能也；家残于齐而无忧色，是不慈也；桎梏而居槛车中无惭色，是无愧也；是所射之君，是不贞也；召忽死之，管仲不死，是无仁也；夫子何以大之？”子曰：“管仲说襄公，襄公不说，管仲非不辩也，襄公不知说也；欲立子纠而不能，非无能也，不遇时也；家残于齐而无忧色，非不慈也，知命也；桎梏居槛车而无惭色，非无愧也，自裁也；事所射之君，非不贞也，知权也；召忽死之，管子不死，非无仁也，召忽者，人臣之材也，不死则三军之虏也，死之则名闻天下，夫何为不死哉？管子者，天子之佐、诸侯之相也，死之则不免沟中之瘠，不死则功复用于天下，夫何为死之哉？由，汝不知也。”[1]

可见，在《说苑》中，孔子不赞成子路从一般流行的观念来看待管仲。

熊十力就《论语》中孔子和子路的对话，作了如下分析：

君臣之伦，古者曰“食其食，死其事”，则是以忠为奴德，而不知有独立与自尊。且不知立德于天下者，比之效死于一人，其高下相去，不止判天渊也。《论语·宪问篇》：“子路曰：‘桓公杀公子纠。召忽死之，管仲不死。’曰：‘未仁乎？’子曰：‘桓公九合诸侯，不以兵车，管仲之力也。如其

[1]（汉）刘向撰，向宗鲁校证：《说苑校证》，中华书局1987年版，第290页。案：《家语》不作“大人”，而作“仁也”。其他文字也稍有不同，较之《论语·宪问》，《家语》更准确。

> 仁，如其仁。’（孔注：言谁如管仲之仁耶？）子贡曰：‘管仲非仁者欤？桓公杀公子纠不能死，又相之。’子曰：‘管仲相桓公，霸诸侯，一匡天下，民到如今受其赐，微管仲，吾其被发左衽矣。岂若匹夫匹妇之为谅也，自经于沟渎，而莫之知也。’”据此，可见孔子于君臣之论，已改正其主奴关系之迷谬观念。食其食，死其事，乃妾妇之道，吾人不当以奴德为忠，而贵独立，贵自由。不当效死于一人，而当立功立德，以安天下人。此其道德高广，唯子路、子贡得承斯教。宜非小智之所逮闻也。[1]

以上是就政事方面谈儒家生死观，以及熊十力对此的理解。下面就熊十力自身对于死亡的观点来看其生死观。

> 五九年以前，吾能写作，绝无孤苦之感，及连年疾厄，孤身面壁，生趣渐消，不得无苦矣。年日增，病日深，常玩死味。人到死时，热如烈火，光焰升腾如太阳之生命，忽尔烟消云散。三千大千世界，一切都空。学问、事功，都无所有。任何创造如梦、幻、泡、影，如露亦如雹。此大雄所为唱空教以自靖也。然吾终不宗佛氏。[2]

这是熊十力晚年对于濒死感受的记载，如“人到死时，热如烈火”等，而他最终的抉择仍是儒家，所以说“然吾终不宗佛氏”。

---

[1] 熊十力：《读经示要》，《熊十力全集》第3卷，第1093—1094页。

[2] 熊十力：《佚书》（约六十年代初），《熊十力全集》第8卷，第864页。

> 令先慈去世后，后辈与青年哀敬之忱，诚为稀有，足以见其平生积德、积学感人者深。老曰“死而不亡者寿”。于此可征。吾侄不宜过哀也。形骸必朽，此乃自然之理。太空诸天体虽大，吾敢断其必有毁时。况人生七尺之躯乎？庄生视生死为一条。彼本信有造物者。其说曰：“万物皆出于机，皆入于机。”机者，化机也。化机必有操之者。操者谁？所谓造物者也。（原注：此“者”字是“主”字之代词。）庄生视万物或人之生死皆出于机，皆入于机，故曰“一条”。由庄之论，万物或人全无自己，只听化机之所为。故曰：“以我为鼠肝，以我为虫臂。”云云。如彼所云，人生不异空无，何有生与死之异乎？《乾坤衍》发明乾道大生之义。大生之力普遍斡运乎天地万物中，即是天地万物同一大生命。孟子所谓“大体”者此也。死之一字，唯在个别的形骸上说。识得大体的生命，则无死可说矣。[1]

这是熊十力劝慰唐至中对于亲人的逝去不必过哀。接着说到，“形骸之朽，乃自然之理”，只有明白了乾道生生不已的大力，才能认识到天地万物同一大生命。死之一字，唯就个别的形骸说，如果认识到“大体”的生命，那就没有死亡可言了。熊十力还批评了庄子的生死观。他认为庄子“视万物或人之生死皆出于机，皆入于机”，由此论之，那么万物或者人都无主宰而被动。

可以说，熊十力对于儒家生死观的认识是坚定的。不仅认识坚定，他还践行了这种生死观。

[1] 熊十力：《致唐至中》（1964年4月10日），《熊十力全集》第8卷，第852—853页。

二、熊十力之践行

首先，熊十力不畏死。他说：“近几年，余年已高，头昏，常倒地。早已回儿子宅，头昏亦常倒。余亦听其自然。生必有死，畏死者或[惑]也。”[1]

其次，熊十力不虚生浪死。自转入学术之途后，他就发奋为学，著作不已，思修交尽，确实本天道易体生生不已而践行之。

再次，熊十力既有足够的政治判断力，又有充足的政治德性，进而以立德于天下为目标，充分展现了他对于儒家生死观之深切认识和实际践行。

从“十三悟空”对生死问题予以考虑开始，在归宗儒家后，熊十力确立了将个体生命收摄到生生不息的大道上，并“担当道义”的生死观。直到晚年，他对于儒家这种生死观仍是坚定不移，可谓知行合一。

[1] 熊十力：《佚书》（约六十年代中），《熊十力全集》第8卷，第867页。

结　语

熊十力以《新唯识论》闻于世，学界已有的熊十力哲学研究对“新唯识论”体系多有发挥，“体用不二”“新心学”这些概括熊十力哲学的论说也不在少数。但是，“新唯识论”和“体用不二”对于熊十力哲学的概括是局部的，因为无论是“新唯识论”还是“体用不二”，都不能涵盖其政治哲学，因而不能凸显其哲学的精髓。而“新心学”的概括是不准确的：熊十力对于阳明学，并不是如象山、阳明对于孟子学的继承，而是有一个长期的参究过程，从早年的误解，到中年的研究和推崇，再到晚年的较强烈批评，显示了熊十力哲学与阳明学的微妙关系。要说熊十力哲学是对阳明学的继承，也只能说是研究性的继承，而不能说是体悟有得的继承。

深入研究熊十力哲学便不难发现，“内圣外王”这一概念才能准确概括熊十力哲学。首先，通览《熊十力全集》会发现，虽然在 1939 年之前，熊十力著作中较少出现“内圣外王”这一概念，但是自此之后的众多著作中，“内圣外王”都是重要概念，而且频繁出现。而像《原儒》，更是以“内圣”“外王”来划分篇章。其次，“内圣外王”不仅能很好地概括其后期的政治哲学著作，也能将前期的形而上学著作，包括诸本《新唯识论》融摄其中。由此我们也发现，熊十力哲学的发展历程存在形而上学（内圣学）和政治哲学（外王学）两条线索，熊十力哲学体系应该是“内圣外王”体系。最后，熊十力常说“孔子之道，内圣外王”，又常说“吾夫子之学，内圣外王”。熊十力宗孔子，对于孔子之后的儒者几乎都有议论、批评。可见，在熊十力自己看来，他所宗的孔子思想核心的概括，也是“内圣外王”。

只有以“内圣外王”的体系去看熊十力的哲学著作，才能发现从《新唯识论》到《体用论》(《明心篇》)的一贯性和熊十力不断修订内圣学著作的必要性。《新唯识论》是从佛学改造而来，对于宗孔子的熊十力来说，内圣之学要刊落佛学名词，在不用佛学术语的条件下将孔子内圣学表述出来。更为重要的是，当确定了孔子思想体系可以用“内圣外王”来概括之后，熊十力发现，“体用不二”体系只能作为内圣学的内容，孔子思想体系还有另一个广阔的领域，那就是外王学领域。虽然外王学领域的宗旨不必与内圣学相违，但外王学却有其独立和具体的方法论，而这不是单单以“体用不二”就能展现出来的。这也是熊十力为什么说“体用不二而仍可以二”的原因。“不二”是内圣学与外王学宗旨上不二，“可以二”是方法论上和独立的价值性上可以二。例如，仅仅以体用不二的内圣学宗旨去概括孔子的政治思想为德治、仁治，如《读经示要》所总结出来的“群经治道九义”，实际上不能道尽孔子政治思想之丰富内涵。宋明儒发挥的德治思想与《春秋》政治哲学在宗旨上不二，在方法论和价值上不同。

只有以“内圣外王”的体系去看熊十力的哲学著作，才能发现其从早期的革命实践和政治思想到晚期政治哲学大作《原儒》的一贯性，因而才能知道熊十力的政治哲学思想不仅不是后退，反而是在以孔子之道应世情况下的愈炼愈精。孔子干七十余君，熊十力也从事过实际的政治活动。熊十力有代表其学者身份采取政治行为的进言三书。进言三书的形成标志着熊十力作为一个政治哲学家的“贵微重始”。《原儒》则是熊十力宗孔子的外王学的体系性著作。《新论》宗《大易》,《原儒》宗《春秋》。在熊十力看来,六经是孔子晚年的定论,而《大易》《春秋》是六经主干,余经为羽翼。《大易》发挥内圣学而外王赅焉,《春秋》发挥外王学而内圣赅焉。同此,《乾坤衍》是熊十力内圣学核心著作,而《原儒》是其外王学核心著作。

只有以“内圣外王”的体系去看熊十力的哲学著作,才能发现熊十力哲学完成了从侧重于单纯的内圣学的“新唯识论”体系向“内圣外王”体系的跨越。我们已经说过,“体用不二”是熊十力哲学内圣学方面的宗旨,但不能很好地概括其外王学宗旨。在熊十力看来,《春秋》作为孔子外王学著作,其“借事明义”的方法论宗旨尤为重要。而《原儒》宗《春秋》,不仅是对孔子“太平世”义的遵从,而且是对《春秋》“借事明义”的方法论的遵从。不明“借事明义”,则不能明《春秋》,也不能明《原儒》。既然熊十力的外王学在宗旨上不异于其内圣学的“体用不二”,而在方法论和其独立的价值性上是异于其内圣学的,那么这两个部分仍需要一个融合,方能成为一个完整的体系。而对于这个体系的概括不是别的,正是《庄子》中的“内圣外王”一词。在熊十力看来,《春秋》始于元,与《大易》始于乾元同旨;公羊三世义与《大易》生生不息、变动不居的宇宙论同旨;公羊三统实际就是一统,即仁统。三统即仁统,则外王与内圣不二。《乾坤衍》代表着熊十力这一“内圣外王”的最终体系。虽然熊十力晚年称仍希望就内圣、外王各发挥二十大义,而最终没有完成,但这一“内圣外王”的体系形态却是鲜明而成熟的。

附　录

本附录有二：一是熊著涉及阳明处解析，二是熊十力名号略析。前者关涉熊十力“内圣外王”体系之内圣学，后者关涉其外王学。附录一列举熊十力主要著作中涉及阳明处之文字，并作解析，以补充论证：(1)熊十力对于阳明学的态度和研究有一个长期且观点不断变化的过程；(2)熊十力的内圣学与阳明学的差异，两者应当而且可以作出区分。当然，这里只是列举主要著作中的代表性观点。附录二列出熊十力不同时期的名号，来揭示其在写作外王学著作时的心态变化，以与本书提出的熊十力外王学的观点相互印证。

附录一、熊著涉及阳明处解析

时期	著作	语段	分析
一、『新唯识论』（文言文本）之前	《心书》	姚江一派阳儒阴释，既不自居于释，毕竟不可谓儒，故称心学。（全集卷一，第23页）	此时对阳明学未曾深入研究，只是一种浮泛之评价。
		王守仁有术智，未能忘功名，而以圣自居。故其党多气矜。（全集卷一，第40页）	遵从王船山对于阳明的态度而评价阳明，侧重于历史的、人物品鉴之方面。
	《尊闻录》	记得我少时看王阳明《大学问》，自以为解得，由今思之，当时确是以不解为解，如今倒是真解得。（全集卷1，第569页）	此时破除轮回观念，放弃"交遍说"，转而又认同"同源说"。故以《大学问》之"一体"观论证之。然而"一体"之结论与阳明同，进路却不同，仍不能说真解得阳明。
		师今日见地，果自阳明入乎？曰：难言也。谓吾自阳明入，不若谓吾自得而后于阳明之言有深入也。（全集卷1，第570页）	与阳明"一体"之观之结论同，但进路不同，所以很难说是从阳明学入。熊十力是自般若、《大易》之"变"义、"生生"义之进路出发而有"一体"观。
二、『新唯识论』（文言文本）时期	《新唯识论》（文言文本）	引《传习录》"岩中花树"段后，评价道："其持说精到如此。故知理有同然。华梵哲人，所见不异。"（全集卷2，第24页）	引阳明此说，仍是证成其境不离识的"一体"观。仍是认识到，在万物一体的结论上，华梵哲人，所见不异。
		阳明以心之所发释意，此大误也。已发之意，求诚何及？或又以志言之，亦非也。（全集卷2，第97页）	不知阳明所谓意，亦是实体之谓。后来，熊十力对此误解有纠正。
		阳明良知则是通性智与后得浑沦言之，示人亦亲切。（全集卷2，第138页）	此以佛学概念格阳明学。亦示与阳明进路不同，故以熟悉之佛学理解之。

（续表）

时期	著作	语段	分析
二、『新唯识论』（文言文本）时期	《十力论学语辑略》	故知行合一之论，虽张于阳明，乃若其义，则千圣相传，皆此旨也。（全集卷2，第222页）	“新唯识论”体系建立，已经归宗儒家。虽于阳明学之进路未深究，但已认同阳明为儒家，不若《心书》时之态度。
		王阳明虽尝涉足方士式之道家，止取其修养术耳，至其学说思想内容，绝不杂入丝毫方士意思也。（全集卷2，第227页）	论阳明不杂方士思想。
		今章氏乃指良知为“自证分”，则是良知不得外缘。吾人于应接事物时，对于是非之分辨作用，应只是“见分”，决定不是“自证分”。易言之，即应不是良知。何以故？良知即“自证分”，是乃内缘见及第四，不得外缘事物故。又唯是现量，无有筹度分别故，如何说它知是知非？章氏既不解四分，又不了何谓良知。（全集卷2，第284页）	对于唯识学和阳明学都有较深入之理解，力辩章太炎认为“良知即自证分”之误。
		阳明讲《大学》，大旨甚谛，而释文义乃多差，由其于朱子格物之说，预存一反对之心，所以自成颠倒。（全集卷2，第318—319页）	对阳明解《大学》格物之说持保留态度，开启后来《读经示要》对此的详细讨论。
三、『内圣外王』体系时期	《新唯识论》（语体文本）	文言本以《大学》诚意之意释此中意字，实误。明儒王栋、刘蕺山解诚意，并反阳明，亦好异之过。今此中意字，非常途所谓意识，乃与心字同为主宰义。但心约统体而言，意则就个人分上言之耳。（全集卷3，第430页）	此中“意”字是本心之异名，是名词；《大学》之“意”，是动词，意向活动之意。
	《读经示要》	船山平生痛诋姚江，以为淫于二氏。其实姚江于本原处确有悟，船山反之，适以自蔽耳。（全集卷3，第570页）	已进入儒家学问研究阶段，不再依傍船山来理解阳明，并认为阳明于本原处有悟，船山反之，实于内圣学有蔽。

（续表）

时期	著作	语段	分析
三、『内圣外王』体系时期	《读经示要》	《大学》一篇，总括六经之旨，而开端直曰“明明德”。又申之曰，自明也。呜呼！此六经之心印也。汉、唐诸儒，守文而已，知不及此。程、朱诸师特表章此篇，列为四子书之一。朱子以“虚灵不昧”释明德，则已直指心地，异乎康成之空泛无着落。此圣学之绝而复续也。然程、朱犹有未澈处。此姑不详。要至阳明，而后义、解两无碍矣。（全集卷3，第633页）	认为王阳明“良知”释明德为确解，所以他说：“王阳明诗曰：‘无声无臭独知时，此是乾坤万有基。抛却自家无尽藏，沿门持钵效贫儿。’正为《大学》明德作释。”[1]
		阳明新作亲，吾从朱注。（全集卷3，第647页）	王阳明从道德实践工夫入，所以释为“亲”。熊十力释“新”，亦表示“一体”之结论虽同，但工夫入路不同。
		阳明以致知之知为本心，亦即是本体。不独深得《大学》之旨，而实六经宗要所在。中国学术本原，确在乎是。中国哲学，由道德实践而证得真体。（全集卷3，第666页）	对于阳明学之参究成果达到最高点，对阳明学之评价亦达到最高点。[2]并得出“中国哲学由道德实践而证得真体”之研究结论，此异乎其从“对于易体之体悟而证得真体”之进路。此亦开启牟宗三先生对于中国哲学的研究和断定。

［1］ 陈立胜师《作为修身学范畴内的“独知”概念之形成——朱子慎独工夫新论》（《复旦学报（社会科学版）》2016年第4期）一文，以“独知”一概念贯穿思想史，其中特别集中于汉唐到朱子，再到阳明对此概念的理解，对于“独知”之修身工夫从程朱到阳明之间的过渡以及熊十力所谓“此姑不详”处（此文不是如熊十力站在修身之“果”上断定为“程朱为未澈处”，而是站在朱子之修身工夫之实际情况处），都作了一体贴、深入而精密的解读。

［2］ 熊十力自言：“《示要》解《大学》最精，亦最得阳明之旨。”（《就良知主宰问题答唐君毅》，《熊十力全集》第8卷，第518页。）

（续表）

时期	著作	语段	分析
三、『内圣外王』体系时期	《读经示要》	阳明说无心外之物是也，而其说格物曰，“意在于事亲，即事亲便为一物”云云，其言不能无病。夫以亲，对吾敬事之心而言，亲亦意所在之物也。事之以孝，此孝即是理，亦即是心。阳明之说，未尝不成，而必曰事亲便为一物，则单言亲，而不得名以物乎？如此推去，乃以视听言动为物，而不以声色等境名物，则几于否认物界之存在矣。**此非《大易》及群经之旨也。**夫不承［认］有物，即不为科学留地位。此阳明说之缺点也。（全集卷3，第666—667页）	无论是从易体之体悟还是从仁体之体悟，皆能得“一体”之结论，所以赞同阳明“心外无物”说。而于格物之义不能赞同，因“此非《大易》及群经”之旨。《大易》言“开物成务”。所以熊十力认为“致知之说，阳明无可易。格物之义，宜酌采朱子”[1]，“朱子以致知之知为知识，虽不合《大学》本义，却极重视知识。”[2]
	《十力语要》	吾子自谓儒也。儒者之学，唯阳明善承孔孟。阳明以天也、命也、性也、心也、理也、知也良知之知，非知识之知。物也打成一片，此宜深究。程朱支离，只在将心性分开，心与理又分开，心与物又分开。阳阳大处、深处，不独攻之者不识也，即宗之者又谁识其全耶？佛家若善解空宗义，与阳明无所背。子其苦参阳明，而后自知其所持之误。（全集卷4，第296页）	继《读经示要》（1945年）后两年，与弟子牟宗三讨论阳明学。可参考第二章第二节第一小节之分析。
		故吾之为学也，主创而已，此乃吾所切验而亦征之孔孟遗训以得其符者也。故吾言明智与阳明良知说有不同者。（全集卷4，第494页）	论其宗《易》而主“创”的学问与阳明学之不同。可参考第二章之分析。
	《新唯识论》（删定本）	阳明《大学问》，始就吾心与天地万物痛痒相关处指示仁体，庶几孔、颜遗意，惜其忽视格物，卒莫能复儒之真也。（全集卷6，第210页）	仍承《示要》时对于阳明学之观点。认为阳明犹未能复儒之真，故后有《原儒》《乾坤衍》等著作。

［1］ 熊十力：《读经示要》，《熊十力全集》第3卷，第667页。

［2］ 熊十力：《读经示要》，《熊十力全集》第3卷，第666页。

（续表）

<table>
<tr><th>时期</th><th>著作</th><th>语段</th><th>分析</th></tr>
<tr><td rowspan="9">三、『内圣外王』体系时期</td><td rowspan="3">《原儒》</td><td>阳明学派反对程、朱《大学格物补传》，而讥其向外求理。实则就格物学而言，非向外求理固不可。陆、王后学陷于反知与遗物之迷途，而不自悟其失也。（全集卷六，第343页）</td><td>仍承《示要》观点，认为阳明学有格物之遗。但此时更多责于阳明后学。</td></tr>
<tr><td>近人辄以良知学说为唯心之论，此甚错误。（全集卷6，第632页）</td><td>力辩以唯物唯心之说判定阳明学之失。</td></tr>
<tr><td>夫阳明固彰然，谓心无自相，以天地万物感入之相为其自相，则心不可绝物而溺于寂静，更不可离物而驰空想或幻想，尤不可狃于故习，封于成见，安于偷惰，惮物理之无穷，而莫肯效惠子之强于物。心体物而心存，心绝物而心亦绝，此义昭然著明矣。阳明殁后，凡为致良知之学，而至于不事格物者，皆非阳明本旨也。（全集卷6，第634页）</td><td>“凡为致良知之学，而至于不事格物者，皆非阳明本旨也”一语极精。</td></tr>
<tr><td>《体用论》</td><td>王阳明有言，“即体而言，用在体；即用而言，体在用”，此乃证真之谈。（全集卷7，第53页）</td><td>《新唯识论》（删定本）同样引用此句。熊十力之内圣学在“体用不二”处同于阳明学。</td></tr>
<tr><td rowspan="4">《明心篇》</td><td>《大学》“格物”朱子《补传》，确不失圣人之意，陆王甚误。（全集卷7，第176页）</td><td>《明心篇》强调“格物”之学，特对于“心学”而发，故语气又重之。</td></tr>
<tr><td>陆王不［惟］惑于汉儒，又染禅宗之唯心，莫辨体用。（全集卷7，第201页）</td><td>认为汉儒在宇宙论上恢复上古天帝之教，而陆王承之。又认为其忽视格物的原因是受禅宗影响。</td></tr>
<tr><td>阳明颇有见而犹有隔在。（全集卷7，第213页）</td><td>认为讲生命与心灵当以《大易》《乾》卦为宗旨。</td></tr>
<tr><td>王阳明倡致良知之学，与余今所提出之智，其义旨本相近。……阳明言“良知”，本承孔门所说之智而开演之。但阳明有时将良知说为本体，此乃大谬，盖为禅宗所误耳。若去其夹杂禅学之谬处，则良知即是智，亦不背圣学。（全集卷7，第237页）</td><td>“良知说”与其“性智说”义旨相近而非一。认为“良知”只为智，不能说为本体，否则遗漏《易》“开物成务”之“格物”一面。</td></tr>
</table>

（续表）

时期	著作	语段	分析
三、『内圣外王』体系时期	《乾坤衍》	陆、王便有唯心之嫌。（全集卷7，第462页）	不是以唯心、唯物的意识形态判定之，也不是退回到《心书》阶段对于阳明之理解，而是在“内圣外王”体系下，对于陆、王之内圣学差异之重视以及陆、王忽视格物之批评，借用“唯心”一词以批评之。
	《存斋随笔》	王阳明虽张天地万物**一体**之义，颇有得于孔子，而于裁辅之大用，则茫然无体会。孔子**内圣外王**一贯之学，广大如天地，变通如四时，阳明当理学禅学交流之世，简单狭隘之唯心主义盛行于时，阳明受其影响，宜乎莫睹乎孔子之大也。至于良知之说，虽有符合于乾道，（乾称大明，亦称易知。知而曰易，即良知也。）然乾道有元，阳明未究。又乾坤之义广大深远，阳明单提良知，亦未窥乾坤之蕴也。然阳明之学，简而得要，理学必宗阳明。（全集卷7，第836—837页）	自证“一体”之义，故于此认同阳明。然认为良知说于孔子《大易》“裁成天地”“辅相万物”之义究竟有遗。认为阳明有得于“一体”义，然于孔子内圣外王一贯之学未备。究其原因，熊十力认为阳明受时代学术思潮影响，夹杂禅学。

附录二、熊十力名号略析

熊十力名号的变化反映了其晚年撰写外王学著作时的心态，也可与本书正文部分关于熊十力外王学的论点互相印证。[1]

［1］ 本表1911年前后至1924年之间五个名号及其原因，引自刘依平：《论熊十力早期经历与思想转折——以新发现文献为中心》，《孔子研究》2022年第4期。

年份	名号	分析
1885 年	继智	族名，字子真，出生于湖北黄冈。
1911 年以前	熊定中	以此名参与革命活动。
1911 年以前	周定中	避难鄂、赣之间的化名。有朋友名为“周定原”，合而言之，有中原平定之意。同时以此化名躲避侦缉。
1911 年以后	熊叔衡	发起政治研究会。
1912 年	十力	首次使用该名，因抒发辛亥革命人士的豪情，取“如来十力”义，以佛力自许。
1924 年	十力	取“菩萨十力”义，以名自觉、觉他之菩萨果地之境界。
1948 年	漆园老人	1948 年作《漆园记》。警于庄生之玩世，以《易》“安土敦仁”为取向。
1955 年左右	逸翁	作《原儒》，继孔子外王之志。
1962 年	漆老、漆老朽物	同于“漆园老人”之号，年老仍志存高远，名其斋为“存斋”。

参考文献

一、古籍

（汉）桓谭撰，朱谦之校辑：《新辑本桓谭新论》，北京：中华书局，2009年。

（汉）郑玄注，（唐）贾公彦疏，彭林整理：《周礼注疏》，上海：上海古籍出版社，2010年。

（汉）公羊寿撰，（汉）何休解诂，（唐）徐彦疏，《十三经注疏》整理委员会整理：《春秋公羊传注疏》，北京：北京大学出版社，2000年。

（魏）王弼、（晋）韩康伯注，（唐）孔颖达正义，《十三经注疏》整理委员会整理：《周易正义》，北京：北京大学出版社，2000年。

（晋）僧肇撰，张春波校释：《肇论校释》，北京：中华书局，2010年。

（梁）真谛译，高振农校释：《大乘起信论》，北京：中华书局，1992年。

（隋）王通著，张沛校注：《中说校注》，北京：中华书局，2013年。

（唐）玄奘译，韩廷杰校释：《成唯识论校释》，北京：中华书局，1998年。

（唐）窥基撰，梅德愚校释：《因明大疏校释》，北京：中华书局，2013年。

（唐）李隆基注，（宋）邢昺疏，金良年整理：《孝经注疏》，上海：上海古籍出版社，2009年。

（宋）周敦颐著，陈克明点校：《周敦颐集》，北京：中华书局，1990年。

（宋）邵雍著，郭彧整理：《邵雍集》北京：中华书局，2010年。

（宋）程颢、程颐著，王孝鱼点校：《二程集》，北京：中华书局，1981年。

（宋）胡安国著，钱伟强点校：《春秋胡氏传》，杭州：浙江古籍出版社，2010年。

（宋）朱熹撰：《四书章句集注》，北京：中华书局，2012年。

（宋）陆九渊著，钟哲点校：《陆九渊集》，北京：中华书局，1980年。

（明）王守仁撰，吴光、钱明、董平、姚延福编校：《王阳明全集》，上海：上海古籍出版社，2011 年。

（明）王夫之：《读四书大全说》，北京：中华书局，1975 年。

（清）孙诒让：《周礼正义》，载《续修四库全书》，上海：上海古籍出版社，2002 年，第 82、83、84 册。

（清）刘逢禄：《春秋公羊经何氏释例》，载《续修四库全书》，上海：上海古籍出版社，2002 年，第 129 册。

（清）王先慎撰：《韩非子集解》，北京：中华书局，2013 年。

（清）皮锡瑞：《经学通论》，北京：中华书局，1954 年。

（清）皮锡瑞：《经学历史》，北京：中华书局，2008 年。

二、近现代论著

欧阳竟无著，黄夏年编：《欧阳竟无集》，北京：中国社会科学出版社，1995 年。

欧阳竟无著，石峻编：《孔学杂著》，济南：山东人民出版社，1997 年。

欧阳竟无著，马天祥编：《欧阳竟无佛学文选》，武汉：武汉大学出版社，2009 年。

马一浮：《马一浮全集》，杭州：浙江古籍出版社，2013 年。

熊十力著，萧萐父等编：《熊十力全集》，武汉：湖北教育出版社，2001 年。

梁漱溟：《梁漱溟全集》，济南：山东人民出版社，2005 年。

段熙仲：《春秋公羊学讲疏》，南京：南京师范大学出版社，2002 年。

唐君毅：《哲学论集》，台北：学生书局，1990 年。

牟宗三：《牟宗三先生全集》，台北：联经出版社事业有限公司，2003 年。

徐复观：《周官成立之时代及其思想性格》，北京：九州出版社，2014 年。

刘述先主编：《当代新儒学论集：传统与创新》，台北："中研院"中国文哲研究所筹备处，1995 年。

林庆彰：《当代新儒家的〈周礼〉研究及其时代意义》，收入刘述先编：《当代儒学论集：挑战与回应》，台北："中研院"中国文哲研究所筹备处，1995 年。

姜允明：《从〈原儒〉看熊十力的内圣外王论》，收入《当代心性之学面面观》，台北：明文书局，1994 年。

何信全：《儒学与现代民主——当代新儒家政治哲学研究》，北京：中国社会科学出版社，2001 年。

陈少明：《儒学的现代转折》，沈阳：辽宁大学出版社，1992 年。

陈立胜：《王阳明"万物一体论"——从"身—体"的立场看》，上海：华东师范大学出版社，2008 年。

干春松，陈壁生编：《经学的新开展》，北京：中国人民大学出版社，2013 年。

干春松，陈壁生编：《〈孝经〉的人伦与政治》，北京：中国人民大学出版社，2015年。

三、研究论著

（一）国内研究论著

陈瑞深：《熊十力哲学的系统形态》，台北：兰亭书店，1996年。

程潮：《儒家内圣外王之道通论》，长沙：湖南人民出版社，2005年。

程志华：《熊十力哲学研究——“新唯识论”之理论体系》，北京：人民出版社，2013年。

丁为祥：《熊十力学术思想评传》，北京：北京图书馆出版社，1996年。

郭美华：《熊十力本体论哲学研究》，成都：巴蜀书社，2004年。

郭齐勇：《熊十力及其哲学》，北京：中国展望出版社，1985年。

郭齐勇：《熊十力思想研究》，天津：天津人民出版社，1993年。

郭齐勇：《天地间一个读书人——熊十力传》，上海：上海文艺出版社，1994年。

郭齐勇：《熊十力评传》，北京：中国社会科学出版社，1995年。

郭齐勇：《熊十力哲学研究》，北京：人民出版社，2011年。

景海峰：《熊十力》，台北：东大图书公司，1991年。

景海峰：《熊十力哲学研究》，北京：北京大学出版社，2010年。

林安梧：《熊十力体用哲学之研究》，台北：东大图书公司，1993年。

李霜青：《中国历代思想家——熊十力》，台北：商务印书馆，1987年。

林世荣：《熊十力与“体用不二”论》，台北：万卷楼图书股份有限公司，2008年。

林世荣：《熊十力春秋外王学研究》，台北：花木兰文化出版社，2008年。

刘小枫：《共和与经纶——熊十力〈论六经〉〈正韩〉辨正》，北京：生活·读书·新知三联书店，2012年。

李祥俊：《熊十力思想体系建构历程研究》，北京：北京师范大学出版社，2013年。

聂民玉：《体用不二——熊十力经学思想研究》，北京：人民出版社，2015年。

宋志明：《熊十力评传》，南昌：百花洲文艺出版社，1993年。

张光成：《中国现代哲学的创生原点——熊十力体用思想研究》，上海：上海人民出版社，2002年。

张庆熊：《熊十力的新唯识论与胡塞尔的现象学》，上海：上海人民出版社，1995年。

郑绍昌、朱小平：《解〈周官〉——读熊十力给毛泽东的一封长信》，上海：

上海三联书店，2014年。

（二）国外研究论著（按国别、作者年代顺序排列）

［美］安靖如著，韩华译：《当代儒家政治哲学》，南昌：江西人民出版社，2015年。

［日］岛田虔次著，徐水生译：《熊十力与新儒家哲学》，台北：明文书局，1992年。

四、国外论著

［古希腊］柏拉图著，郭斌和、张竹明译：《理想国》，北京：商务印书馆，2012年。

［古希腊］柏拉图著，洪涛译：《政治家》，上海：上海人民出版社，2006年。

［古希腊］柏拉图著，陈康译注：《巴曼尼得斯篇》，北京：商务印书馆，2010年。

［古希腊］柏拉图著，张智仁、何勤华译，孙增霖校：《法律篇》，上海：上海人民出版社，2001年。

［古希腊］亚里士多德著，吴寿彭译：《形而上学》，北京：商务印书馆，2012年。

［古希腊］亚里士多德著，苗力田编：《亚里士多德全集》第九卷，北京：中国人民大学出版社，1994年。

［美］史密斯著，贺晴川译：《政治哲学》，北京：北京联合出版公司，2015年。

［英］以赛亚·伯林著，胡传胜译：《自由论》，南京：译林出版社，2003年。

［英］以赛亚·伯林著，潘荣荣、林茂译：《现实感》，南京：译林出版社，2004年。

五、相关研究论文

（一）硕士学位论文

蓝日昌：《熊十力"内外圣王"思想之研究》，台北：政治大学中国文学研究所硕士论文，1986年。

洪素英：《熊十力〈乾坤衍〉哲学思想研究》，台中：中兴大学中国文学系硕士论文，2013年。

（二）博士学位论文

李道湘：《现代新儒学与宋明理学》，天津：南开大学哲学系，1994年，导师：方克立教授。

林世荣：《熊十力春秋外王学研究》，台北：“中央大学”中文研究所博士论文，1999年，导师：林安梧教授。

廖崇斐：《熊十力经学思想研究》，台中：中兴大学中国文学研究所博士论文，2008年，导师：林安梧教授。

李长春：《经典与历史——〈知圣篇〉为中心对廖平经学的考察》，广州：中山大学哲学系博士论文，2009年，导师：冯达文教授。

郭丽娟：《熊十力“乾元”易学思想探析》，济南：山东大学出版社，2009年，导师：林忠军教授。

刘伟：《经史之间的〈春秋〉学》，北京：中国人民大学中国古代思想史专业博士论文，2010年，导师：黄克剑教授。

林家虎：《熊十力历史哲学思想研究》，合肥：安徽大学博士论文，2011年，导师：徐国利教授。

曾海龙：《本体的困惑——熊十力哲学思想研究》，上海：复旦大学中国哲学专业博士论文，2011年，导师：杨泽波教授。

（三）其他单篇论文

白立超：《先秦“内圣外王”政治思想的渊源与形成——以〈尚书〉为核心的考察》，载《政治思想史》，2016年第1期。

陈来：《熊十力哲学的体用论》，载《哲学研究》，1986年第1期。

陈来：《熊十力哲学的明心论》，载《孔子研究》，1992年第3期。

陈少明：《从心体到性体——牟宗三对熊十力哲学的发展》，载《现代哲学》，1990年第3期。

岑溢成：《熊十力的春秋学与清代今文经学》，收入刘述先编《当代儒学论集：传统与创新》，台北：“中研院”中国文哲研究所筹备处，1995年。

郭齐勇：《唐君毅与熊十力》，载《鹅湖月刊》，1989年第2期。

顾士敏：《何为“内圣外王”?》，载《云南大学学报（社会科学版）》，2006年第1期。

顾士敏：《儒学的“还原”——评熊十力的〈原儒〉》，云南孔子学术研究会首次学术研讨会暨海峡两岸首次学术研讨会，1994年4月，昆明。

赖贤宗：《熊十力的体用论的“体用不二而有分，分而仍不二”的基本结构与平章儒佛》，收入《体用与心性——当代新儒家哲学新论》，台北：学生书局，2001年。

李长春：《圣哲的“志”与“惑”》，收入陈少明主编：《情理之间》，成都：巴蜀书社，2011年。

李长春:《司马迁的“素王”论》,载《现代哲学》,2015 年第 4 期。

林安梧:《熊十力先生的孤怀弘毅及其〈原儒〉的义理规模》,载《鹅湖月刊》,1988 年第 12 期。

林安梧:《革命的“孔子”——熊十力儒学中的“孔子原型”》,收入《儒学革命论》,台北:学生书局,1998 年。

林庆彰:《熊十力的〈春秋〉学及其时代意义》,台北:“中研院”文哲所“儒学与现代世界国际研讨会”,1996 年。

林世荣:《熊十力“乾元性海”说研究》,载《东华汉学》,2007 年第 6 期。

林世荣:《熊十力思想“最后定论”论》,载《政大中文学报》,2007 年第 7 期。

刘梦溪:《熊十力与马一浮》,载《浙江学刊》,2004 年第 3 期。

梅广:《“内圣外王”考略》,载(台湾)《清华学报》,2011 年第 4 期。

潘雨廷:《敬论熊十力师的思想结构》,收入《易学史发微》,上海:复旦大学出版社,2001 年。

秦平:《近 20 年熊十力哲学研究综述》,载《哲学动态》,2004 年第 12 期。

杨儒宾:《道家之前的庄子》,载《东华汉学》,2014 年,(总)第 20 期。

杨向奎:《周礼内容的分析及其制作时代》,载《山东大学学报》,1954 年,(总)第 4 期。

杨朝明:《〈礼运〉成篇与学派属性等问题》,载《中国文化研究》,2005 年春之卷。

恽彩锋:《儒家“内圣外王”与柏拉图“哲学王”之比较》,载《盐城师范学院学报(人文社会科学版)》,2015 年第 6 期。

赵法生:《内圣外王之道的重构与儒家的现代转型》,载《开放时代》,2011 年第 6 期。

后　记

本书是在2017年完成的博士论文基础上修改而成，其中第二章第二节第一、二两个小节的部分内容曾分别以《熊十力与阳明学》《涵养与应世之间——熊十力孝论及其〈孝经〉观》为题发表于《鹅湖月刊》(2017年第4期)与《孔子研究》(2017年第5期)。第四章第三节的部分内容曾发表于《原道》(第41辑，陈明、朱汉民主编，湖南大学出版社2021年版)。

本书的出版得到博士后合作导师曾亦先生的帮助，更由衷感谢曾老师的赐序。博士生导师陈立胜先生一直以来的谆谆教导，我已铭记于心。感谢学业和工作生涯中各位老师的提携和同仁的帮助。最后，没有上海人民出版社赵荔红、刘华鱼编辑老师的辛劳付出，本书也无法顺利出版，这里一并致谢。

癸卯年末泾县任新民

图书在版编目(CIP)数据

孔子之道:论熊十力"内圣外王"哲学体系/任新民著. —上海:上海人民出版社,2024
ISBN 978-7-208-18775-7

Ⅰ.①孔… Ⅱ.①任… Ⅲ.①熊十力(1885-1968)-哲学思想-研究 Ⅳ.①B261.5

中国国家版本馆 CIP 数据核字(2024)第 050142 号

责任编辑 刘华鱼
封面设计 一本好书

孔子之道:论熊十力"内圣外王"哲学体系
任新民 著

出　　版 上海人民出版社
(201101 上海市闵行区号景路 159 弄 C 座)
发　　行 上海人民出版社发行中心
印　　刷 苏州市古得堡数码印刷有限公司
开　　本 890×1240 1/32
印　　张 10.25
插　　页 4
字　　数 226,000
版　　次 2024 年 3 月第 1 版
印　　次 2024 年 3 月第 1 次印刷
ISBN 978-7-208-18775-7/B·1737
定　　价 68.00 元